本书为国家社科基金重大项目"防止规模性返贫的监测机制与帮扶路径研究"（项目编号：22&ZD192）阶段性成果。

南粤乡村振兴文库

主编｜谢治菊

塘约经验

TANGYUE VILLAGE

EXPERIENCE

谢治菊　兰定松　王曦 ◎ 著

中国社会科学出版社

图书在版编目（CIP）数据

塘约经验/谢治菊，兰定松，王曦著．—北京：中国社会
科学出版社，2022.12
（南粤乡村振兴文库）
ISBN 978-7-5227-0996-3

Ⅰ.①塘…　Ⅱ.①谢…　②兰…　③王…　Ⅲ.①农村经济—
社会主义建设—研究—贵州　Ⅳ.①F320.3

中国版本图书馆 CIP 数据核字（2022）第 209695 号

出 版 人	赵剑英	
责任编辑	黄　山	
责任校对	贾宇峰	
责任印制	李寡寡	

出　　版	中国社会科学出版社	
社　　址	北京鼓楼西大街甲 158 号	
邮　　编	100720	
网　　址	http://www.csspw.cn	
发 行 部	010-84083685	
门 市 部	010-84029450	
经　　销	新华书店及其他书店	

印　　刷	北京明恒达印务有限公司	
装　　订	廊坊市广阳区广增装订厂	
版　　次	2022 年 12 月第 1 版	
印　　次	2022 年 12 月第 1 次印刷	

开　　本	710×1000　1/16	
印　　张	15.25	
插　　页	2	
字　　数	218 千字	
定　　价	78.00 元	

"南粤乡村振兴"文库

编辑委员会主任

谢治菊

编辑委员会委员（以姓氏拼音为序）

陈　潭　陈文胜　郭　明　黄丽娟　蒋红军
雷　明　李　强　林忠伟　陆汉文　肖　滨
王春光　吴易雄　谢治菊　岳经纶　张开云

总序　民族要复兴，乡村必振兴

2021 年是我国"十四五"规划开局之年，是全面乡村振兴的起始之年，也是开启全面建设社会主义现代化国家新征程、向第二个百年奋斗目标进军的关键之年。在这之前的 2020 年 12 月，经过全党全国各族人民的共同努力，我国如期完成了脱贫攻坚任务，现行标准下 9899 万贫困人口全部脱贫，832 个贫困县全部摘帽，12.8 万个贫困村全部出列，消除了区域性整体性贫困，创造了举世瞩目的伟大成就。在这场人类减贫史上彪炳史册的脱贫攻坚战中，我们国家采取了许多原创性、独特性的重大举措，积累了一系列能复制、可推广的减贫经验，为国际减贫事业贡献了中国方案和中国智慧。为有效总结这些智慧与经验，及时传播广东案例与广东声音，助力巩固拓展脱贫攻坚成果同乡村振兴有效衔接，助益全面乡村振兴，助推农业农村现代化，我们拟出版"南粤乡村振兴"文库丛书。

一　传扬广东经验，讲好中国故事

我们为什么要出版这样一套丛书呢？这与我们团队的研究经历与广东的治理经验有关。我们知道，"逐步消灭贫困，达到共同富裕"是中国共产党始终秉持和为之奋斗的崇高目标。自成立以来，中国共产党就一直关注着人民群众的贫困问题，并将取得政权让人民当家做主作为解决此问题的根本途径，率领全国各族人民开展各种形式的反贫困斗争，先后经历了"计划经济体制下的救济式扶贫、开发式与综合性扶贫、整村推进与两轮驱动扶贫、脱贫攻坚"四个阶段，解决了数以亿计贫困人口的生存问题，实现了几千年的民族梦想，创造了人类减贫史上的奇迹。自党的十八大以来，以习近平同志为核心的党中央坚持把解决好"三农"问题作为全党工作的重中之重，把脱贫攻坚作为全面建成小康社会的标志性工程，组织推进人类历史上规模空前、力度最大、惠及人口最多的脱贫攻坚战，启动实施乡村振兴战略，推动农业农村取得历史性成就、发生历史性变化。如期完成新时代脱贫攻坚目标任务后，"三农"工作就将进入全面推进乡村振兴的新阶段，这是"三农"工作重心的历史性转移。

在此过程中，我们团队牢牢抓住时代赋予的契机，围绕脱贫攻坚与乡村振兴理论、实践与案例开展研究。事实上，脱贫攻坚与乡村振兴研究是团队自创建以来所开展的乡村治理理论与实践研究的延伸，其所蕴含的时代精神、问题意识和责任情怀，一直都是团队研究的主旋律。为此，在"十三五"甚至更长的时间内，团队一直以国家脱贫攻坚与乡村振兴政策为指引，聚焦脱贫攻坚与乡村振兴的重点、难点与痛点，立足广东、辐射西部、面向全国，围绕"理论研究、实践探索、政策咨询、人才培养"四大模块，构建"认知、体验、践行"三阶合一的乡村实践体系，探索"高校—政府—企业—社会组织"四元互动的乡村研究模式，深化"政产学研创"五位一体的乡村育人平台。近年来，团队在脱贫攻坚与乡村振兴领域的学术思想与实践活动被人民网、学习强国、今日头条、中国青年报、中国教育网、中国社会科学报、学习时报等主流媒体报道100多次。

为进一步凝练中国脱贫攻坚精神，培育青年学生的责任意识与家国情怀，为乡村振兴提供智力支持与人才支撑，2021年5月，我们团队与广东省国强公益基金会一起成立了广州大学乡村振兴研究院，并正式拉开了"乡村振兴·青年担当"系列活动的序幕。2021年6月，乡村振兴研究院获批广东省社会科学研究基地。自此，团队所开展的脱贫攻坚与乡村振兴研究有了稳定的平台，也为我们开展"乡村振兴·青年担当"系列活动提供了组织保障。"乡村振兴·青年担当"活动旨在借助青年学生群体，讲好中国脱贫攻坚与乡村振兴故事，扩大脱贫攻坚与乡村振兴伟大壮举在青年群体中的影响力、辐射力与传承力，使青年学生深刻领悟习近平总书记有关青年工作、扶贫工作、振兴工作的重要论述，在真实事迹的感召下，树立远大志向、练就过硬本领、磨炼顽强意志，以实际行动到西部、到基层、到农村去就业创业，或成为乡村人才振兴的孵化器。目前，"大学生讲乡村振兴故事"的活动已经完成，"乡村致富带头人口述故事"活动正在征稿与出版中。在"十四五"时期，我们团队还将开展以"扶贫干部口述故事"为起点的"口述乡村"行动，陆续开展"乡村致富带头人""万企兴万村""大学生村官""乡村振兴帮扶干部"等群体的口述故事采集，积极打造"口述乡村"丛书品牌。

如果说团队的研究经历是出版此套丛书的基础与保障，那么，广东省在乡村治理与乡村振兴领域的前瞻性探索则为我们提供了案例与勇气。2010 年以来，广东省的贫困治理实践与东西部扶贫协作工作多次获得党中央、国务院及相关部委的赞誉、支持与推介。闻名全国的"双到扶贫""630 社会扶贫""消费扶贫""领头雁工程"等创新实践，再次证实了广东省在社会主义现代化新征程中走在全国前列的决心与信心。不仅如此，广东省广州、深圳、东莞、珠海、中山、佛山等 11 市根据"国家要求、西部所需、东部所能"的原则，"十三五"期间对贵州、广西、云南、四川开展的协作帮扶，成为助力这 4 省（区）贫困县全部如期摘帽的重要力量；"十四五"期间对贵州、广西的协作帮扶，让这 2 省（区）的成果巩固与乡村振兴加速进行，贡献了东西部协作的广东省经验与广东省方案。自2021 年以来，广东省进一步创新探索"驻镇帮镇扶村工作机制"，开展党政机关、企事业单位、科研力量"三力合一"的组团式驻镇帮镇扶村，这与中共中央印发的《关于向重点乡村持续选派驻村第一书记和工作队的意见》中所提出的"先定村、再定人"的选派原则、"因村派人、科学组队"的选派要求不谋而合。既然广东省的脱贫攻坚与乡村振兴工作已经走在了全国前列，讲好中国脱贫攻坚与乡村振兴故事的广东省探索更应该顺势而为、乘胜追击。我们谋划的这套"南国乡村振兴"文库，就是在立足广东省巩固拓展脱贫攻坚成果、全面实施乡村振兴、系统开展东西部协作、深度进行对口支援的基础上，辐射西部、面向全国，更好地传播乡村振兴的南国声音与智慧。

二 脱贫摘帽不是终点，而是新生活、新奋斗的起点

脱贫攻坚是全面建成小康社会的标志性指标，是党中央向全国人民做出的郑重承诺，彰显了中国共产党领导和我国社会主义制度的政治优势，凝聚着全党全国各族人民的智慧和心血，更是一场没有硝烟的战斗和旷日持久的战役。在这场史无前例的战斗中，习近平总书记站在全面建成小康社会的战略高度，把脱贫攻坚摆在治国理政的突出位置，提出一系列新思想新观点，做出一系列新决策新部署；众多有情怀有担当的基层干部无私奉献、艰苦奋斗，无论是从精神还是体能方面都经历了前所未有的考验，做出了不可磨灭的贡献；广大群众化身为众志成城的凝聚力、攻坚克难的战斗力、永不退缩的推动力，一起对世界减贫进程做出了重大贡献。

但是，"脱贫摘帽不是终点，而是新生活、新奋斗的起点"，这是2020年3月6日习近平总书记在决战决胜脱贫攻坚座谈会上的重要讲话精神。新生活是贫困群众的殷殷期盼，是全国上下团结一心、共克时艰的杰出成果；新奋斗意味着脱贫攻坚绽放的绚丽彩虹会激励我们，尤其是激励贫困群体勇往直前、昂首阔步。为此，我们应牢记习近平总书记的切切期盼，结合各地实际，努力构建脱贫攻坚的长效机制，把全面小康的基础打得更牢、底色擦得更亮。

脱贫攻坚带来的不仅是好日子，更是新生活的开始。这里的"新"，主要可以从以下三个方面去理解：一是生活条件新。经过脱贫攻坚，全国具备条件的建制村全部通了公路，每个村都建立了卫生室，10.8万所义务教育薄弱学校的办学条件得到改善，农网供电可靠率达到了99%，深度贫困地区贫困村通宽带比例达到了98%。

现在，孩子们可以唱着歌走在平坦的公路上，学生们可以静下心在宽敞明亮的教室里学习，留守人群可以随时与在外务工亲人视频通话，他们曾经郁结的心理与多病的身体得到了极大的改善。这是脱贫攻坚带来的生活改变，更是通往美好生活的康庄大道。二是人际关系新。脱贫攻坚政策的实施，缩小了村庄内部的贫富差距，缓和了村庄因贫困所产生的隔阂，使得大部分贫困户获得了良好的人际关系；同时，大批基层干部深入农村开展扶贫、走近群众，也拉近了干群关系，化解了干群矛盾，进而使农村的人际关系呈现出"各美其美，美美与共"的良好局面。三是产业发展新。通过电商扶贫、金融扶贫、旅游扶贫、健康扶贫等，贫困地区的特色产业不断壮大、经济活力不断激发，已从初期的"输血式"扶贫转变为现在的"造血式"扶贫，有的地区还具备了"献血式"扶贫的能力。目前，全国贫困地区已累计建成各类扶贫产业基地 10 万个以上，这让一个个贫困家庭的生活发生了根本性改变，是贫困户稳定就业、持续脱贫的源泉。当然，脱贫攻坚带来的新生活，远远不止这些，还包括新理念、新方式、新手段、新社区，这些共同构成了新奋斗的起点。

脱贫攻坚是一项伟大工程，需要长期的坚持与持久的战斗，让脱贫人口稳定脱贫、持续脱贫、长久脱贫，巩固拓展脱贫攻坚成果，是我党当前的重要工作，这就要求要进一步瞄准突出问题和薄弱环节，建立健全稳定脱贫长效机制。具体来说：一是建立精准化的返贫监测机制。为消除贫困存量、遏制贫困增量，防止脱贫不稳定人口返贫，防止边缘易致贫人口致贫，要采取针对性、精准性、个性化举措，及时将这部分人口纳入帮扶对象，不让一个群众在小康路上掉队。二是健全超稳定的利益联结机制。巩固脱贫攻坚成果中的各参与主体是一个命运共同体，利益联结是协调各参与主体行动的关键机制。为此，应强化多元主体参与，倡导多元主体平等对话，均衡产业发展，加快延伸产业链条，确保贫困群众持续稳定增收。三是完善有活力的产业扶贫机制。产业振兴是稳定脱贫的根本之策，也是巩固脱贫成果、防止返贫的关键措施，在脱贫攻坚中具有普惠性、根本性作用，这就要求在做好疫情防控的同时，突出主体培育、产销对接、科技服务、人才培养等关键环节，切实做好产业振兴工作，促进第一、二、三产业融合发展，为巩固脱贫攻坚成果提供有力支撑。四是构建可持续的稳定就业机制。就业帮扶是脱贫人口稳定脱贫的基础，是搬迁群众"稳得住、能致富"的关键，意味着他们成为亲身创造美好生活的主体力量。这就要求完善就业扶持政策，努力建设就业帮扶车间，增加脱贫人口家门口就业的机会；激发贫困群众自主就业内生动力，扎实开展技能培训，提升脱贫劳动力就业创业能力，推进就业帮扶工作上新台阶。五是培育科学化的教育帮扶机制。教育帮扶可以提升脱贫地区的办学条件、促进教师的专业发展、改变脱贫地区的教育理念，有效阻断贫困的代际传递。在实施过程中，需要进一步转变帮扶理念，增强教育扶贫价值；完善识别机制，明确教育帮扶对象；创新监管方式，提高教育帮扶效果；规范评价过程，赋予薄弱学校力量。

三 乡村振兴是应变局、开新局的"压舱石"

实施乡村振兴战略，是以习近平同志为核心的党中央从党和国家事业全局出发、着眼于实现"两个一百年"奋斗目标、顺应亿万农民对美好生活的向往做出的重大决策，是党的十九大做出的重大战略部署。习近平总书记多次强调，从中华民族伟大复兴战略全局看，民族要复兴，乡村必振兴；从世界百年未有之大变局看，稳住农业基本盘、守好"三农"基础是应变局、开新局的"压舱石"①；全面建设社会主义现代化国家，实现中华民族伟大复兴，最艰巨、最繁重的任务依然在农村，最广泛、最深厚的基础依然在农村；任何时候都不能忽视农业、忘记农民、淡漠农村。习近平总书记关于乡村振兴的重要论述进一步丰富了共同富裕理论的内涵。他指出"脱贫攻坚战的全面胜利，标志着我们党在团结带领人民创造美好生

---

① 习近平：《坚持把解决好"三农"问题作为全党工作重中之重举全党全社会之力推动乡村振兴》，《求是》，2022年第7期．

活、实现共同富裕的道路上迈出了坚实的一大步，意味着'三农'工作重心历史性转移到全面推进乡村振兴上来"。

但是，受历史因素、经济水平、地理条件、思想观念、教育程度等因素的影响，我国西部地区贫困程度深、攻坚任务重，前所未有，过去全国 832 个国家级贫困县，西部地区就占了 568 个，占比 68.3%；2021 年 8 月 27 日公布的 160 个国家乡村振兴重点帮扶县，全部在西部地区。这说明，中国巩固拓展脱贫攻坚成果与乡村振兴的主战场还是在西部地区。西部地区虽然消除了绝对贫困，但是发展基础仍然不牢，扶贫产业组织化、规模化、市场化程度较低，农村居民人均可支配收入与全国平均水平还有一定差距，脱贫户外出务工占比大、稳定性弱，已脱贫纳入监测的人口、易致贫的边缘人口基数大，因病因灾因残等返贫因素多，巩固拓展脱贫攻坚成果仍面临较大压力，所以要将其与乡村振兴战略衔接，困难和障碍可想而知。

为此，2020 年 12 月 16 日，《中共中央国务院关于实现巩固拓展脱贫攻坚成果同乡村振兴有效衔接的意见》（以下简称《意见》）公开发布。《意见》明确了二者有效衔接的重大意义、总体要求、长效机制、重点工作与具体举措，指出要从政策文件、领导体制、工作体系、考核机制、规划实施与项目建设等方面做好衔接工作，并提出要"扶上马送一程"，继续落实"摘帽不摘责任、摘帽不摘政策、摘帽不摘帮扶、摘帽不摘监管"的"四个不摘"要求。由于衔接是巩固拓展的递进，衔接之中和衔接之后还有巩固拓展脱贫攻坚成果的任务，因此巩固脱贫攻坚成果的任务不应仅仅贯穿在二者的过渡期，还应该贯穿于全面实施乡村振兴全过程，是乡村振兴的应有之意。2021 年 6 月 1 日，我国实施了《中华人民共和国乡村振兴促进法》，明确提出要"促进小农户和现代农业发展有机衔接、促进公共服务与自我服务有效衔接、实现巩固拓展脱贫攻坚成果同乡村振兴有效衔接"，通过衔接来促进乡村振兴的法制化阶段到来。

基于此，站在实现"两个一百年"奋斗目标的历史交汇点上，作为脱贫攻坚与乡村振兴的研究团队，我们应紧紧围绕新发展阶段

"三农"工作的战略定位，按照在全面建设社会主义现代化国家新征程中走在全国前列、创造新辉煌的总定位总目标，认真总结党的十八大以来以广东省为代表的发达地区的先进做法，加强理论研究和经验总结，提炼乡村振兴的智慧与方案，为西部甚至全国实现巩固拓展脱贫攻坚成果、全面推进乡村振兴、高水平推动农业农村现代化提供智力支持。

农为邦本，本固邦宁。在向第二个百年奋斗目标迈进的历史关口，全面推进乡村振兴，稳农村、兴农业、富农民是关系民族复兴的重大问题。新时代催生新思想，新思想呼唤新作为。作为身处华南、心系家国的一支重要研究力量，我们依托乡村振兴研究院，始终秉持新时代理论工作者的责任、使命与担当，竭力贡献乡村振兴的智慧、力量与情怀，力图在伟大时代构建具有中国特色的结对帮扶与乡村治理体系。

谢治菊

2021 年 9 月 13 日于羊城

序一 从塘约道路到塘约经验

　　从王宏甲先生的《塘约道路》到谢治菊教授的《塘约经验》，从不同角度分析了塘约村的发展。自 2015 年以来，安顺塘约——这个远离政治、经济、文化中心的贵州小山村，受到社会各界的广泛关注，塘约乡村改革发展之路，引发专家学者的热烈讨论和全国各地的学习借鉴。王宏甲先生的《塘约道路》是报告文学，生动呈现了塘约村在大灾之后的破茧成蝶。谢治菊教授的《塘约经验》是学术研究，是对塘约发展之路的经验总结和理论阐释。行走在"道路"上，有坎坷、有曲折、有不懈的努力、有艰辛的探索。在曲折坎坷的"道路"上努力探索，获得成功，通过研究总结和理论阐释，形成"经验"，供人学习和借鉴。从《塘约道路》到《塘约经验》，是从"道路"到"经验"，从实践到理论，是不同的研究面向。

　　作为一位学者，我对乡村研究有浓厚兴趣。我生于乡村，长于乡村，对乡村有特别的感情。上点儿年纪后，喜欢回忆，爱好怀旧，写一部乡村生活的回忆或怀旧文集，是我长久以来的一个愿望。我以为：中国人的根和魂在乡村，中国传统文化就是乡村文化，中国传统文明就是乡村文明。离开了乡村，中国人便失去了生存空间，中国人的灵魂将无处安放。近代以来，中国乡村的衰落和衰败，让无数文人学士黯然神伤。在当代，从新农村建设、美丽乡村建设到脱贫攻坚、乡村振兴，一路走来，我们正在力图重建乡村社会、重构乡村文化和重振乡村经济。我密切关注和积极参与当下的乡村振兴工作。但是，从学术角度，我更关注中国历史上乡村社会的治理方式、运行机制和文化调适,并力图从中寻求可为当下乡村振兴借鉴的制度资源和文化资源。阅读萧公权《中国乡村:19 世纪的帝国控制》、池田温《中国古代的聚落与地方行政》、宫崎市定《中国聚落形态的变迁》、费孝通《江村经济》等著作,深受启发,很有感触,研究古代中国的乡村治理、运行机制和文化调适,一度进入我的学术视野,可惜至今尚未开展。我还特别关注乡村志的编撰和乡村史的研究,在 2014 年,我意外获得贵州省遵义市道真县五八村仲家沟邹、李二姓村民,自乾隆年间至解放初期两百年间五百余份关于经济往来的契约文书,后编纂成《道真契约文书》出版。其实,我最初的想法,是想利用这五百余份契约文书,加上田野调查和其他地方文献,研究仲家沟两百年的历史变迁和社会生活,为仲家沟写一部乡村史。由于种种原因,这项工作也没有做下去。此外,乡村世界和乡村生活的文学再现,亦是我关注的论题。阅读贵州晚清诗人郑珍的诗歌,他在遵义沙滩的乡村生活,引起我的极大兴趣。诗人笔下的乡村世界,是一个有趣的学术话题。近日阅读包伟民《陆游的乡村世界》给我启发,我认为研究"郑珍的乡村生活",应当是一个不错的选题。

生于乡村、长于乡村的我,阅读谢治菊教授的《塘约经验》一书引发我对乡村生活的怀旧和追忆,以及关于乡村社会研究的一些设想。谢治菊教授是专业的乡村治理、乡村振兴研究专家,对"塘约经验"的研究很深入,提炼很精准。她将塘约乡村改革发展的成功做法,归纳为制度变迁经验、党建引领经验、经济发展经验、公众参与经验、文化认同经验、利益联结经验、农户组织经验、三变改革经验八个方面,基本囊括"塘约道路"的方方面面。实践需要总结,做法需要阐释,经验需要提炼。谢治菊教授的贡献,便是将"塘约道路"归纳总结为八大"塘约经验",并援用相关理论进行深度阐释,使之成为可信赖、可借鉴、可复制的乡村发展和振兴的路径与方法。

基于个人的学科背景和学术兴趣,我更关注乡村文化的复兴和乡村治理的沿革。我以为,从脱贫攻坚到乡村振兴,巩固脱贫攻坚成果，做好脱贫攻坚到乡村振兴的有效衔接，除持续推进和巩固农村的产业发展外，更为重要的工作是促进乡村文化的复兴。习近平总书记指出：没有充分的文化自信，就不可能实现中华民族伟大复兴。我们可以接着总书记的话往下说：没有乡村振兴，就不可能实现民族复兴；没有乡村文化的充分自信，就不可能实现乡村社会的全面振兴。所以，这几年，我在许多场合讲乡村文化，先后做过"文化自信与乡村振兴""重建乡村社会和重构乡村文化""重塑农民形象与重构乡村文化"等学术讲座，还曾经对中国人乡土情怀和乡愁做过专题研究。谢治菊教授关于"塘约经验"中文化认同经验的总结和研究，正与我的想法暗合。

　　我喜欢从历史角度切入现实问题，从历史上乡村治理沿革的角度，切入当下乡村振兴的研究。"塘约道路"是以左文学为代表的安顺人走出来的乡村发展之路，"塘约经验"是以左文学为代表的安顺人在乡村改革实践活动中探索出来的经验。其实我发现，安顺人富有探索精神，具备创新意识，特别是在乡村改革发展的道路上，新中国成立以来的几代安顺人，得风气之先，大胆探索，勇于创新，积累了丰富的经验，引起社会各界的高度关注，产生了较大的社会影响。第一代是1955年安顺镇宁自治县马鞍山村以沈志英为代表的村民，探索乡村合作社生产管理方法，改革临时包工、实施季节包工、设计年度包工，大大提高了合作社的生产效率和农民的生产积极性。这项合作社生产管理方式的改革，引起毛主席的关注，在介绍这种做法的《季节包工》一文前，毛主席亲笔写下二百余字的"本书编者按"语。第二代是1978年安顺关岭自治县顶云石板井村的几位农民，冒着生命危险，率先冲破思想桎梏，创造了"定产到组，超产奖励"的土地承包责任制，极大地提高了农民的生产积极性，拉开中国农村改革的序幕，成为中国农村改革的一面旗帜。在当代中国农村改革中，有"北小岗，南顶云"之称。这项农村改革的探索，被学者称为"顶云经验"。第三代是2015年安顺平坝县塘约村以左文学为代表的村民，探索、推动的乡村综合改革。另外，安顺培养退役军人做村干部，带领村民脱贫致富的"兵支书"经验，也在全国有重要影响。总之，我以为，安顺人勇于探索，敢于创新，因而这个地方常常出"经验"。尤其是在农村改革方面，塘约几代人持续探索，每一次都得风气之先，在全国都有引领示范作用。研究"塘约经验"的谢治菊教授，如果有兴趣，可以从"塘约经验"上溯到"顶云经验"，再到"马鞍山做法"，基于追本溯源的历史视角，全面研究安顺农村改革发展史。我以为，这真是一个有价值的学术选题。

"塘约道路"是左文学支书的"丰碑"，《塘约经验》是谢治菊教授的"创作"。其实，我与他们两人都有缘：我与左文学支书同名，此其缘分之一。2019年秋，我随贵州省委党校主体班学员赴塘约调研学习，经学员们推举，我与左文学支书同台论道，论乡村振兴之道，学员间戏称是"文学书记面对面"，此其缘分之二。2020年初夏，我到安顺市政府工作，便去拜访左文学支书，商讨在塘约筹建贵州乡村振兴学院，研究"塘约道路"，传播"塘约经验"，此其缘分之三。先前，我与谢治菊教授同在贵州民族大学教务处任职，有过很好的合作。她在研究乡村治理方面卓有成就，我很敬佩。后来，她转职广州大学，出任广州大学乡村振兴研究院院长，致力于乡村振兴理论与实践研究。我在安顺塘约筹建贵州乡村振兴学院，在安顺学院组建贵州高校乡村振兴研究中心，我们在工作上又有了联系，她的《塘约经验》研究左文学支书的"塘约道路"，我两边都沾得上，故乐为之序。

汪文学

安顺市人民政府副市长

2021年11月25日

序二 从"贵州塘约"到"中国塘约"

塘约村是一个距北京 2000 公里的贵州偏远山寨，然而，这个小小村寨的脱贫之路，竟引起了各路媒体的高度关注，新华社、《人民日报》《光明日报》等中央媒体和网络媒体纷纷报道塘约的发展之路。2016 年 12 月由中宣部《党建》杂志社、人民出版社主办的"塘约基层建设经验座谈会暨《塘约道路》研讨会"在北京全国人大会议中心举行，2017 年"两会"期间，中共中央政治局常委全国政协主席俞正声对塘约村给予了高度评价，安徽省、海南省等众多省份纷纷派出考察团到塘约村考察学习，并要求在各镇村干部中组织开展学习塘约经验，塘约为什么能够引起中央的高度关注？为什么会引发各路专家的讨论？为什么得到众多的省份号召学习？为什么引起了社会各界的强烈效仿？塘约究竟经历了怎样的发展之路，最终破茧成蝶？

一 党建引领，凝聚人心促进发展

首先是创新管理。按照"党总支管全村，村民监督党员"的思路，将村党总支划分为 3 个网格党支部和 1 个合作社党支部，在村民小组建立党小组，实行信息反馈机制，党小组负责收集群众意见建议，将党的声音和力量传递至村组农户，党总支定期交流沟通、定题研判，解决热点难点问题，形成党总支领导下的网格化管理格局。

其次是设岗定责。对党员实行"驾照式"扣分管理，将其日常表现细化为学习教育、组织生活、履行职责、廉洁自律和遵纪守法5类40多项内容，制定《党员积分册》，由所在组委会保管，村民议事会每月进行测评打分，满分10分、全年共120分，年终超过80分的党员按照组长报酬标准给予奖励，少于60分的视为不合格，连续3年不合格的向上级报告劝其退党。对村干部实行日常考评和年终考评相结合，满分100分。每周工作完成情况占50%权重，年底村民组长和全体农户的测评分别占30%和20%的权重，综合得分作为干部绩效考核的依据，少1分扣300元。2016年，有个别村干部就被扣了1万多元。对村民小组实行百分制考核管理。对各产业体负责人实行"定产值、年薪制"管理，完成不了产值的扣年薪，超过产值的拿出超值部分红利的30%进行奖励。

最后是强化监督。建立"三方"监督机制，在村委会自身监督、村民小组民主监督的基础上，强化监督委员会专门监督。推选3名老党员成立村务监督委员会，采取"六参与六监督"举措（参与村务讨论，监督是否务实；参与村务实施，监督是否落实；参与项目全程，监督是否廉洁；参与村级"三资"，监督是否规范；参与事务公开，监督是否真实；参与年终考核，监督是否公平），对各项事务进行全程监督，做到群众明白、干部清白。

二 改革推动，激活农村生产要素

首先是"七权同确"。开展土地承包经营权、林权、集体土地所有权、集体建设用地使用权、房屋所有权、小型水利工程产权和农村集体财产权等"七权确权"工作，采用GPS、航拍等高科技手段对全村土地精准测量。成立"确权议事会"，广泛收集民情民意，对于有地无证、有证无地、一地多证、一证多地和无证无地，以及实际测量面积偏大等问题进行汇总。在确权过程中，对于占用集体资产的，由村干部、党员带动全村群众，采取交还或购买的方式处理，经过指界、退出、村民按手印三个程序确认。

其次是建档颁证。为每块土地的面积、形状、位置等信息建立

序二　从"贵州塘约"到"中国塘约"　

档案，建立"七权同确"数据库，充分运用大数据手段，对确权成果进行动态管理和使用。目前，全村耕地经过精准测量确权后从1572亩增加到4881亩，入库林地确权面积2616亩、颁发林权证60本，房屋957宗，集体所有水利工程19宗、颁发水权证32本。

最后是盘活资产。折价入股，开展土地入股，全村4881亩土地全部入股，募集股东921户，股权总数5230股；开展水权入股，全村28处小型水利工程评估1542万元，作价入股到塘约村水务公司，该公司通过经营农村饮水安全工程及农田灌溉工程获取水费，所获收益与村集体分享。实行抵押贷款，按照土地承包权与经营权分离的原则，"金土地"合作社与农村信用社共同构建"3+X"（"3"指农村信用社、村委会、"金土地"合作社，"X"指公司、合作社、专业大户、农户等主体）支农扶农信贷新模式，提供抵押贷款。由村集体提供担保贷款，经营主体申请贷款时授信额度最高可达缴纳担保基金的10倍，利率在同期同档次基础上下浮10%。目前，全村累计从平坝区农信社获得"金土地贷"等贷款307笔，1725万元，"沉睡资源"变成了"鲜活资产"。

三　合股联营，强弱联合共同富裕

首先是股份合作。带股入社。以田每亩700元、地每亩500元、坡耕地每亩300元计算，按500元1股入股，实现户户入社、户户带股。合作社接受国家财政直接补助和他人捐赠形成的集体资产，平均量化到成员，按比例分配给本社成员，并记载在成员个人账户中，通过带股入社打造股份农民。设立机构。成立社员大会，由全体成员组成，是合作社的最高权力机构，选举和罢免理事长、执行监事，每年召开一次成员大会，决定重大事项。成员入社自愿、退社自由、地位平等、民主管理，实行自主经营、自负盈亏，利益共享、风险共担，初步建立起内部法人治理结构。建立制度。建立土地流转制度，入社土地由村集体统一经营，不向本集体经济组织外流转。建立财务管理制度，实行独立的财务管理和会计核算，严格核定成本与费用，由执行监事对合作社资产运行、财务管理、收益分配实行监督，有效保障社员收益。2017年，村集体及合作社分红204.35万元，社员分红124.32万元（其中社员最高分红达10620元，最低也有2023元）。

其次是集体经营。建经营服务平台，即合作社下设土地流转中心、股份合作中心、金融服务中心、营销信息中心、综合培训中心、权益保障中心，形成"1+6"的一体化服务体系，有效解决农村土地难以集中、贫困户资金难以筹集、市场风险难以抵御、村民权益难以保障等问题。建创业就业平台，即在合作社内部组建运输公司、劳动输出公司、妇女创业联合会和建筑公司等经营实体，加强对劳动力职业技能培训，培训了200多名驾驶员、800多名其他技术人员，大都在村合作社下设公司就业。建"七统一"发展机制，即全村实行资金统一核算、土地统一规划、干部统一使用、财务统一核算、农产品统一销售、美丽乡村统一建设、红白喜事统一操办，从而更好地配置资源，提高发展和治理水平。

再次是调优结构。做精品农业。围绕农业供给侧结构性改革，大力发展现代山地特色高效农业，采取"村集体+合作社+公司+农户"的发展模式，大力调整农业产业结构。全村种植芹菜600亩、韭黄700亩、辣椒150亩、香葱200亩、浅水莲藕300亩、晚熟脆红李520亩、核桃500亩、羊肚菌160亩，2018年种植增加茄子320亩、毛节瓜410亩、无花果50亩，农业效益大幅提升。围绕"水果上山、苗木下田、科技进园"，建设青岛—安顺农业产业示范园，建成后将带动蔬菜种植3万亩，带动周边5000户农户增收。

最后是促进农业"接二连三"。山东寿光市龙耀食品（集团）有限公司对口帮扶塘约村，为村里无偿提供700万帮扶资金建设农业产业园，并以470万元作为技术入股。目前，占地300多亩的农业产业园已初具规模，新建成的育苗中心区、高科技展示区、采摘体验区和示范种植高产高效区，每年可产生近600万元的经济效益。组建荷塘月色旅游发展公司，以农耕文化为基础，打造集农业生产、农产品加工、休闲体验、养生养老等为一体的田园综合体。

四　村民自治，提升农村治理水平

首先是群策群力管村。依照《中华人民共和国村民委员会组织法》等规定，结合实际制定《村民代表大会制度》。以村民小组为单位，每15户联名推荐一名代表作为村民代表，讨论决议村庄建设规划、年度财务预决算、村级经济项目的立项、宅基地使用等涉及村民利益的重大事项。

其次是九条村规治村。在实行村民代表大会制度的基础上，针对群众反映强烈的滥办酒席、不孝敬父母、不诚实守信等陋习，通过村民代表会议商议，制定了符合村情实际的九条村规，简称"红九条"，作为村民行为规范的红线。对于违反"红九条"的村民，纳入"黑名单"进行为期3个月的考察，其间不享受任何惠民政策，直至农户转变观念、纠正行为，经村民代表大会测评合格后，方可恢复有关权利。

最后是连心惠民强村。塘约村始终把村民意愿放在首位，建立离任村干部、现任村干部、各机构负责人、入党积极分子和致富能人"四个梯队"，将其作为联系群众的桥梁，强化思想动员与协调沟通，从思想上打通"最后一公里"，逐步赢得村民的理解和支持，引导村民参与各项村级事务发展和管理，将各项改革措施坚定地落实下去。

塘约村的发展，对乡村振兴有如下的启示与思考。一是盘活"人"的要素，是激发发展内生动力的先决条件。农村改革的关键在于农民。只有把农民组织起来，才能更好地推动自然资源、存量资产、人力资本等多要素联动。为了破解村干部"说话没人听、做事没人跟"之困，塘约村围绕"人"的问题，塘约村优化"党总支+支部+党小组"的乡村治理结构，建立起纵横相交的"还权赋权监督"机制，激发了党员干部热情，增强了党组织的向心力、战斗力和凝聚力。同时，制定了涵盖公义、诚信、守法、忠孝等内容的村规民约"红九条"，实行"黑名单"管理制度，狠刹歪风陋习，改善村风民风，把群众的智慧和力量有效汇集到发展上来，推动农村产业革命。

二是盘活"地"的要素，是实现资源效益最大化的重要途径。土地是农村最宝贵的资源，是农民赖以生存和发展的根本。为破解农村"种地不赚钱、打工荒了田"之困，塘约村抢抓中央推进农村改革的机遇，在全省率先开展林权、集体土地所有权等"七权同确"，建立"七权同确"数据库，厘清了农村"糊涂的资产"，把过去农户侵占的集体土地、公房全部清理出来，把零星、破碎的土地集中起来，把撂荒的土地重新经营起来，并赋予了产权主体更多的权能，实现了农村各类资产资源优化配置，推动了农村生产方式由分散式向集中规模化生产方式转变，真正让农民重回土地、立足土地、依靠土地发展。

三是盘活"钱"的要素，是加快经济发展步伐的关键因素。农业具有投资长、见效慢、风险大的特点，农业要发展、产业要转型、农民要致富都离不开资金的支持，塘约村在村集体经济和村民荷包捉襟见肘现状下，按照"村社一体、合股联营"的思路，走"抱团"发展的道路，丰富和完善"统"的功能，推进农民由"分"到更高层次的"合"，形成了村集体、合作社、农户强弱联合、共同富裕的发展格局，让农民获得持续稳定的收益。同时，通过探索建立"3+X"信贷模式，开启了银村联姻，金融助力脱贫攻坚的有效路径，有序引导各类产权依法、有偿、自愿和规范交易，使"沉睡资源"变成"鲜活资产"。

需要强调的是，成功的案例总是各有各的成功。学习塘约村的经验，绝不能简单地照搬照抄，必须充分考虑到中国幅员辽阔，地区间由于地理位置、资源禀赋、发展基础、文化观念等多方面原因导致非常复杂的差异性，呈现区域不平衡发展的现实特征，不可能一个目标、一个模式同步发展，应该是由自上而下的国家整体制度安排与自下而上的发挥亿万农民的主体作用和基层首创精神相结合，实现战略目标的一致性与实现路径的多元性相统一。

陈文胜

湖南师范大学中国乡村振兴研究院院长

二级教授、博士生导师

2021 年 11 月 2 日

目　录

第一章　从贫困村到明星村：
塘约村蝶变之路

　　塘约村隶属贵州省安顺市，目前全村 10 个自然寨 11 个村民小组 921 户 3524 人。据《安平县志》等史料记载，洪武十四年（1381年），朱元璋派征南将军傅友德率领 30 万大军征剿盘踞在云南的梁王匜剌瓦尔密。后军队奉命屯军西南，彭姓、罗姓、李姓等祖辈辗转到塘约安扎，繁衍生息。

　　塘约村人才辈出。据有证可查，清朝年间，魏氏一家三代被皇清诰授武功将军，魏长卿中殿试二甲第三名。道光年间，邱氏一家还出邱世学、邱世才两秀才。桑梓难离，历代乡贤时常倾囊为村民修路筑桥、办学修庙。魏家桥现仍矗立河流之上，回龙寺遗址仍清晰可见。历史上，塘约村工商业也曾繁盛一时，清雍正到嘉庆年间，皮革、造纸、染布、砂锅等在此兴起，产品远销云南、湖广、四川等地，一时商贾云集，成为方言百里著名的"小金州"。后兵患四起，逐渐衰落。

　　塘约村曾经是"省级二类贫困村"，2013 年农民人均纯收入不到 4000 元，村集体经济不到 4 万元，2014 年 6 月 3 日的一夜暴雨更是让这个农民人均收入只有全省 70% 的贫困村庄雪上加霜。然而，这个小小村寨的脱贫之路，竟得到了政府、社会和媒体的高度关注，先后获得贵州省巾帼脱贫攻坚先进集体（2016 年 11 月）、全国文明村镇（2017 年 11 月）、贵州省脱贫攻坚先进基层党组织（2018 年 7月）、全国乡村治理典型案例（2019 年 6 月）、全国民主法治示范村

（2021 年 3 月）等荣誉称号，新华社、人民日报、光明日报等中央媒体和网络媒体纷纷报道其发展之路，多次得到国家领导的高度评价，并要求在各镇村干部中组织开展学习塘约经验，国内众多省份也纷纷派出考察团到塘约考察学习。塘约为什么能够引起中央的高度关注？为什么会引发各路专家的热烈讨论？为什么能得到众多省份的号召学习？为什么能引起社会各界的强烈效仿？塘约究竟经历了怎样的发展之路，最终破茧成蝶。

一 空心之痛：塘约人在外地

正如党的二十大报告所言，我们通过全党上下的持续奋斗，实现了小康这个中华民族的千年梦想，打赢了人类历史上规模最大的脱贫攻坚战，历史性地解决了贫困问题，为世界减贫事业提供了中国方案。我国历来高度重视"三农"工作，强调农业农村农民问题是关系国计民生的根本性问题，必须始终把解决好"三农"问题作为全党工作重中之重；在打赢攻坚战后，继续保持政策稳定性，提出坚持农业农村优先发展，实施乡村振兴战略；大力推进乡村振兴，并将其提升到战略高度、写入《党章》，这是党中央着眼于全面建成小康社会、全面建设社会主义现代化国家做出的重大战略决策，是加快农业农村现代化、提升亿万农民获得感幸福感、巩固党在农村的执政基础和实现中华民族伟大复兴的必然要求，为新时代农业农村改革发展指明了方向、明确了重点[1]。然而，改革开放以来，随着社会主义现代化进程持续推进，农村人口大规模向城市中流动，乡村普遍存在"三留守"、村穷民弱、治理主体缺位的空心化现象，造成资源配置不合理、经济匮乏、保障不足、治理困难等问题，阻碍了乡村振兴战略的实施，主要表现为以下几方面。

一是外出务工导致"三留守"现象严重。"推拉理论"是研究流动人口和移民的重要理论之一，巴格纳认为人口迁移和移民搬迁

---

① 韩长赋：《大力实施乡村振兴战略》，《人民日报》（第 7 版）2017 年 12 月 11 日。

的原因是人们可以通过搬迁改变现有的生活环境以改善和提升生活条件、质量[1]。将该理论置放于乡村人口向城市外流的情境下，推力是指不利于村民生活的乡村经济条件因素；拉力是指城市中使乡村外流人口的基本生活条件得以改善因素。改革开放之后，随着农村包产到户和沿海城市工业化进程的不断加快，城乡社会发展差距逐渐增大，城乡二元经济结构正式形成。此时，农村的落后和发展机会的缺乏、农业生产效益的低下，构成了农村的推力；城市中良好的就业环境、颇高的工资收入、完善的公共服务基础设施、便利的交通条件、优质的教育资源、增长个人视野以及良好的生活体验，构成了城市的拉力，由此导致大量农村人口外流。例如，塘约村辖 10 个自然村寨，11 个村民组，944 户 3503 人，劳动力 1400 多人。在推拉力的影响下，乡村人口大规模向城市流动。据不完全统计，从 1995 年开始，塘约村大量青壮年剩余劳动力走出农村，到沿海城市打工，外出务工人员多时达 1100 人，接近全村人口的 1/3，占全村劳动力的 3/4，剩下的是以妇女、儿童和老人为主体的"三留守"群体，形成了典型的"空心村"。

二是村穷民弱现象长期存在。过去，塘约村仍保持着传统的农业生产模式，生产效率低下，经济收入主要来自土地种植，而种植普遍效率低、回报周期长，受制于农产品成本高、价格不稳定、销售途径单一、种植养殖方式不科学等因素，使得农产品利润极低，农民经济收入偏低。2014 年之前，仍属于省级二类贫困村，村集体经济 30543 元，人均收入 3789 元，仅占全省平均水平的 70%，贫困户 138 户 645 人，30% 以上的耕地撂荒，人人争当低保户，家家争要救济粮，且乱办酒席陋习严重，人情支出不堪重负。可以说，村穷、民弱、人散、地荒是对塘约村的真实写照。20 世纪实施改革开放政策以来，该村也和全国其他大部分村一样，许多农民纷纷离开土地选择外出打工或者外出经商，致使塘约村也成为远近闻名的"省级二类贫困村"。由于种种原因，农业成为一个相对弱势的产业，多数

---

[1] Donald J. Bagne, *Principles of Demography*, John Wiley & Sons, Inc, 1969. pp.753-755.

农民背井离乡出去打工,农村出现了大量土地撂荒现象,撂荒面积之大、时间之长,是中国历史上从来没有过的。①

三是务工地遍布许多大城市。2013 年,塘约村是贵州省最贫困的村庄之一,传统的农业生产模式效率低下,农户自己的耕地少,无法进行大规模种植,依靠农业只能自给自足。因此,如果在入不敷出的乡村生存环境与高经济收入的城市生活之间做抉择,兼具理性经济人和劳动力资源性质的塘约村民,大多更倾向于选择后者,因为城市中大多数行业的收入往往比农村农业生产获得的利益更高。受此驱动,塘约村村民纷纷选择外出务工、经商。据不完全统计,塘约村外出打工的 1100 多人中,有 70%以上是年轻劳动力,大多选择北上广深等地区,大部分选择进厂,小部分务工人员选择靠技术。事实上,2014 年前,拥有 30%的撂荒地和村里 30%的欠债村民造成了塘约的贫困现状,村内一半多青壮年劳动力在外打工,只有老弱妇孺留守。村干部虽有发展之心,却不知从何下手。当时,由于外出务工人数增多入手,政府相关创业政策实施后外出务工返乡村民实际不多,发展农业生产对现当代青壮年劳动力不具吸引力,导致村内留守儿童与"空巢老人"现象严重②。

二　大灾之机：塘约人请回家

"穷则思变,变则通","穷"是不争的事实,"富"是农民的期盼。塘约村由穷到富的转变,是从一场百年不遇的洪水开始的。2014 年 6 月 3 日,塘约村经一场大洪水洗劫后就更加"穷",田淹路毁,使得原本靠传统农业勉强度日的村民,瞬间变得一贫如洗。如何自救,如何发展、怎么发展成为摆在村"两委"③ 面前的难题。为破解这一难题,村党支部书记左文学认为眼下最重要的事,不是

---

① 智广俊:《烟台经验:塘约道路的继承和发展》,《经济导刊》2019 年第 12 期。
② 王琦等:《"三权"促"三变"对农民经济收入的影响分析——以贵州安顺平坝区塘约村为例》,《农林经济与科技》2019 年第 19 期。
③ 村党支部委员会和村民自治委员会。

修桥或办个什么厂，而是要把村民重新组织起来，靠集体的力量抱团发展①，于是他动员村民召开大会，将村民重新组织起来，抱团发展，经过几天的商讨，最后决定，按照"'三权'+党建+扶贫+产业+金融"的发展路子，成立以村党组织领导下的塘约村"金土地"合作社，走"村社一体、合股联营"的发展道路，促进资源变资产、资金变股金、农民变股东。这使农村土地集体所有制更加巩固，党支部领导作用得到充分发挥，广大群众利益得到切实维护，具体做法是：

一是创办及壮大村集体经济留人。传统农业已经不能适应当前农村经济发展形势，把土地流转集中使用。鼓励村民用土地作价入股，把身份转变为合作社社员。②办合作社，就是把集中后的土地进行统一规划，组建农业生产、养殖、建筑、运输、加工等专业队伍，进行公司化运作。妇女"半边天"的作用也要发挥出来，男女都可以在各专业队上班，按月领取工资。村民入股到合作社的土地经营权，可以按每亩一年的约定价格领取资产性底线收入，年底还能分红。进行生产、养殖、建筑、运输等经营活动解决了塘约村劳动力的就业问题。2014年至2017年，塘约村外出务工人员呈现出逐年下降趋势，村支书左文学说，加入合作社不是行政命令，农户是入社自愿，退社自由，但前提是必须维护农民的土地承包经营权，让农户自愿把土地承包经营权流转给合作社，也就是用土地入股到合作社。村支书左文学建合作社的提议获得了参会代表的全票通过，这让他始料未及。塘约村合作社就这样成立了。

二是深入推进"三权"促"三变"工作。在塘约也同样有"违规占地"问题，即把集体的土地、荒坡地或林地占为己用，或种植，或建房。当对集体所有的土地、林地全面进行确权时，那些侵占集体耕地的行为就在确权中显露出来，就该归还集体。③因此，需要搭建起农村产权确权信息管理平台，加快土地承包经营权、林权、集

① 王宏甲：《塘约道路》，人民出版社2016年版，第15页。
② 王宏甲：《塘约道路》，人民出版社2016年版，第38页。
③ 王宏甲：《塘约道路》，人民出版社2016年版，第57页。

体土地所有权、集体建设用地使用权、房屋所有权、小型水利工程产权和农村集体财产权"七权同确",通过"确权、赋权、易权",赋予产权主体(村民、村集体)更多的权能,为资产、资源的抵押、贷款、入股提供发展基础。建立村级土地流转中心,形成以市场为导向的农村产权交易平台,推进农村产权有序交易,切实逐步把农村分散的资源汇聚起来,有效推动农业生产集约化、标准化、规模化发展。同时,创新金融服务模式,通过土地承包经营权、林权、小型水利工程产权和房屋所有权等抵押担保贷款,实现了农村各类资产资源优化配置,推动了农村生产方式由原分散经营向集中规模化经营转变,让土地更加集中、生产更加集约、效益更加凸显,土地也因此变得更具生命力。

三是发动群众参与,凝聚改革共识。"合股联营、抱团发展"是塘约改革之路,塘约村落实和推行改革的关键是群众的支持和参与。没有群众的参与,光村支两委自己干,肯定是干不成的。为充分发动群众参与到改革中来,塘约以政策宣传为着力点,组建起一支由村干部、党员、村民代表组成的村级宣传工作队伍,突出抓好"三摸三讲"工作①,采取入户走访、召开群众会、院坝会、大广播等形式宣传。在宣传工作中,注重有效管用,变"高大上"理论内容为"土巴实"的群众语言,变"独角戏"宣传为"大合唱"式的交流互动,解决群众被动接受、反映淡漠的问题。例如,宣传"三变"改革中,塘约村就结合遭受洪灾情况,向群众讲明白单打独斗、分散经营的传统农业抵御自然风险能力薄弱,抱团取暖带来的好处及向群众讲明白土地确权和合股联营的好处,让村民听得懂、听得进,凝聚发展共识。

四是通过土地入股实现利益联结。利益联结的基础工作是土地确权流转,这是一项艰巨、细致的工作,要对村民承包的土地重新丈量、登记存档、张榜公示、接受全体村民的监督,最后由政府颁给土地承包经营权证,简称"土地确权"。塘约村的土地确权做到了

---

① 摸清家底、摸清村情、摸清民意,讲清国家政策、讲清形势机遇、讲清改革利弊。

"七权同确"，这也是农村产权改革的一次新尝试。"这个过程涉及每个村民的切身利益，我们召开了村民代表大会制定实施方案。成立领导小组和工作小组，还启动了三级调解机制，凡是确权过程中有争议的，首先在村民间自行调节，还有争议的再提交调解委员会，最后仍没有定论的提交村民代表大会表决。"村支书左文学说。在确权过程中，村干部要带头，随后是党员，然后是村民小组长，最后才是村民。有了村干部和党员带头做表率，村民就不会因小利再斤斤计较，最终共同促进工作顺利完成。

"七权同确"后，村民以土地入股，村里成立"金土地"合作社后，村民以技艺创业，农民变成了股东，4200多亩被集中的土地开始发展规模种植，收益由合作社、村集体、村民按照3∶3∶4进行利润分成；全村30%被撂荒的土地种上了无公害蔬菜，专供城里的学校食堂；农民妇女成为现代农业的行家里手。"这次确权不仅解决了很多农民家庭积怨已久的矛盾，还壮大了集体经济，村民积极性异常高涨。"村支书左文学说。

五是村级经济发展后，塘约人纷纷选择回家。塘约村积极做好村民回乡服务工作，"延伸支部工作触角，把为民返乡服务阵地前移，群众找到了组织，村级组织有了更广泛的群众基础"。通过村级组织向群众宣传回乡政策及搞好服务工作，吸引外出务工人员返乡就业创业，优先向贫困户提供就业岗位，"三留守"问题基本得到解决。一是加强技能培训后，把有特长的富余劳动力组织起来，2015年4月，塘约村注册800万元资金成立建筑公司，下设有12个队共286人，分水泥工、粉刷工、石工、水电安装、室内装潢等工种。经过平坝区政府培训，120多人通过资格考试获得建筑技工证。二是成立建筑队。建筑队小工120元/天，技工200元/天，实现了在家门口快速增收。三是成立运输协会。村里把自家有货车，或有驾驶技术的30多人组织起来成立运输协会，没有车的农户由合作社出面担保给农户贷款购车，村里有机耕道等业务时优先本村运输协会。运输队自己推选一名队长，对村里的运输活动进行统一调度、统一管理，避免价格上的恶性竞争（开大型车每月可收入3万元，中型车每月可收入 1 万元)。为了提高业务水平、承担更多业务，塘约村通过运输公司解决了村内有货车户的货源与就业问题。四是成立妇女联合会。由村妇联主任把 50 岁以下的 300 多名妇女组织起来，多渠道进行劳务分流。有时组织妇女到城里开展保洁、家政等业务，有时参与村里统一组织的"红白喜事"服务，获取一定酬劳。平时可以在合作社获取务工收入。一部分妇女曾在工厂流水线工作过，具备一定的操作技能，在塘约村的制衣厂和"中央厨房"建成后，她们或进入制衣厂编织毛衣，或进入"中央厨房"进行净菜分拣包装。由平坝区统战部联系、村里提供厂房的电子厂即将建成，电子厂的工人第一个月工资 1500 元，以后每月按计件 5 角一个，其中 3 角归工人、2 角归村集体，预计月收入会达到 2500—3000 元。电子厂的建成将吸纳本村和周边更多劳动力进厂。五是壮大村集体经济，走村社一体优先解决村内就业。

塘约村在走上新型集体之路后，在村党员及村支两委带领下，通过壮大集体经济，在村社一体的基础上，大力发展合作社及公司，给贫困户提供了更多就业机会，在乡情感召和就近就业的情况下，塘约村在外打工的村民被吸引回来了。在合作社旗下，组建了农业生产团队、建筑公司、运输公司、劳务输出公司、妇女创业联合会，优化了全村劳动力资源。除此之外，农业生产团队共有 4 个基地，主要集中种植蔬菜、莲藕、精品水果等经济作物，把部分农户留在农村农业产业上。许多村民陆续返乡及创业，减少了塘约村的留守老人、留守妇女和留守儿童的人数。

三 穷则思变：塘约人加油干

村民返乡后，要实现脱贫致富，发展合作社、实现抱团发展是必然的道路之一。为带领全村群众抱团发展，2014 年，村"两委"班子成员将私人贷款共 100 多万元作为启动资金，组建了村党总支引领、村集体所有的"金土地"合作社，采取"党总支+合作社+公司+农户"发展模式，按照村民自愿原则，将全村 921 户 4860 亩耕地全部折价入股到合作社。为保证农业生产获得更大效益，合作社还聘请了营销团队、技术指导团队，成立了农机服务队，集体购置了100多万元的大型农机。建筑公司、运输公司、妇女创业联合会等逐步红火起来，为村民解决了就业问题。塘约村村民怎么就愿意把土地股份量化到合作社？关键是"433"利益分配机制起了作用。所谓"433"，就是合作社的盈利40%分配给入股农户分红；30%用于合作社滚动发展；30%用于风险基金和村集体公益事业支付。2017年，有的村民在合作社务工及分红收入就超万元以上。

一是依托小城镇建设成果，推进镇村"1+N"联动发展。在上级政府部门的帮助下，完成乐平村至塘约3.26公里的路网建设；完成塘约入口区寨门等标志性建筑修建；建成占地17.5亩广场及绿化建设；建成占地15亩的生态停车场；完成2.4公里铺彩色油砂的道路升级改造。完成1000户房屋立面整治及300户农户的庭院硬化绿化和联户路建设；完成2.5公里的河道整治；完成塘约村村史馆、生态公厕等建设；完成塘约村群众文化广场周边的木廊道、路灯、舞台背景等项目建设；完成3.2公里的河道慢行系统及祭水台建设；完成机耕道（含农业观光道）11公里、生产便道12公里的建设；实现塘约（杨家院、彭家院、李家院、石头寨）生活污水集中处理排放；投资800万元的村综合服务中心已建成；投资900多万元的塘约垃圾收运系统正在建设中。目前塘约村人居环境得到有效改善，城镇联动发展初见成效。

二是推进移风易俗。充分发扬民主和村民自治，推进全村移风易俗。经广泛征求群众意见制定"红九条"，违反规定者将列入"黑名单"，3个月考察期内无法办理任何手续、无法享受任何惠民政策，考察期合格后才能恢复这些权利。针对整改滥办酒席，村里组建红白理事会，通过村民代表大会讨论决定，村里提供"一条龙"服务治理滥办酒席，村里统一购置餐具、厨具、桌椅，组建服务队为村民提供"一条龙"服务，推行酒席申报备案制，禁止操办结婚和丧葬之外的其他酒席，明确结婚"八菜一汤"、丧葬"大锅菜"，不发整包烟和纪念品，对违规办酒的村民列入"黑名单"。①

三是树立文明乡风。每月定期开展道德讲堂宣讲、新时代农民（市民）讲习活动，以文明家庭创建为载体，积极开展"好婆婆""好媳妇""道德模范""五好家庭"等评选活动，引导群众树立勤劳致富、自尊自强、文明进步等新观念。广泛开展"身边好人""最美人物""道德模范"评选活动，以身边人、身边事为教材，教育引导广大群众见贤思齐、崇德向善。针对村内不文明行为，借助宣传栏、文化广场等传颂好人善事和文明乡风，营造明礼知耻、崇德向善的浓厚氛围，培养讲道德、有文化、守法纪、善经营的高素质新型农民。

四是乡村振兴谋发展。乡村振兴的关键是人才，"乡土人才队伍怎么建，党员怎么管，然后才是村庄怎么治，产业发展怎么抓"？一是抓好发挥本土人才作用。塘约村的村干部里最高学历是大专，面对经济发展不断涌现的新问题，现有的人才储备显得捉襟见肘。二是通过外部力量助推村内乡村振兴。以乡村振兴为契机，以青岛、广州帮扶安顺之机，完善村内村志编撰工作，同时也对媒体报道进行梳理等。三是通过驻村工作组协调相应资源发展村内经济。通过与帮扶单位联系，积极做好塘约在产业、人才、乡村治理、组织等方面的振兴。为此，村支书左文学一边自学"互联网+"，研究新的商业模式，一边积极物色专业人士提供智力支持。清华大学、北京大学和贵州大学、广州大学的专家，很快成了他的村级智库。

五是解决村干部后顾之忧。在"抓班子、带队伍"方面，村支

---

① 相比其它村，塘约村一大特色是村里重点整治滥办酒席现象。为有效遏制本村滥办酒席陋习，减轻村民负担，村里成立了酒席理事会及服务队。设酒席理事会成员7名；下设常务理事11名，每村民组各选出一人担任；设服务队员14名。理事会指定厨师提供服务，并提供免费餐厨具，其他的材料费由办酒席者支付，礼金由办酒席者收取。村里规定只准承办"红白喜事"，诸如搬家、过寿，状元酒、满月酒等一律不准操办。另外，规定"红喜"酒席不超过30桌，"白喜"酒席不超过40桌，如果违反了规定，由操办酒席方每桌按15元缴纳服务费。"红喜"规定时间为2天，"白喜"一般规定5天，如果违反了规定，服务费则由操办事宜者全部负责。

书左文学也有自己的一套办法。他要求村干部不能坐在村委会办公，要带着问题走到群众中去，要将村民对村干部工作的意见和反映的问题如实记录，进行梳理归类后，具体问题具体解决。"打造一支了解农村基层实践，了解国家政策，又能够潜下心来做事的干部队伍。"为此，村里要用六年的时间对村干部进行轮岗，让青年干部的锤炼更多元，人员构成更本土。同时，50岁以上的党员干部都要到顾问委员会指导工作。

四 塘约道路：塘约人美名传

近年来，塘约村通过党组织、村委会、合作社"三套马车"并驾齐驱，探索实施"村社一体，合股联营"发展模式、开创性地走出了一条"党建引领、改革推动、合股联营、村民自治、共同致富"的塘约道路，成效显著：农民人均纯收入由2013年不到4000元提升到2020年的23162元，村集体经济从不足4万元增加到2020年的576万元，实现了从"省级二类贫困村"到"小康村"的蜕变。2016年12月，塘约村成为中共中央宣传部《党建》杂志社联系点；2017年4月，塘约村被安顺市委党的建设工作领导小组授予安顺市"领头雁"素质提升实训基地称号；11月，被中央精神文明指导委员会授予"全国文村镇"荣誉称号；同月，被安顺市委党校授予"安顺市委党校系统现场教学基地"称号；2018年新的综合大楼竣工后，被中共平坝区委党校命名为"乡村干部教育培训基地"。2019年入选首批全国乡村旅游重点村；2021年批准为国家4A级景区，实现了乡村振兴的基础设施建设、乡风文明典范、脱贫攻坚样板、乡村治理有效等方面突破。

一是塘约被称为新时代大寨，成为脱贫样板。塘约道路是农村综合改革的样板，塘约经验指引了西部地区农村实现脱贫攻坚与乡村振兴有效衔接的方向。概括来说，塘约村的改革涉及农村产权制度、农村经营制度及村民自治制度。农村的脱贫致富和长远发展，归根结底是要靠把农民群众组织起来，靠自力更生，辛勤劳动，走共同富裕的道路。外力千帮万扶，最根本的是要落实到扶志、扶人、扶智，志智双扶，充分激发群众内生动力上。

二是在乡村治理中，正在探索"智慧塘约"。在村支书左文学眼中，乡村振兴不是修几条大马路、盖几栋洋楼。村支书左文学认为，乡村要保留自己的文化元素。塘约村要走的是符合自身定位的乡村振兴路。走在塘约村修葺过的小路上，村民的红色二层小楼错落有致地散落在山野间，现代化的阅读空间、京东电商服务点、金融服务中心等现代农村服务设施在塘约村一应俱全。村支书左文学说，这是乡村振兴最直接的改变。对于塘约村的未来，村支书左文学心中早有一张蓝图：第一步是把土地统起来，走合股联营道路；第二步是把车间建在村民家门口，走蔬菜分拣、净菜包装、"中央厨房"、冷链配送、电子订单、产品来料加工的现代农村产业之路，解决劳动力就业和促进村集体经济增长；第三步是充分用好山、水、林、田、路、寨和温泉等优势资源，让第一、第二、第三产业与大数据、互联网、物联网、人工智能深度融合，打造田园综合经济体，建设"智慧塘约"；第四步实现服务设施完善、特色优势明显、乡风民俗良好、品牌带动前列的新时期"智慧塘约"经验。

三是党支部发力、合股联营、村社合一得到上级的认可和社会各界的关注。塘约党支部先后被评为贵州省脱贫攻坚改革先进基层党组织、全省先进基层党组织。"塘约之变"先后被中央电视台《焦点访谈》《新闻联播》等中央主流媒体报道；著名报告文学家王宏甲五次深入塘约村调研撰写《塘约道路》，并由人民出版社出版；塘约村成为中宣部《党建》杂志社联系点；"塘约经验"写入贵州省第十二次党代会报告并在全省推广。"万物成长靠太阳"，塘约村有这么大的发展变化，主要得益于党的好政策，得益于上级党委、政府的大力支持和帮助，得益于全村党员群众艰苦奋斗、自力更生。"党群连心，其利断金。"近年来，村党总支团结带领全村人民，齐心协力，努力让党的政策在塘约落地落实，努力让广大村民充分享受到改革开放成果，努力将塘约美好蓝图逐步变成现实。

展望未来，塘约村正沿着党的二十大报告提出的"高质量发展路径"不断前进，不断巩固脱贫攻坚成果，扎实推动塘约村产业发展，实现该村的人才、文化、生态组织振兴。塘约的未来将会是一个"产业兴旺、生态宜居、乡风文明、治理有效、生活富裕"的美丽乡村。那么，塘约村的蝶变对其他村庄有哪些借鉴与启示呢？本书的第二章到第九章，就将对塘约村蝶变中的制度变迁经验、党建引领经验、经济发展经验、政治参与经验、文化认同经验、利益联结经验、家户组织化经验和"三变"改革经验进行分析。

本书的素材来自四个方面：一是塘约村村委会、平坝区委宣传部所给的有关塘约村的规章制度、总结材料、宣传材料、新闻报道等100余份材料；二是网络上有关塘约村的讨论、评价，以及中国知网里有关塘约村的文章、报道100余篇；三是课题组调研获取的数据资料。2016年3月—2021年3月，课题组先后十余次到塘约村调研。为保证调研的科学性与有效性，课题组采用问卷调查、深度访谈、集体座谈与参与式观察的方式进行。调查过程分以下几个阶段：第一阶段是以集体座谈的方式，对塘约村总体情况进行了解；第二阶段是以深度访谈和问卷调查的方式，对塘约村的党建引领、产业发展、集体经济、村规民约、内生动力等情况进行了深入调研；第三阶段是以参与式观察的方式，对塘约村发展中的典型案例进行了追踪，尤其对塘约村将农户组织起来的重要会议、合作社载体、信息化平台等进行了细致观察。调研共获得有效问卷180份，深度访谈记录50多个。其中，在访谈的50多个对象中，村民代表、村干部、乡镇干部和合作社领导各约占1/4，其中，村支书、主任和合作社带头人接受了多次访谈。在180份调查问卷中，男性占73.3%，女性为26.7%；年龄在45岁以下的有44.4%，超过45岁的有55.6%；少数民族比例较少，仅6.7%；已婚的占82.8%，丧偶、未婚和离异的分别占5%、6.7%和5.6%；文化程度在初中以上的有60%，初中以下的为40%；有67.2%的村民为户主，说明该调查具有代表性，详见表1—1所示。

表 1—1　　　　　　调查对象背景变量（N＝180）

背景变量		百分比（%）	背景标量		百分比（%）	背景标量		百分比（%）
性别	男	26.7	政治面貌	中共党员	23.3	户主	是	32.8
	女	73.3		群众	76.5		否	67.2
文化程度	小学以下	40.0	家庭年收入	2 万以下	23.8	婚姻状况	未婚	6.7
	初中	45.6		2—5 万	37.8		已婚	82.8
	高中以上	14.4		5 以上	38.4		丧偶	5.0
民族	少数民族	6.7	年龄	18—30 岁	11.7		离异	5.6
	汉族	93.3		31—45 岁	32.7			
贫困户	是	15.0		46—60 岁	38.4			
	否	85.0		60 岁以上	17.2			

第二章　从诱致性到强制性并举：塘约村制度变迁经验

本章从制度变迁视角出发，系统剖析塘约道路成功的密码、面临的困境和未来的图景，深度阐释塘约村这一经典个案对新时代乡村振兴的借鉴与启示。研究发现，塘约村的危机事件激发了村民们脱贫致富的内生动力，内生动力诱发了村庄的制度创新，制度创新的核心在于摒弃精英俘获，采取选择性激励、重复性博弈、参与式治理、政治性吸纳和组织性嵌入的方式，构建新的村庄治理结构。然而，这样的创新也存在"搭便车""激励不足"等潜在的风险，如不引起重视，将会导致该村的集体行动陷入困境。为促进诱致性制度变迁的制度化与规范化，进而在时机成熟时让部分诱致性制度变迁成为强制性制度变迁，让新时代的乡村振兴呈现"诱致性制度变迁与强制性制度变迁"并行而立的格局，就需要政府在宏观层面进行指导、扶持与激励。

一　诱致性制度变迁：自下而上的创新

（一）研究缘起与问题的提出

虽然改革开放 40 多年来我国农村社会翻天覆地的变化历历在目，但由于历史、现实和制度等因素，东西部之间、城乡之间发展不平衡的矛盾仍比较突出，乡村衰败、文化失衡的问题进一步困扰着我们。如何改变农村，尤其是西部农村的落后面貌，改变其不利地位，带领农民脱贫致富将成为当前和今后一个时期的任务。2017年全国农村工作会议提出的"加快推进乡村治理体系和治理能力现代化"和"让农业、农民、农村分别成为有奔头的产业、有吸引力的职业、安居乐业的美丽家园"的乡村振兴思路，为新时代我国农村发展指明了方向。但是，到底该如何践行顶层设计的乡村振兴思路，找到可行的振兴路径，实现乡村的可持续发展，成为摆在人们面前的一道难题。

为回应这一问题，实现乡村振兴，学界就"乡村振兴路径"这一问题进行了大量的探讨，归纳起来，这些探讨主要集中在以下三个方面：一是政府的路径，这一方向的研究者基于国家建设理论，认为乡村振兴离不开政府的支持，并认为政府愿与之合作的乡村精英是振兴的主力军，因此，振兴的路径在于通过制度创新对乡村精英进行政治吸纳①；二是从市场的视角，认为乡村振兴的路径是实现乡村各要素之间的健康流动②，提出用流动的市场机制完善乡村资源的优化配置和推动乡村组织的市场化③，用双向流动政策鼓励有志人士下乡创业和农民进城务工④；三是从社会的视角，将乡村振兴的重点着力于农村社区建设，认为通过开发乡村的社区资源和将外部的支持力量转化为内生动力才是乡村振兴的根本之道。⑤

毫无疑问，乡村振兴肯定离不开政府、市场和社会，更离不开三者的有序分工、团结协作，这就要求在乡村振兴的过程中，合理界定三者的职能和范围，实现三者的协同发展。然而，现实中的乡村振兴路径，在政府、社会和市场之外，还有制度变迁。根据林毅

---

① 陈旭堂，彭兵：《乡村命运寄于社区内外：美国乡村变迁的启示》，《浙江学刊》2016年第3期。

② 赵晨：《要素流动环境的重塑与乡村积极复兴："国际慢城"高淳县大山村的实证》，《城市规划学刊》2013年第3期。

③ 张红宇：《乡村振兴与制度创新》，《农村经济》2018年第3期。

④ 贺雪峰：《关于实施乡村振兴战略的几个问题》，《南京农业大学学报》（社会科学版）2018年第3期。

⑤ 刘彦武：《乡村文化振兴的顶层设计：政策演变及展望：基于中央"一号文件"的研究》，《科学社会主义》2018年第3期。

夫的观点，制度变迁可分为强制性制度变迁和诱致性制度变迁两种，前者以政府主导的自上而下的供给型变迁为主，后者以民众主导的自下而上的需求型变迁为主。① 其中，诱致性制度变迁是统摄新时代农村自下而上制度创新的总名词，特别适用于合作社分析与产权制度改革。例如，V. W. 拉坦认为，合作社是个人需求导致制度变迁的一种新型组织形式②；于建嵘则倡导自主性、自愿性与民间性是农村合作社建立的前提，此观点与我国农村合作社的发展是诱致性的相契合。③ 目前，学界几乎未从诱致性变迁的角度对乡村振兴的塘约经验进行分析。然而，在笔者看来，塘约村之所以在短时间内焕发活力，是因为此种变迁充分尊重了农民、合作社和村委会的利益诉求，考虑了此三者之间的利益关系，实施了一系列制度创新，是典型的诱致性变迁。

短短两年多的时间，塘约村为何会实现华丽蜕变？大家的共识是：农民脱贫致富的内生动力得到激发，从灾后五天的全票通过成立合作社到大家不遗余力投入灾后重建的系列活动中，无一不显示出受灾群众有被组织起来过美好生活的愿望和行动。④ 诚然，正如各类新闻媒体所报道，塘约之所以会成功，是因为一系列巧妙的制度安排成功地唤醒了贫困户的内生动力，这是主因。⑤ 但在学术研究中，更多的学者则认为，发展新型合作社重构集体化道路才是他们成功的制胜法宝。例如，周建明表示，塘约的合作化道路，对调动农民的积极性有重要的帮助⑥；北京市农研中心考察组考察后发现，

① 林毅夫：《关于制度变迁的经济学理论：诱致性变迁与强制性变迁》，上海三联书店1994年版，序言第2页。
② ［美］罗纳德·H. 科斯等：《财产权利与制度变迁：产权学派与新制度学派译文集》，刘守英等译，格致出版社、上海三联书店、上海人民出版社2014年版，第27页。
③ 于建嵘：《20世纪中国农会制度的变迁及启迪》，《福建师范大学学报》（哲学社会科学版）2003年第5期。
④ 谢治菊，李小勇：《认知科学与贫困治理》，《探索》2017年第6期。
⑤ 刘悦：《唤醒农村发展内生新动力：安顺市平坝区塘约村的脱贫致富路》，《当代贵州》2017年第1期。
⑥ 周建明：《从塘约合作化新实践看毛泽东合作化思想和邓小平第二个飞跃思想的指导意义》，《毛泽东邓小平理论研究》2017年第1期。

以村社一体、产权清晰、联营联建、均衡发展为主的新型合作社，是塘约道路成功的密码。① 其实，从制度变迁的动因来看，塘约村之所以在短短两年内实现蝶变，自然灾害引发的危机事件是重要的诱发因素。塘约村将贫困户组织起来的黏合剂是"突发的一场大水"，即突发的公共危机事件。与在常态下现代村庄的原子化个人不同，危机事件往往会催生凝聚力，会激发群众抱团发展的决心。由于塘约村的诱致性变迁以满足村庄危机状态下的应急性需求为前提，村庄的需求又建立在大多数人需要满足的基础之上，因而此种变革必将引发整个村庄的内生性发展，激发脱贫的内生动力。故此，本书拟从诱致性制度变迁视角出发，深度、系统剖析塘约道路成功的密码、面临的困境和未来的图景，反思诱致性制度变迁下乡村振兴的路径。

(二) 理论视角与分析框架

面对经济运行复杂化的情境，以理性经济人为代表的传统经济学的解释力日益式微，在反思制度对经济行为影响的过程中，一个深远的理论范式——制度分析范式应运而生，这一范式几乎主导了20世纪的经济学界、政治学界、社会学界和实践领域。正是源于经济学家、政治学家和社会学家对制度变迁的高度关注，制度主义才为政府创新提供了坚实的理论支撑。何谓"制度变迁"？诺斯（2008）的解释是"对制度进行从均衡到非均衡的循环往复的边际调整，调整的内容主要是制度框架的规则、准则和实施组合"②。也即制度变迁是制度破旧立新的过程。关于制度变迁的理论谱系，有历史制度主义、理性选择制度主义、社会学制度主义之说，其中影响最大的是理性选择制度主义。理性选择制度主义的理论假设、基本概念和分析工具均来源于新制度经济学，因而常常被称作与新制度

---

① 北京市农研中心考察组：《新型集体经济组织：塘约道路的成功密码——农村经济体制演变的基本类型与未来趋向》，《中国经贸导刊》2017年第1期。
② ［美］道格拉斯·C.诺思：《制度、制度变迁与经济绩效》，杭行译，上海格致出版社2008年版，第22页。

经济学同一理论体系的两个名称。[①] Schultz 是第一个从理性选择角度提出"制度变迁"概念的学者。他指出，人的经济价值是制度在经济领域非均衡性的主因，这是制度变迁的逻辑起点，也是制度变迁的动力机制。[②] 随后，Davis & North 系统阐释了制度变迁与经济增长的关系。他们指出，制度变迁的诱因是获取最大的潜在收益，只有当人们获取收益的预期大于改革的成本时，制度变迁才会发生。当然，一些外生性的因素如技术创新、规模改变、价格变化等，也可能打破成本收益的均衡状态，进而诱致制度变迁。[③] 即便在后来的单独研究中，North 也延续了其一直以来的观点，认为收益成本是制度变迁的直接动力，即行动者主要依据变迁的收益和成本来考量是否进行制度变迁。但是，Ruttan 却认为，诺斯等人的观点先验地认为制度供给的存在，这不符合社会发展规律。在社会发展的过程中，一些外在的诱致因素如科学技术、危机事件等也可能导致制度变迁，尽管变迁的结果并不符合"收益—成本"考量，因而他从供给—需求模型出发，提出了"诱致性制度变迁理论"，认为技术变迁会导致制度变迁，社会进步则会引发制度变迁供给侧的改革。[④] 在此基础上，林毅夫提出了强制性制度变迁和诱致性制度变迁两种理论。所谓强制性制度变迁，是指为响应制度不均衡时的获利机会，权力中心主导的自上而下的政策变迁；所谓诱致性制度变迁，是指为响应制度不均衡时的获利机会，个体或群体所自发倡导和组织的自下而上的制度变迁。[⑤]

---

① 黄亮：《制度变迁理论视角下的地方政府创新动力：一个分析框架》，浙江大学博士论文，2017 年，第 27 页。

② Schultz T. W. , "*Institutions and the Rising Economic Value of Man*", *American Journal of Agricultural Economics*, Vol. 50, No. 5, 1968, pp. 1113-1122.

③ L. E. Davis. , D. C. North, A*Institutional Change and American Economic Growth*：*A theory of institutional innovation*：*description*, *analogy*, *specification*, London：Cambridge University Press, 1971, pp. 39-63.

④ Binswanger H. P. , Ruttan V. W. , *Induced innovation*；*technology*, *institutions*, *and development*, Baltimore：Johns Hopkins University Press, 1978, pp. 327-357.

⑤ 林毅夫：《关于制度变迁的经济学理论：诱致性变迁与强制性变迁》，上海三联书店 1994 年版，第 18 页。

强制性制度变迁与诱致性制度变迁有本质的差别：第一，变迁主体不同，前者是以政府为代表的"权力中心"，后者是以民众为代表的"草根群体"；第二，变迁路径不同，前者是自下而上，后者是自上而下；第三，变迁效果不同，理论上而言，后者比前者的变迁成本更低、效率更高，因为诱致性变迁能够具有民主优势，能够获得更多的民众支持，最终实现由点及面的扩散性变化。[①] 自 1978 年以来，一场以诱致性为主要特色的制度变迁在中国农村悄然发生，发轫于小岗村的家庭联产承包责任制打破了人民公社集体劳动带来的消极怠工、效率低下等弊端；与此同时，有别于公有经济的股份合作制对公财私产进行了重新组合，给农民带来了更多的获利机会；此外，农业产业化的兴起避免了因规模不足带来的经济损失，让产业链条的各主体均衡了各自的利益发展。[②] 但是，诱致性变迁固有的"搭便车"行为呼唤着强制性变迁的介入，尽管如此，制度供给不均衡的问题仍然没有得到解决，这些问题在新时代的乡村振兴中更加明显。按照中共中央国务院统一安排的精准扶贫政策，无法解决因懒致贫、形式扶贫、精英捕获、内卷化等问题，反而在一定程度上形成了"养懒汉""扶大户""斗米恩、升米仇"的怪象，诱发民众"争当贫困户"。因此，在强制性制度安排无法获得均衡获利机会的前提下，外界的诱致性因素就会诱发新的制度变革，这也不难理解为何塘约村的一场天灾会诱发如此大的制度变迁。

本书拟以诱致性制度变迁为理论分析框架，在分析它们的逻辑规则、发生机制、运行机理的基础上，以塘约村为个案，对诱致性制度变迁过程进行系统分析。本书之所以选择这一理论作为分析框架，因为与强制性制度变迁相比，诱致性制度变迁的两大弊端是"搭便车"和"激励不足"，而诱致性制度变迁的诱因之一是内生动力，也是塘约村短期内取得如此成效的重要经验。本章的逻辑在于：塘约村的危机事件激发了村民们脱贫致富的内生动力，内生动力诱

---

① 杨瑞龙：《论制度供给》，《经济研究》1993 年第 8 期。

② 冯开文：《一场诱致性制度变迁：改革开放以来中国农村经济制度变迁的反观与思考》，《中国农村经济》1998 年第 7 期。

发了村庄的制度创新，制度创新的潜在隐患"搭便车"和"激励不足"会导致该村的集体行动陷入一定的困境，而摒弃精英俘获、选择性激励、重复性博弈、参与式治理、政治性吸纳是诱致性制度变迁下乡村振兴的途径，这些途径反过来会促进诱致性制度变迁的规范化，与强制性变迁并行而立。如图 2—1 所示。

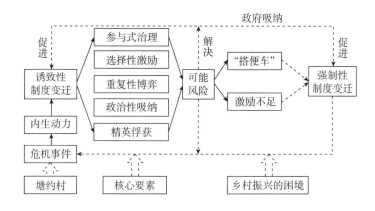

图 2—1 本章分析框架

（三）研究工具与调查方法

本章使用的是案例分析法，侧重对单一事件或活动做详尽的分析，通过一组典型案例的分析能够较生动直观地反映某一现象的发展历程，解释某一事物发展的历史与现状，所运用的方法和技巧较具有弹性。[①] 本章选取的是塘约村这一被政界和学界均认可的案例，遵循案例研究对"经验性、实证性"问题进行总结提炼的要求，重点从理论与实践上解释案例"为什么、是什么、怎么做和有何启发"。从案例研究的典型性和代表性来看，塘约经验的形成完全符合这样的要求，因为，在"蝶变"前，塘约村具有西部欠发达地区村庄的典型特征如经济空壳、参与冷漠、人口流失、生活贫穷、交通不便、环境恶劣等，塘约村的崛起不仅让塘约人看到了希望，更让

---

① 谢治菊：《差等正义及其批判研究》，社会科学文献出版社 2018 年版，第 45 页。

西部大多数村庄看到了曙光，它的"蝶变"，对探索西部贫困地区乡村振兴路径具有揭示性意义。当然，案例研究还要考虑效度，因为这对于研究结论十分关键。① 本章的证据链比较客观和丰富，不仅有对塘约村上级部门（罗平镇）领导以及村干部、村民代表、村民的深度访谈，有对村干部处理村庄公共事务的参与式观察，还有在塘约村调查时所获得的面上资料、总结材料以及网络上的文献资料、新闻报道。

二 塘约诱致性制度变迁的过程： 案例呈现与理性分析

（一）政治冷漠与空心压力：塘约村诱致性制度变迁的背景

按照马克思的观点，经济是基础，政治是上层建筑。2014 年之前，塘约村的村庄政治，离不开村庄经济状况的影响。该村地处西部，资源匮乏、交通不便，无任何集体企业和社会组织，村庄的经济支撑，除传统的农作物种植之外，就是外出打工。自 2000 年以来，该村外出务工的村民逐年增加，最多的时候高达 1100 人，占到了当时中青年人的 70%。外出务工村民的增多，村庄的治理格局也发生了变化：一是经济分化。有劳动力的家庭外出务工增加了家庭的收入，拉开了与传统种植家庭的差距，这导致村民的经济结构外化，村庄内部事务和经济的关联性降低；二是思想分化。多元化的城市生活对村民的传统思维产生冲击，促进了村民思想向现代性转变，低效的村庄公共事务难以满足此种分化对村民的要求，外出务工村民与村庄公共事务的关联性减弱。三是村庄空心化。由于农业经济占绝大部分比重，2014 年之前的塘约村，集体经济最好时也不过 4 万元，村庄经济的空心化让大量的村民外出打工，由此带来的"留守妇女、留守儿童、留守老人"大量存在，导致村庄家庭的空心

---

① 王革：《管理学中案例研究方法的科学化探讨》，《中国行政管理》2011 年第 3 期。

化。四是村级组织弱化。由于种地不赚钱，能赚钱的人都外出打工，2014 年之前，塘约村的村貌可以用"破石板、烂石墙、泥巴路、水函函"来写照，村干部的威信也较低，基本处于"做事没人听、干事没人跟"的状态，仅有的几个能人如现任的村主任当时都在外出打工。村民"等靠要"思想严重，人人争当低保户、户户争要救济粮、家家乱办酒席敛财现象严重，村民人情支出不堪重负。① 正如一位 54 岁的男性访谈者告诉我们的（访谈于 2018 年 3 月 22 日）：

> 2006 年之前我在外跑运输，2006 年进入"村两委"正式工作，目前任村第三支部书记。2006 年回来时，村里面太穷，外出务工的人员较多，是实打实的"空壳村"，我回来后的收入是原来外出打工的 1/10。

可见，在塘约村，外出的村民、空巢的家庭、贫瘠的社区拉大了村民与村民之间的距离，村民关注村庄公共事务的精力和能力均不够，治理的低效又进一步离间了村民对公共事务的关注。同时，部分村干部的碌碌无为无法带领村民发家致富，这使村民对村庄的公共参与更加失望。再加上自改革开放以来，塘约村一直按部就班地按照家庭联产承包责任制的模式在运转，这让渴望变革的外出村民难以接受回村发展的想法，村民对村庄公共事务的政治冷漠由此产生。在此背景下，村庄变革的迫切性昭然若揭。变革需要能人，现任的村主任和村支书满足了这一要求。村主任 PWK（化名）只有初中文化，原在广州一电子厂打工，几年时间从工人做到了厂长，月收入过万，曾将因矿难过世的二哥的两个孩子抚养成人；村支书左文学高中文化，到北京等地打过工，1992—2002 年个人养过猪和牛、种过药材、搞过粮食加工，均出现亏损，这使其认识到个人单打独斗的局限性；自 2002 年接过父亲肩上的担子，当村支书后，又

---

① 贵州省委政研室联合调研组：《"塘约经验"调研报告》，《贵州日报》2017 年 5 月 18 日第 5 版。

办过煤厂、修过桥，亦均亏损，后来做木材加工终于扭亏为盈，最高时家里的年收入高达数十万元，2014年后为了村里的发展，关闭了木材加工厂。这两人满足了村民对能人治村的所有想象：能吃亏、能吃苦、能折腾，有能力、有情怀、有格局。因此，自2010年改选以来，彭主任和左书记就搭档在一起，访谈时，他们将彼此的这种关系戏称为"政治夫妻"。有变革需求，有能人带领，塘约村的制度变迁蓄势待发，就差一个合适的契机。

（二）自然灾害与内生动力：塘约村诱致性制度变迁的发生

诱致性制度变迁为何会发生？学理上的解释是：一旦制度出现不均衡并导致获利机会增大，个人或团体就会倡导为增加获利机会进行制度变迁，变迁的程度及接受情况完全取决于变迁给个人带来的效益及成本计算，成本不仅仅限于创新过程花费的时间和资源，更重要的是受益者之间的关系结构和社会压力。如果制度变迁新增的获利机会不是在成员间平等分配的，机会少的人就会感觉到压力，这种压力会让他们感觉到自己被排斥在社会之外，存在感被辱没。正因如此，如果没有充足的条件，那么自下而上的诱致性制度变迁面对的困境更多，效果会更不理想。尽管如此，当制度变迁带来的预期收益高于所付出的成本时，个人也会努力适应这种变迁，接受新的价值观和道德规范，诱致性变迁正式发生。这说明，诱致性制度变迁的发生要满足以下几个条件：一是制度不均衡导致红利机会的不公平分配；二是变迁获得的收益大于付出的成本；三是变迁的收益份额分配比较均衡；四是有诱发变迁的契机。关于第一点，前面已经述及，在此不赘；关于第二点和第三点，算是塘约村制度变迁的内容和启示，将在下一点详述；此处重点阐释诱发变迁的契机。

诱发塘约村村民开展制度创新的契机是一场大洪水。2014年6月3日，塘约村遭遇了百年难遇的一场大水，大水过后，田毁了，路没了，房屋倒塌和财产损失过半。洪水一夜之间将这个本来就不富裕的小山村变得一贫如洗，长期以来靠传统农作物度日的艰辛让村民潸然泪下。为尽快战胜困难、脱离贫困，以左文学为代表的11

位村干部连续几天开会商讨，提出了"穷则思变"的思路，决定成立村社一体的合作社，抱团发展，开展互助和自救。正如王宏甲在《塘约道路》中所写道的："一场大水把塘约淹了，本来是坏事，结果坏事变好事，这里有一种精神，一种置之死地而后生的气概，不再苦熬、苦等、苦靠，而是组织起来自己救自己，这种精神，就是自力更生的精神，这种精神改变了塘约村干部群众的面貌，也改变了村庄精神。"① 这种精神极大地催生了塘约人脱贫致富的内生动力。所谓内生动力，是个体开展经济社会活动的意愿和能力。在脱贫攻坚的过程中，一些群众自我发展的意愿不足，等靠要思想严重，参与脱贫的态度不积极，缺乏脱贫的斗志和勇气。而群众之所以内生动力不足，除 Oscar Lewis（1966）从贫困文化的角度，认为"长期的贫困会让人形成固定的生活模式、思维方式和价值观念，由此引发人们的宿命论、对生活的麻木以及自身对于改变现状的冷漠"之外②，贫困认知税的解释也具有说服力。"贫困认知税"是世界银行于 2015 年的发展报告中论述的新成果，比喻贫困不仅是物质匮乏，还是对心智的掠夺，因为在印度的甘蔗实验中发现，甘蔗收入后比收入前种植者的智商高了 10 分。③ 这说明，贫困消耗了一部分人的认知才智，因而需要向其征收"贫困认知税"。"贫困认知税"会抑制贫困群体发展的内生动力，使他们更关注眼前利益，导致其"短视"行为。④ 这一点，可以从村主任的访谈中（访谈于 2018 年 3 月 23 日）得知，他指出：

> 我们村庄的发展首先是内生动力。村民发展意识强，容易

---

① 王宏甲：《塘约道路》，人民出版社 2016 年版，第 130—131 页。

② Lewis, Oscar and Beltrán, Alberto, "Life in a Mexican village: Tepoztlán restudied." *Life in A Mexican Village Tepoztlan Restudied*, Vol., No.2, 1951.

③ Wagner D. A., Buek K. W., Adler A., et al., "Mind, Society, and Behavior by World Bank. World Development Report." Washington, DC: World Bank, *Comparative Education Review*, Vol. 60, No. 3, 2016.

④ 顾世春：《激发贫困群众脱贫致富的内生动力研究：从"贫困认知税"的视角》，《沈阳干部学刊》2018 年第 1 期。

组织，且很团结。2014 年洪灾百年难遇，河道窄、弯道多，周围田地涨大水，一个村民组被淹，村支"两委"组织党员抗洪救灾，外出务工人员纷纷赶回来抢险，这个时候发现村民很团结，很容易组织起来。洪灾发生之后，村民在外省打工的坐飞机回来参与自救和灾后重建。走访中，有村民说自己在外务工，一年收入有十多万，自从洪灾之后回来参与家乡建设，收入仅有之前的 1/3。老百姓求发展愿望很强烈，受灾之后，村组织召集大家进行土地流转走集体化发展之路，第一年，一半以上的村民积极响应；第二年，有80%的村民也加入了行列；第三年全部参与。

正是因为有内生动力，塘约村村民在大灾后才会第一时间想到"穷则思变"并将这几个大字树立于村口，这也是他们进行诱致性制度变迁的主要诱因。为激发内生动力，个人的觉悟固然重要，干部的担当和政府的引导也十分关键。在 2014 年村庄被洪水摧毁之初，塘约村的领导干部直面危机、敢于担当，积极带领全村人民抢灾救灾、义务修路，使全村无一人员伤亡；在灾后重建需要资金时，各位党员干部自发带头，主动承担风险，每人以个人名义贷款 8—15 万元，共计贷款 114 万元作为村庄发展集体经济的"第一桶金"，实现了流转土地的规模化经营。事实上，有人通过组织认可参与度、公共服务满意支持度、成员互助和谐度、道德规范遵从认可度、归属自豪责任感 5 个一级指标 10 个二级指标和 50 个变量的测试发现，经过两年多的发展，塘约村的凝聚力比相邻的另外两个村庄要高很多。① 这再次印证，塘约村以精细化的制度安排激发了贫困群体脱贫致富的内生动力，此动力为该村诱致性制度变迁的发生提供了重要的保障和支撑。

---

① 陶元浩：《农村社区凝聚力指标体系实证研究：以贵州省塘约村等三个行政村调查为例》，《中国特色社会主义研究》2018 年第 2 期。

（三）集体组织与合作治理：塘约村诱致性制度变迁的内容

诱致性制度变迁的行动主体是民众，动机是满足个体在制度失衡状态下获取均衡红利机会的需求，目的是实现行动主体的利益共享。按此逻辑，塘约村为应对危机、开展自救而抱团发展的"村社一体"的"金土地"合作社，以及由此引发的新型集体经济模式，是其诱致性变迁的主要内容。塘约村的"金土地"合作社成立于2014年12月1日，全村的921户农户全都是"金土地"合作社的股东、社员，农户以土地作价入股，全村4881亩土地全部入股到合作社，入股以后将全村的土地进行统一经营，其目的是解决资源分散、土地闲置、农民单打独斗的问题。合作社成立后，按照"村社合一、合股联营、联产联业、联股联心"的原则，一改过去"大锅饭"的状态，在明晰产权、明确责任的基础上壮大村庄的集体经济。合作社下面设有建筑公司、运输公司、理事会、监事会等机构，在日常运转中还设有营销团队、专家团队、生产团队、农机服务团队等，如图2—2所示。为保证合作社的有效运转，塘约村在以下三个方面进行了制度变迁：

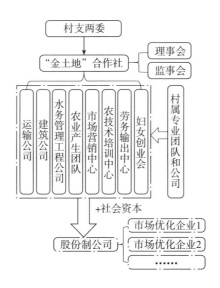

图2—2 塘约村合作社结构

一是改革农村产权制度。通过"七权同确"提高市场化水平，让资源活起来。通过精准丈量、化解矛盾摸清家底，将"农村土地承包经营权、林权、集体土地所有权、集体建设用地使用权、房屋所有权、小型水利工程产权和农村集体财产权"等"七权"叠加一并进行确权登记，简称"七权同确"。"七权同确"解决了塘约村农村产权权属不清、四志不明、面积不准、登记不全等问题，实现产权所有权、经营权、承包权分离，推进了农村"资源变资产、资产变资金、农民变股东"的"三变"改革历程。确权后，以产权折价入股、抵押贷款入股、担保贷款入股的方式，让所有的资源全部进入"金土地"合作社，盘活了资源。访谈时，塘约村村主任彭远科指出："'七权同确'是我们村改革的重点，我们集中土地抱团发展，把零散的土地和丢荒的土地集中起来，以便于以后的发展。"塘约村不仅建立了土地储备、风险保障、金融支撑等配套措施，每年还从村集体的分红中抽取 20% 作为村级金融担保基金，采用金融机构、村委、合作社、公司、合作社专业大户、农户等利益共享风险共担的信贷模式，赋予了"七权"流转抵押、担保、入股等多种权能，通过确权塘约村盘活了农村资源，获得市场准入资本，各类产权抵押担保贷款破解了农业发展的资金瓶颈。这一点，我国当代文学家、著名学者王宏甲在所著的《塘约道路》一书中由衷地写道："确权"是"流转"的基础，流转给谁才是关键。塘约村的合作社是全村人的合作社，"七权同确"全部落实在巩固集体所有制，将改革的成果更多、更公平地惠及全体村民，就是在最基层筑牢共产党的执政之基。

二是改革农村经营制度。通过合股联营，提高农业产业化水平，让钱包鼓起来。成立以党支部为引领、村集体所有的"金土地"合作社，村支"两委"与合作社两块牌子、一套人马，实现户户入社、户户带股、按比例分红。村委会按照"自主经营、自负盈亏、利益共享、风险共担"的原则经营合作社，建立内部法人治理结构，成立理事会与监事会；建立土地流转、股权管理和利润分红制度，合作社、村集体、村民按照 3∶3∶4 的比例进行分成。2016 年，村集体及合作社分红 121.47 万元，社员集体分红 80.98 万元，社员个人最高分红 8960 元、最低 1840 元。为强化经营效果，合作社建立了经营服务平台和就业创业平台，通过"七统一"发展机制对合作社进行集体经营。同时，通过农业供给侧结构改革，大力发展精品特色农业，根据市场需求安排合作社的经营内容，发展以"村社一体的合作社"为载体的集体经济。

塘约村"村社一体的合作社"主张发展农民股份合作制，强调给农民赋权，符合 21 世纪以来中央的多次农村会议精神，是典型的诱致性制度变迁。① 这一变迁的发起者是村民和村干部，载体是合作社，平台是农村信用社；变迁是基于农户和合作社的需求而进行的制度创新，其目的是克服农民单打独斗的市场风险；变迁产生的合作社是实现利益共享、风险共担的场域，所有的社员都能够按入股比例获得对等的股份，这有效克服了现有扶贫"资金跟着穷人走，穷人跟着能人走"的精英俘获思维，打破了扶贫中原来的"扶贫资源—大户—贫困户"的利益联结机制。塘约村通过"村社一体"的合作社道路，直接将扶贫的利益联结机制改写为扶贫资源直达贫困户的模式，让贫困户享有均等的利益分配机制，从合作社中直接受益，成效明显，具体做法如下：第一，合作社让农户从土地中解放出来创业或就业，吸引了大量流动人口回流，2014—2016 年塘约外出务工人数从 860 人下降到 352 人再下降到 50 人就是很好的佐证。第二，农民参加合作社，不仅年底能分红，有工作岗位的还能每天得到 80—100 不等的报酬，增加了农民的收入，2014 年、2015 年、2016 年，塘约村农户的平均纯收入逐年提高，分别为 3786 元、7943 元和 10030 元，这说明合作社给农民带来的经济效益比较可观。第三，合作社对贫困户的脱贫致富有重要帮助。贫困户的土地在合作社入股，年底可分红；贫困户在合作社工作，每月有工资；除此之外，贫困户还可从合作社中分干股，每户给 15 股，股金随当年收益的变化而变化，2016 年分红 2250 元，2017 年分红 3300 元。正是由

---

① 郑东升：《塘约问答》，贵州人民出版社 2017 年版，第 105—108 页。

于合作社给贫困人口如此大的帮助，其数量才由 2014 年的 643 人下降到 2016 年的 19 人，再到 2017 年的全部脱贫。第四，合作社让村庄的集体经济大幅度提升，从 2014 年的 3.92 万元提升至 2016 年的 202.45 万元。以上四点无一不说明，塘约村的诱致性制度变迁转化为了实实在在的村庄绩效，给农户带来了极大的实惠。

三是变革村级治理制度。为变革村级治理制度，塘约村通过抱团发展提高组织化水平，让力量聚起来，具体来说，就是通过网格化管理、强化服务和监督，打通了服务群众的"最后一米"；通过驾照式考评方式，强化党员和干部考核；通过条约式治理，重塑村规民约，建立村级矛盾纠纷三级调节机制，完善村级事务治理结构，如图 2—3 所示。

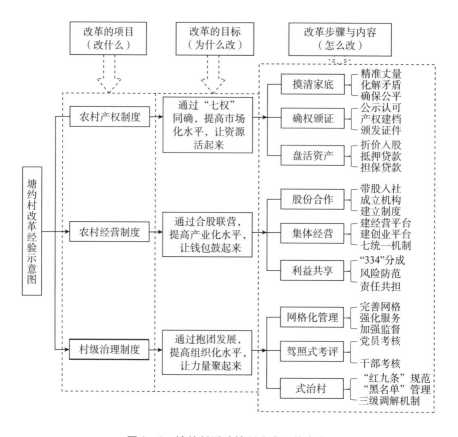

图 2—3　塘约村诱致性制度变迁的内容

塘约村自实行家庭联产承包责任制以来，伴随着土地所有权和经营权的分离，每家每户都把目光集中到了自家的自留地上，一心想着自己如何发家致富，鲜有过问集体事务，这直接导致部分村庄公共事务无人问津，家庭联产承包责任制的弊端越来越明显。在此背景下，农民渴望被组织起来，因为只有被组织起来，他们在市场上的风险才能得到有效应对。要将农民组织起来，就必须开展合作治理。按照张康之的观点，20世纪后期的共同体呈现出高度的复杂性与不确定性，这就要求建立为了人的共生共在而建构的合作共同体。合作共同体是合作行动的体系，是高度复杂性和高度不确定性条件下的共同体形式。[①] 塘约村的合作社是典型的集体组织，通过巧妙的制度设计，将利益共同体的责权利进行了设置，形成了新的利益联结机制，实现了合作场域的平等对话。

（四）环式民主与制度失调：塘约村诱致性制度变迁的风险

环式民主是公共行政领域理想的民主模式，意指个体的偏好反映大众的偏好，大众在清楚自己需要和意愿的基础上，能够按照自己的偏好来选择候选人，候选人又能够按照公众的偏好来设计公共政策。[②] 如此一来，公共治理中的集体行动就能够导致公共利益的实现。但是，环式民主毕竟是一种理想的状态，现实世界的裂痕、大众意愿被操纵、替代性政策的出现，都会让环式民主失调，进而使公共治理陷入困境。

从现实来看，塘约村的诱致性制度变迁保留了较多的环式民主特征，即民众对村委会持有较好的信任，愿意以契约的方式将家庭主要经济行为的经营权委托给村委会，由村委会来统一管理、统一经营。事实证明，村委会也基本按照农户的意愿和偏好在经营合作社，并让农户获得了平等份额的收益。站在这个角度来看，塘约村

---

　　① 张康之，张乾友：《"共同体的进化"观释义》，《北京日报》2014年11月3日第23版。

　　② ［美］查尔斯·J. 福克斯，休·T. 米勒：《后现代公共行政——话语指南》，楚艳红等译，中国人民大学出版社2003年版，第16页。

目前的环式民主是成功的。但是，塘约村目前的合作社还处于资本积累的初级阶段，原初的信任和环式的民主还能发挥作用，而一旦合作社的运行进入高阶阶段，尤其是当农户意识到即便自己努力去做也难以增加集体利益，或不确定他人是否会为了集体利益而舍弃自身的利益时，甚至出现农户什么也不做就可以攫取超值的集体利益时，他的选择就是"搭便车"，长此以往，困境就会出现。

仔细想来，由于制度失调和供给不足，塘约村发展的"村社一体"合作社以及由此带来的新型集体经济，迟早会面临一定程度的困境，具体表现在：第一，可持续的领导力问题。事实证明，党的领导和能人治村是村庄发展的成功经验。塘约村能在短短两年多的时间内实现蝶变，变分散经营为集中经营，并通过精细化、科学化的管理让集中经营有效转运，首先得益于有眼光、有情怀、有能力的村"两委"领导班子。但在成名后，面对大量的行政事务和接待任务（最多的一天接待了14波考察学习团队），如何保持该领导班子成员"一心为公、执政为民"的初心，保持他们的战斗力和防腐性，并培养合格的接班人，这是难题。一旦培养不好，村庄集体经济就缺乏有力的领导，或者是集团的能人。当能人的数量或拥有的销售份额减少到接近于最优销售数量时，能人组成的异质小集团收益就会大于集体利益，集团就会被这些能人所把控。在塘约村，也有少部分人反映村委会个别领导已有这样的把控苗头，例如，一位44岁的家庭妇女（访谈于2018年3月20日）是少有几个对村里的做法颇有微辞的人，她指出：

> 我觉得村里的发展可能受惠的也只是小部分人吧，有时候村里面什么大小事做了我们才知道。我们家里面本来土地就少，为了修路把田地分成两半，却没有得到一分钱，但有的人家土地被占了是有钱的，为何这样我也搞不懂。村里面组织报名去集体企业上班，但是往往报名几个月也没有音信，所以，有的事情也说不清。

第二，制度供给失调导致"搭便车"机会增多。"搭便车"现象也是诱致性制度变迁面临的最大困境之一，塘约村在经营集体经济的过程中，也要防止"搭便车"行为的出现。事实上，该村现有的制度安排已经让一些"搭便车"行为者机会增多。例如，塘约村合作社现在实行的是"入社自愿、退社自由"的原则，这虽然尊重了农户的意愿和选择，但这种无门槛的进入和退出制度必将让村委会承担更多的责任与风险，农户反而可以根据合作社的经营情况和个人的收益决定是否进退，这样的制度设计无疑为农户"搭便车"提供了机会。更何况，就集体行动的逻辑而言，适度的强制性是保证集体行动的必要条件，可以避免理性的农户在合作社发展较好时加入、在发展困难时退出，因此，实施封闭的成员资格制度可以用来防止"搭便车"行为的发生。① 又如，对于确权的土地和股份，是给户主的，如果户主过世，无儿女继承，或儿女迁移或嫁至外村，该怎么办？农户家增人减人了又该怎么办？而且无论增减都会出现不公平，都会产生"承包地长期不变与减人减地、增人增地"的矛盾；而如果增人增地，则会出现奥尔森所说的"越大的集团提供的物品数量越低于最优数量"的困境。再如，分配方式也容易导致"搭便车"行为。塘约村现有的分配是按劳分配和按要素分配的结合，但按股权要素分配占的比例最大，占纯利润的40%，这容易影响劳动力投入的积极性，鼓励按要素分配的投机行为。但事实上，在合作社发展上台阶之后，人力资本投入比要素投入更为重要，否则，容易出现更多的投机行为。第二，合作社的公共积累容易诱发"代间矛盾"。合作社的公共积累是国际惯例，塘约村这部分的积累占合作社纯利润的30%。访谈时村主任告诉我们（访谈于2018年3月23日）：

> 村合作社留给村委会的30%份额中，有一部分用于贫困户分干股；一部分用于村委会开支；另一部分作为合作社发展的

① 宫哲元：《集体行动逻辑视角下合作社原则的变迁》，《中国农村观察》2008年第5期。

备用资金。

村主任口中这部分不可分割的公共积累容易产生社员间的"代间矛盾",因为这部分公共积累是老社员努力的结果,新加入的社员毫无贡献,也可以免费享用,这种享用是对老社员的一种侵占,是一种"搭便车"行为。当老社员意识到自己的投资收益会被新社员稀释时,对合作社的投入积极性就会降低。

三 塘约诱致性制度变迁核心要素:参与式治理与政治性吸纳

理性反思,塘约村诱致性制度变迁的核心要素有以下几个方面。

(一)摆脱精英俘获的参与式治理

所谓精英俘获,是指少数在政治或经济上占优势的群体俘获了本该由大多数人占有的政府转移支付的资源。[1] 为何会出现精英俘获? 比较一致的结论是:由于减少了权威监控的责任和压力,平民主导的民主和分权更加容易让地方精英获取本不应得的资源。[2] 精英俘获会带来严重的负面影响,因为精英获得了大部分资源后会反过来进一步干预政策过程,并通过其拥有的权力和家庭网络关系向外渗透,进而建立起一个庞大的利益集团。本来,在项目制考核的压力下,干部更愿意与乡村精英合作,因为此轮乡村振兴已让各级党委和政府都签下了"军令状",振兴中的贫困户脱贫与否与官员的职位、晋升和待遇挂钩,有"不脱贫、不脱钩"之说。在强大的压力下,干部肯定会将快速有效的脱贫方法作为行动逻辑。至于扶贫的实际效果,尤其是长期效果,并不是他们优先考虑的问题。因为在

---

[1] Dutta S., Kumar L., "Is Poverty Stochastic or Structural in Nature? Evidence from Rural India", *Social Indicators Research*, Vol. 128, No. 3, 2016.

[2] Wang S., Yang Y., "Grassroots Democracy and Local Governance: Evidence from Rural China", *Journal of Peking University*, 2007.

农民未组织起来之前，干部与乡村精英的合作，可以更好地完成各项指标，而乡村精英与干部的合作，也可以获得更多的资源，两者可以成为利益联盟，形成互利共谋的关系。① 再加上要在乡村振兴中提升农户的能力，就需要做大量的组织、培训工作，这是一个比较漫长的过程，耗费的时间和精力也比较多，现有的工作团队根本无法承受时间成本，更无法承担失败的后果。在此背景下，基层干部选择与能人、大户合作，通过大户发展壮大所形成的涓滴效应来间接带动乡村的发展，也就不足为奇。② 然而，塘约村在振兴的过程中却克服了这一弊端，他们将分散的农户以合作社的名义整合在一起，无论是贫困户还是非贫困户，是大户还是独立户，均按照入股的资源比例分红。针对贫困户资源不足的问题，专门允许贫困户将家里的劳动力折价入股。此种做法成功摆脱了乡村振兴的精英俘获，将资源作为一个整体放进由 921 名社员组成的合作社，通过"抱团发展、相互合作"来增强合作社的发展能力，进而提高农户的收入水平。正如访谈时村主任（访谈于 2018 年 3 月 23 日）所谈：

> 从 2016 年开始，每家贫困户除了分红外，还给贫困户 500 元/股的干股，每户给予 15 股，折价 7500 元入股，这是经过村民代表大会同意的，折价的 15 股 2016 年分红 2250 元，2017 年分红 3000 元。

可见，塘约道路成功的主要秘诀在于通过摆脱精英俘获实现了大部分人参与的参与式治理。乡村振兴中的参与式治理是通过赋权机制，让农户参与到项目的过程中，以此激发农户的参与热情与脱贫动力。参与式治理旨在优化乡村资源配置和改变乡村治理的权力结构，它强调赋权于民、双方共赢，注重扶贫对象能力的培养和弱

---

① 王海娟，贺雪峰：《资源下乡与分利秩序的形成》，《学习与探索》2015 年第 2 期。
② 张慧鹏：《集体经济与精准扶贫：兼论塘约道路的启示》，《马克思主义研究》2017 年第 6 期。

势群体的参与。① 无论站在公民还是政府的立场，将处于村庄的普通农户纳入参与的主体范围，可以让政策的制定更多地满足他们的需求，这将有助于提高项目的针对性，减少政策执行阻力，增强农户对政府的信任。正如亨廷顿（1998）所言，现代社会中的个人要想控制日常生活过程，就必须拥有直接参与地方层次决策的机会。② 访谈时，当问及是否经常参与村庄事务时，一位 47 岁的家有 4 口人的妇女（访谈于 2018 年 3 月 21 日）指出：

> 因为老公是村民组长，经常召集村民代表或村民开会，有时一月两次，有时一周两次，自己也会经常参与这些会议，也会帮助老公通知村民来参与。

另一位 67 岁的退伍老军人（访谈于 2018 年 3 月 22 日）更是直接指出：

> 全村共 921 户，每 15 户选出一个村民代表，一个村民组有4—7 名村民代表，共 11 个村民组，每次召开会议，都会提前通过广播通知到各个村民代表，遇到很多重大决策，甚至是家庭、邻里纠纷都通过村民代表表决通过，目前村里基本上一个星期召开一次村民代表会议。

这说明，在乡村振兴的实践中，村民对村庄事务的参与特别重要，这也是激发其脱贫内生动力的成功秘诀。而要实现乡村振兴中农户的有效参与，适当赋权、公开村务、提升能力、搭建平台就显得尤为关键。

---

① 刘俊生，何炜：《从参与式扶贫到协同式扶贫：中国扶贫的演进逻辑：兼论协同式精准扶贫的实现机制》，《西南民族大学学报》（人文社会科学版）2017 年第 12 期。

② ［美］塞缪尔·亨廷顿：《第三波：20 世纪后期的民主化浪潮》，刘军宁译，上海三联书店 1998 年版，第 15 页。

（二）新村规民约下的选择性激励

激励有正向激励和负向激励，有经济激励和社会激励，奥尔森比较关注经济激励，认为像工会这样的福利、保险和私人物品激励可以保护集团中的个体免受组织的侵犯。[①] 但是，社会激励也很重要，尤其在农村集体行动中，因为这样的激励可以让嵌入农村文化结构的非正式制度的重要性得以发挥。村规民约是非正式制度的重要表现，是村落共同体在生产生活中根据风俗习惯和村庄实际共同约定的行为规范的总和，是介于法律和道德之间的"准法律"规范，具有自治性、契约性、乡土性、合法性等特点，对村庄各阶层表达诉求、整合利益、凝聚力量具有重要的作用。在塘约村，他们使用村规民约等制度手段，通过提高组织化程度，让力量聚起来。访谈时，一村民（女，52 岁，在小学食堂做饭，丈夫在小学教书，家中有一儿一女，家庭收入中等，访谈于 2018 年 3 月 20 日）告诉我们：

> 我们村的村规民约十分严格，每家办事实行"8 菜 1 汤"，严格执行，比如老人过世，村委会贴钱送老人上山，有专门的人员负责，主人家只负责生活，简洁，吃大锅，不允许大操大办。

为求证这一观点是否属实，我们又访谈了洛平镇组织委员 DZH（男，38 岁，访谈于 2018 年 3 月 24 日），他告诉我们，为进行选择性激励，塘约村颁布了以下新村规民约：

> 一是规范乡风民俗，减少攀比现象，塘约村规定"白喜"30 桌、"红喜"50 桌；二是治"酒鬼""赌鬼""懒鬼"等"三鬼"；三是进行殡葬改革，实行一村一墓，殡葬标准统一、程序统一、墓碑统一规定，"白喜"最多 5 天，"红喜"最多 2

---

① ［美］曼瑟尔·奥尔森：《国家的兴衰：经济增长、滞涨和社会僵化》，李增刚译，上海人民出版社 2007 年版，第 21 页。

天；四是遏制"争当贫困户现象"，具体做法是将村委会给贫困户的福利与村庄公益劳动如"打扫卫生"结合起来，让群众监督贫困户的一言一行，尤其重视贫困户对待老人的态度，一旦贫困户不赡养老人，或其他家庭不赡养老人并想将老人变成贫困户，村里就将老人的资产交给集体打理，然后由村里统一养老人，管其生老病死；五是注重村干部的家风培育。要求村干部管好自己、管好家人才能管好村，要得到村民的支持，首先要得到家人的支持、得到家族的支持和亲人的支持。

归纳起来，塘约村新村规民约下的选择性激励举措有：通过网格化管理、强化服务和监督，打通了服务群众的"最后一米"；通过驾照式考评方式，强化党员和干部考核，对连续三次考核结果低于60分的党员，劝其退党；对考核结果少1分的干部，扣300元，2016年有个别干部被扣了1万多元。再如，塘约村通过新型的村规民约来治理村庄。"红九条"规定，凡是违背公义、诚信、守法、忠孝等9种行为者（见前面注释），触犯了红线；"黑名单"表示，凡违反"红九条"的村民，都要列入"黑名单"。而一旦被列入"黑名单"，3个月的考察期内不能享受任何优惠政策与行使政治权利，直至村民代表会议评议合格后方可解除。曾有村民因结婚办酒席违反了"八菜一汤"的规定被列入"黑名单"，后经村民代表评议才被解除。可见，塘约村通过正向和负向激励并用、经济激励和社会激励并用的方式，重塑了村规民约，维护了村庄秩序，一定程度上摆脱了集体行动的困境。

（三）矛盾化解中的重复性博弈

重复性博弈是阿克塞尔罗德在《合作的进化》一书中提出的合作进化观点。他认为，面对集体行动的困境，一次性博弈可能无效，但反复的多次性博弈，则可让成员间达成共识和合作。至于博弈的次数，则取决于成员间的个体背景、共同经验、利益差距和意愿诉求。之所以认为重复性博弈能摆脱集体行动的困境，是因为只要集体组织的成员还需要与大家合作，还待从集体的合作中受益，且未来的收益比较诱人，理性的个体都会自愿地选择合作。在阿克塞尔罗德看来，重复性博弈地做好选择具有"宽容性、良善性和报复性"的"一报一还"策略，因为此策略在促进成员间合作的同时，还能够保持博弈者的领先优势。[①] 在塘约村最能体现重复性博弈的是"矛盾纠纷三级调解机制"，正像访谈时一村干部（访谈于 2018 年 3 月 23 日）告诉我们的：

> 我们村的矛盾纠纷不出组、不出寨、不出村委会，矛盾调解由村民代表和村党小组先调解，调解不成功，找村民小组，若再不成功，到村委会；还是不成功，用村民代表大会（到这一层面后司法所和综治办的人同时介入，提供法律解释），请村民代表投票，但到目前还没有到召开村民代表大会调解矛盾的情况。

可见，为快速调节村庄纠纷，本着矛盾纠纷"不出组、不出寨、不出村委会"的原则，塘约村建立了"村民小组—村调解委员会—村民代表大会"三级调解机制，依据矛盾纠纷的大小和村民的需要，依次由这三个层次调解，即村民小组调解不好的交给村调解委员会调解，村调解委员会调解不好的，交给村民代表大会调解，村民代表大会还调解不好的，由司法机关介入。塘约村的三级调解机制实际是村民矛盾冲突重复性博弈的场域，通过此种博弈，实现了三年来"矛盾纠纷零上访"和"一天内动迁 26 座坟却无一纠纷"的良好记录。为保证调节的成效，塘约村除了实行村民自治制度外，还实行了监督管理制度，分为党员、村干部监督管理制度和村民监督管理制度。

---

① ［美］罗伯特·阿克塞尔罗德：《合作的进化》，吴坚忠译，上海人民出版社 2007 年版，第 86 页。

（四）制度变迁中的政治性吸纳

制度变迁就是新旧制度交换更替的过程，旧的制度废止，新的制度产生。改革开放以来，随着经济社会的发展和民众诉求的变换，我国的制度变迁在加速推进，经济体制从"计划经济"到"市场经济"、计划生育从"一孩"到"单独二孩"再到"全面二孩"、户籍制度从"城乡二元格局"到"城乡一体化"、农地流转从"禁止"到"开放"、治国方略从"繁荣城市"到"乡村振兴"等就是典型的表现。政治吸纳原指政治系统以平等协商的方式将新兴利益群体或组织纳入政治活动的过程，本书的意思是指政府在适当的时候出台措施，将部分自下而上的、优秀的诱致性制度变迁纳入强制性制度变迁的范畴。之所以这么认为，是因为制度变迁是平衡制度不均衡带来的获利机会不公平的重要手段。由于制度具有整体性和嵌入性，这意味着制度变迁只能以整体的方式，实现特定制度及制度结构的不均衡调整。如果只对某一制度或某些制度而不对其他制度进行调整，必将破坏制度的"嵌入性"，使新制度难以生存，最终走向失衡状态。因此，在诺斯看来，制度变迁是从纯粹自愿到政府强制的一个连续统，处于中间的任何一种状态都有可能，而常规的状态是半自愿半政府。因此，诱致性制度变迁领域的政治吸纳，一方面是优秀的基层管理制度复制和推广的过程，例如，发轫于贵州六盘水的"三变"改革，目前已成为全国许多地区城乡资源改革的重要手段；另一方面也是现行体制对优秀基层管理制度的净化过程，如包产到户的家庭联产承包责任制、中小企业的股份合作制；等等。由于政治性吸纳对诱致性制度变迁的调适是一个"主动调适"和"诉求扩散"的过程，在中国特色的场域下，优秀的基层制度需要得到认可，上层的政治系统需要平衡国家体制与基层创新的关系，吸纳优秀的基层制度并适度推广，就为平衡提供了机会和空间，这也不难理解为何将浙江温岭的"民主恳谈"、四川平昌的"公推直选"等作为全国基层民主的典范加以推广。因此，诱致性制度变迁的图景就是"假以时日时机成熟，此变迁能够得到政治性吸纳，成为强制性制度变迁的一部分"。

要实现诱致性制度变迁的政治性吸纳，组织嵌入就必不可少。组织嵌入原指与工作相关的各种组织性因素如福利、人际关系等的统称，本书用其表明在诱致性制度变迁的过程中，村"两委"组织对变迁的领导、引导与参与。在塘约村，村党组织是诱致性制度变迁的掌舵者，提出农村家庭联产承包责任制从"分散经营"到"集中经营"的变迁思路并保证变迁方向的正确性；村委会是变迁的引领者，执行集体经济从"旧"到"新"的变迁策略并检验变迁路径的科学性；村民监督委员会是变迁的监督者，监督集体经济从"政府主导"到"全员参与"的变迁过程并检视变迁结果的成效性；村民委员会是变迁的参与者，见证并监督"村社一体"的合作社从"封闭"到"开放"、从"低效"到"高效"的变化过程。难怪访谈时村主任说（访谈于 2018 年 3 月 23 日）：

> 我将村主任、支书比喻为一对政治夫妻，一个性格急（主任），一个（支书）慢一点儿。大方向支书把关，执行过程中主任发挥重要作用，如亲自到项目点督促项目，监督其他村干部工作情况。

尤其是，在当前"农村政策体系支持力度不够、基层党组织战斗力薄弱、集体经济土壤贫瘠、乡村建设人才匮乏"的情况下，强化党组织的领导、增强基层党组织的力量、完善村民自治制度、不拘一格使用乡村人才是保证诱致性制度变迁能够取得成效的关键，这也是塘约村在诱致性制度变迁的过程中，通过"网格化管理、驾照式考评、条约式治村"达成组织嵌入的主要经验。

四　塘约诱致性制度变迁反思：
如何与强制性制度变迁并行

基于诱致性制度变迁的乡村振兴何以可能？塘约村诱致性制度

变迁给我们的启示是"可能的",这些启示包括:第一,在乡村振兴的过程中,诱致性制度变迁的表面诱因往往是自然灾害或外部压力,实则是村庄的内生动力,是外在压力转化成内生动力,这也是塘约经验被许多人诟病能否被复制的原因。在一些人看来,塘约经验不可复制,因为该道路是特殊情境下特殊的人带领走出来的道路,一旦脱离特殊的情景,或缺乏特殊的人,该道路就难以维持。另一种认为,塘约经验可以复制,正如访谈时村支书左文学的观点,只要培养一批"一心为公、执政为民"的好干部,只要加大党内民主建设和廉洁自律,完善村民自治规范,塘约道路是可以复制的。事实上,塘约村之所以能够在短时间内将经营体制由分散改为统一,并取得较好的成效,确实与那场洪水分不开,与左文学为代表的甘于奉献的村干部分不开。毕竟,已有的经验表明,面对生存的压力和生命的威胁,个体往往容易被团结和组织起来,参与集体行动。但是,不能就此妄下结论塘约经验不可复制。因为,当代中国的绝大部分农村,还处于脱贫致富的初级阶段,大部分农户都有被组织起来的要求和抱团发展的决心,一旦制度设计合理、管理手段科学、人员选拔得当、民主监督到位、发展时机适宜,其他地方也是可以复制的。第二,需要基层党组织的领导,党组织的领导是正确把握变迁方向的保证,从而降低普通农户参与变迁的风险。第三,需要通过参与式治理和组织性嵌入让农户改变单打独斗的理念,抱团发展。正如塘约道路一样,该道路不是路径依赖和政府大力扶持的结果,而是塘约人在大灾大难之后抱团发展、艰苦奋斗的映射。因为按照村支书左文学的描述,在灾后重建的这几年,塘约村并没有得到政府的特殊照顾,所得的政策都是救灾款、扶贫款、支农资金和种粮补贴等普惠政策,并无特殊政策照顾。事实上,塘约道路是"改变农户单打独斗、流转村民土地、集体统一经营、发展集体经济"的新路,是在新时期实现农业发展产业化、经营规模化、生产技术化、管理现代化的重要标杆,是探索新时期社会主义新农村发展集体经济的可行路径。

既然基于诱致性制度变迁的乡村振兴是可能的,那么,该如何完善这样的制度变迁呢？第一，在深化农村改革时，应充分考虑农户的意愿和诉求。一般而言，诱致性制度变迁都是从最薄弱的环节开始，因此尊重底层群众的创新精神，摒弃农民保守、自卑、愚昧和守旧的观点，鼓励农民积极参与村庄公共事务和经济活动，显得尤为必要。第二，应在农村建立诱致性制度变迁为主，强制性制度变迁为辅的制度体系。林毅夫认为，制度变迁是诱致性与强制性共同作用的结果，诱致性变迁是在原有的制度安排无法获利时一个人或一群人的自发响应和倡导，但制度供给毕竟是公共产品，仅有诱致性变迁难以获得由点及面的扩散，而强制性制度变迁则可以弥补这一不足。因此，在农村，制度变迁的主体应是群众，但群众主导的制度创新容易因"搭便车"、激励不足而出现困境，这就需要政府进行强制性制度变迁。第三，应鼓励提出诱致性制度变迁的初级行动主体，培养将创新付诸实践的次级行动主体。当前，农村改革的创新主体还是农户和村干部，但他们的生存环境却不容乐观，这就要求改善他们的生存环境，加大这类人才队伍的建设，通过结构性调整彻底改变城乡二元结构。第四，诱致性制度变迁来源于基层，此种变迁应立足我国基本国情和当地实际，避免盲目照搬照抄外国和其他地区的经验，否则会对农户利益产生损害。

需要指出的是，由于人的能力、知识和认知是有限的，只能边走边看、边干边学，因而诱致性制度变迁是一个相对缓慢的过程。因为，如果人的理性是无界的，且制度变迁花费的时间和精力较少，甚至不花费，那么在社会对制度不均衡做出反应时，会直接从一种均衡结构转向另一种均衡结构。然而，人的理性是有限的，制度变迁会消耗一定的时间、精力和资源，故而不同经验和感受的人会寻求不同的方式分割变迁的收益，要使一套变迁后的制度被普遍接受，就得在不同的人之间谈判并取得一致。[①] 因此，"当发生不均衡时，制度变迁过程最大可能是从一个制度安排开始，并只能是渐渐地传

① 林毅夫：《关于制度变迁的经济学理论：诱致性变迁与强制性变迁》，上海三联书店1994年版，第389页。

到其他制度安排上去"①，这叫"制度记忆"，即旧制度的受益者会在新制度取代旧制度后对旧制度存在的记忆。由于存在"制度记忆"，因此制度变迁的发生注定是相对缓慢的。这意味着，基于诱致性制度变迁的乡村振兴路径是否值得大范围推广，还需要等待时间的证明和实践的检验。认清这一点，本章的贡献足矣。

① 林毅夫：《关于制度变迁的经济学理论：诱致性变迁与强制性变迁》，上海三联书店1994年版，第390页。

第三章 从塘约之约到塘约之变：
塘约村党建引领经验

从塘约之约到塘约之变，从脱贫攻坚到乡村振兴，充分证明农村基层党组织在实现乡村振兴战略中的重要性。办好中国的事情，关键在党；要实现脱贫攻坚同乡村振兴有效衔接，就必须发挥好基层党组织战斗堡垒作用和党员先锋模范作用，提升农村农民内生动力改变乡风乡貌，提升农村组织治理能力和治理水平。塘约村在党支部引领下，通过"合股联营、村社合一"的合作社发展壮大集体经济，形成了脱贫致富的塘约经验。塘约经验源于该村"党建引领、改革推动、合股联营、村民自治"四位一体的综合改革，通过加强党组织建设、制度规范、精细化管理的方式，将党员与村民紧密联系起来，激发了村民的积极性，使基层党组织实现了政治功能与服务功能的有机统一，走出了一条基层党建引领和统合农民的内生性发展之路。

一 塘约之约：大灾之时显党员本色

贵州省安顺市平坝区塘约村曾经是一个典型的"省级二类贫困村"、集体经济的"空壳村"，因交通不便几乎与外界隔绝，2013年以前村子里大多数是灰扑扑的低矮瓦房，串户路也坑坑洼洼，每逢雨季都成了稀泥路，村民每日守着几亩耕地过日子。关于这一现实，塘约村村民 LL（访谈于 2018 年 3 月 5 日）回忆说：

我家是四口人一家，有三亩多田，一年只打得到十多袋苞谷子，每年的收入就是 1500 元左右，平均一个人还不到 400 块钱，然后每年一逢下雨房子就要漏水。

面对这样的现实，怎样突破困境，寻找发展致富的路子，成为塘约村干部群众的所思、所想、所盼。2014 年 6 月 3 日凌晨，贵州安顺平坝区遭受百年不遇的特大暴雨，塘约村洪水肆虐，公路被毁、农田被淹、房屋倒塌，左文学回忆说："滔滔洪水把衣服、鞋子、灶具、家具、电视机都从前门冲出来了，一片汪洋般的浑浊的水面上漂浮着小寨人家的衣物和用具，塘约还有九个村在暴雨中，九个村都有危房。"[①] 时任安顺的市委书记、市长到达救灾现场，指导塘约村要把村党支部组织起来，与村民一起展开生产自救。在上级党委政府的领导下，村支书左文学带领村党支部与村民一起拿出了置之死地而后生的精神，擦干眼泪撸起袖子，轰轰烈烈的大变革在塘约村拉开序幕。首要举措是党建引领聚力量。在洪灾过后，塘约村充分发挥党支部及党员的先锋模范作用，通过党支部党建引领和股权利益联结机制把塘约村广大农户组织起来，做灾后重建工作，显党员本色。目前，塘约村共有党员 53 名，其中男党员 40 人，女党员 13 人，平均年龄 55 岁，少数民族 7 人，汉族 46 人。70 岁以上 15 人，占 28%，50—69 岁 16 人，占 30%，30—49 岁 20 人，占 37.7%，23—29 岁 2 人，占 3.7%；其学历情况：小学文化 23 人，占 43.3%，初中 15 人，占 28.3%，高中（中专）8 人，占 15%，大专 4 人，占 7.5%，大学 3 人，占 5.6%。

大灾之后，塘约村的党员本色是如何体现的呢？本章主要从以下几个方面来解析。

1. 基层党组织重塑乡村社会的组织机制

坚持村支"两委"领导是实现村民脱贫，实现脱贫攻坚同乡村

---

① 王宏甲：《塘约道路》，人民出版社 2016 年版，第 4 页。

振兴的必然要求，村支"两委"是农村发展的核心力量，是党在农村全部工作和战斗力的基础。2015 年 4 月，经乐平镇党委批准，塘约村党支部升格为党总支，领导着四个党支部，九个党小组。村行政有村委会、合作社、老年协会、妇女创业联合会、产权改革办、红白酒席理事会六大机构。六大机构在党总支的领导下，"一把手"都必须是党总支委员。① 塘约村通过党组织体系的扩展和党员骨干的下沉两种方式，来重塑乡村社会的组织机制，从而提升乡村组织化程度，引领乡村社会的发展。积极扩展基层党组织体系，强化体制与乡村社会的联结。体制与社会之间是否有制度关联、这种联结是否稳定和紧密，关系到国家对于基层社会的组织动员力。塘约村将党组织内部各部门之间联结起来，通过建立各个支部之间的组织网络，使整个组织体系向内向外扩展起来，提升组织动员力。主要表现为，党组织由原有的固有状态"线状"方式组合成党总支下面 3 个党支部的"网状"形式。随着村合作社的发展壮大，2014 年下半年，外出党员逐渐开始回乡发展，塘约因势利导，依托地理位置，将相邻的村组划为一个网格，在村民小组设立党小组，在网格设立党支部，原来的党支部变成了党总支，下设 3 个党支部 11 个党小组。在党总支的领导下，三个支部的组成情况如下：第一支部管辖硐门前、谷掰寨、高寨坡、鸡场坝、小屯上 5 个组；第二支部管辖偏坡寨、把丫关、石头寨 3 个组；第三支部管辖彭家院、李家院、杨家院 3 个组；塘约村"金土地"合作社支部负责教育管理合作社中的党员。塘约村把党小组建在了 11 个村民组，全村 11 个党小组有 9 个能正常开展工作（其中：谷掰寨党小组、偏坡寨党小组分别只有党员 1 名，为预设党小组）。在村民小组成立组委会，将改革发展任务分解到党小组、组委会和每名干部、党员身上。通过建立"村党总支—党支部—党小组"三级党建网络体系来进行管理。使得党对农村工作的领导没有盲区，实现了党建管理的横向到边、纵向到底的无缝管理模式。

---

① 王宏甲：《塘约道路》，人民出版社 2016 年版，第 77 页。

2. 通过党员骨干下沉，提升乡村社会的治理能力

乡村社会的有效运转，离不开具有治理能力的基层党组织。治理能力既包括社会组织获取资源，并以此维持生存发展的能力，也包括其承担特定治理功能（乡村建设）的能力。首先，发掘体制内的闲散党员资源并将其再组织化。主要表现为两方面，一方面，把夯实基层党组织同脱贫攻坚有机结合起来，建强村级组织，配强村党支部书记，发挥党员的先锋模范作用，注重从当地能人中选拔村干部，带领村民抱团发展，切实增强基层党组织在脱贫攻坚中的凝聚力、号召力和战斗力；另一方面，吸收有知识、有经验的大学毕业生、退伍军人、返乡农民工加入基层党组织，选拔思想素质好、带动致富能力强的人员加入党组织，使塘约村党组织在乡村振兴中的"头雁效应"发挥出来。其次，将党员嵌入村民之中，推动乡村社会组织的"内化"。塘约拥有比较成熟的村民自治体系，充分发挥3个网格党支部和1个合作社党支部，11个村民党小组的村民力量，发动群众力量，发挥党员带头、党小组示范作用，形成了"党建有人抓、党员有人管"的良好局面。最后，通过"党总支+党支部+党小组"模式，将党建工作全覆盖，线状管理向网状管理过渡，织密塘约党建工作网，使党员管理和覆盖更加科学化、合理化。并建立起"党小组—党支部—党总支"信息反馈机制和定期沟通交流制度，将收集的意见建议，定期进行交流协商、分析研判、制定应对措施，把党的力量延伸到村组农家。通过支部网格管理解决了以前的线状管理向网状管理过渡，使党员管理和覆盖更加科学化合理化。

3. 严抓党建规范，充分发挥党组织先锋模范作用

一是严抓纪律是开展工作的保障。为使塘约村级组织管理规范化、民主化，提高村级管理的科学化水平及村级组织的凝聚力，村里制定了《塘约村例会制度》，使该村党建工作开展有依据。该例会制度规定在每周一上午9：00组织镇联系挂帮领导、驻村第一书记、驻村干部、村干部、村聘用人员等参加村例会，会议由村总支书记主持，会议主要学习相关文件精神，总结上周工作的情况和安排布

置本周党总支将开展的相关工作。例会要求参会人员必须提前做好调研，做好高质量的发言材料。会议过程中，高度重视会风会纪，在开会过程中电话响一次罚款 10 元，接听或拨打电话一次罚款 20 元，迟到 1 分钟罚款 100 元，依此类推，无故不参加例会罚款 500 元，并按照缺勤处理，连续三周对例会工作未完成的作待岗处理，由其他人来代为完成的"定岗不定人"制度以及年终进行综合核算考核，对年终高于 80 分的党员进行奖励，满 100 分兑现 3 万元报酬，低于 60 分的党员进行不合格处罚的综合评价体系，达不到的则采取扣除相应的报酬机制，连续三年不合格，劝其退党。通过民主生活会开展批评与自我批评，扭转和狠杀村内党员不正之风，严格按照"三会一课"、主题党日、民主评议、谈心谈话开展党建工作和进行政治学习，该村基层党建结合当地的实际情况，创新基层党建工作，按照契合老百姓开展活动要求，提高党员政治觉悟，增强党员自身素质。

二是充分发挥党员的先锋模范作用。为充分发挥每一名党员的先锋模范作用，塘约村实施了"党员联户"工程，每名党员联系 10—20 户村民，支部利用每月主题党日活动，设置"环境治理""疫情防控宣传""爱国卫生运动"等不同的主题，组织党员入村入户为村民办实事、办好事，让党员全程参与到村级各项工作和事业上来。村里的党员通过亮身份、强责任、做表率、当先锋，增强了责任感和荣誉感。

三是强化党员监督机制。首先，通过村民监督，村民对党员的监督体现在日常工作开展和党员打分基础上，如果党员领导在工作中有失职或渎职情况可以进行批评监督和向上级党组织检举等举措。其次，村委会自身监督，通过塘约村党总支对各党支部及党员做好监督工作。再次，通过村民小组民生监督，通过强化监督委员会实施专门监督，履行村纪委的职责，采取推选村内 3 名老党员成立民生监督委员会来履行监督的职责，采取村内事务全程参与与实施监督的机制，村民生监督委员会参与村内村务公开、产业发展、项目建设、财务报销、塘约民生事项、采购议价询价等事项。民生监督委员会都执行参与村务讨论，监督是否务实；参与村务实施，监督是否落实；参与项目全程，监督是否廉洁；参与村级"三资"，监督是否规范；参与事务公开，监督是否真实；参与年终考核，监督是否公平等全方位监督，让群众明白使党员放心。复次，为让村干部更好监督党员，塘约村还半年开展一次"晒实绩"活动，由村民对村两委干部评分，分数低的，就按积分制规定降低年终绩效报酬，借此激励村干部为民办实事。[①] 最后，对村级财务进行监管。聘请专业人员对村内财务进行统一结算、统一管理，严格财务制度，对大额资金实行由村民代表大会进行表决，财务人员充分发挥专业优势，严格财经纪律及制度，对大额财务使用实行审核，真正让村级财务合理合规运行，也使塘约老百姓算清村内的明白账，使权力运行在阳光下进行，凝聚了老百姓的人心，提升百姓的内生动力。

二 制度规范：精准设计担党建使命

塘约村成功的关键在于村党支部坚强有力的领导与担党建使命。在上级党委的支持下，科学精准加强党的建设，以打造一支精诚团结、务实肯干、敢于担当、作风过硬的村"两委"班子为目标，对全体党员实施"驾照式"积分管理，推行党员"网格化"服务，通过制度创新推动了党员融入村民群众，规范了为群众服务的方式，把群众组织起来，激发村民团结力，为推动农村改革发展提供了强有力的保障。

1. 党建顶层设计精准，引领作用明显

从本质上说，新中国是靠最广大的穷苦人民组织起来，才得以建立的国家。最广大的人民及其利益，是立国之本。[②] 因此，推动农村改革，需要加强党组织服务群众的功能，要做到精准设计，从而更好地推动党建引领。首先，抓好干部队伍建设。塘约村注重村党

---

① 李汉卿：《党建引领集体经济发展与乡村振兴：塘约经验》，《毛泽东邓小平理论研究》2020 年第 7 期。

② 王宏甲：《塘约道路》，人民出版社 2016 年版，第 113 页。

总支干部队伍建设，作为全国人大代表，该村党支部书记左文学积极带领村民脱贫致富，向上积极争取资源，内引外联，争取发展项目，在党建引领方面做了非常好的示范引领作用。其次，抓好村政治学习，强化为民服务宗旨。塘约严格党内学习及"三会一课"相关要求，每周一例会学习，总结和安排部署工作。党支部每月十五日开展主题党日活动，在学习完相关文件后全体党员集体开展打扫卫生、疏通河道等活动。党员大会每月一次，学习党中央最新文件及精神，习近平总书记系列讲话精神。再次，通过抓好村社一体，增强农民收入和基层党建基础，使农村党建工作开展有载体，通过"三变"改革的实施，在壮大村集体经济基础上促使塘约在开展党建工作中有经济基础。

2. 探索"驾照式扣分"和"积分制考核"模式管党员

为破解农村党员责任感弱、先锋模范作用不明显、纪律涣散等问题，2015年以来，塘约村探索实行"驾照式扣分"和"积分制考核"新模式，为每名党员建立一个积分册，党员得分多少由村监督委员会和村顾问委员会根据该党员完成的工作任务和表现情况打分。党员在每个月10分全年120分的基础上进行积分管理和采取"驾照式扣分"管理，通过得分与年终绩效挂钩，这样通过考核倒逼机制，进一步提升了基层组织的战斗力和执行力，激发了党员"比、学、赶、超"热情。

对党员实行"驾照式扣分"管理，将其日常表现细化为学习教育、组织生活、履行职责、廉洁自律和遵纪守法5类40多项内容，制定《党员积分册》，由所在组委会保管，村民议事会每月进行测评打分，满分10分①全年共120分。年终超过80分的党员按照组长报酬标准给予奖励，少于60分的视为不合格，连续3年不合格的向上级报告劝其退党。对村干部实行日常考评和年终考评相结合，满分100分。每周工作完成情况占50%权重，年底村民组长和全体农户的

① ①服从组织安排、自觉当先锋1分；②按时参加会议，按时足额交纳党费1分；③热心公益甘于奉献1分；④带头学习提高1分；⑤带头争创佳绩、服务群众3分；⑥带头遵纪守法、弘扬正气3分方面构成

测评分别占30%和20%的权重，综合得分作为干部绩效考核的依据，少1分扣300元。同时，每月对塘约村党员完成任务情况实行量化积分管理，一年在120积分的基础上年底对党员进行考核，由群众打分，具体构成由每月任务完成情况占50%记入年度考核权重，年底由村民组长评分占30%和村民代表评分占20%，按比例计算综合得分，通过量化考核使得党员干部对工作及工作岗位有了进一步明晰认识，激发了党员领导干部的干事创业。

综上可知，塘约以积分制对党员进行打分，以"驾照式扣分"方式对党员管理，通过制度规范，精准设计好党建工作，确保党员能充分发挥先锋模范作用和基层党组织战斗堡垒作用。在对党员管理的基础上，突出党支部建设这个最重要的基本建设，重点考核村党总支下4个支部书记履行直接教育党员、管理党员、监督党员和组织群众、宣传群众、凝聚群众、服务群众职责的情况，考核内容主要包括以下内容：政治建设、思想建设、组织建设、作风建设、纪律建设、作用发挥等方面。"驾照式扣分"和"党员积分制"管理起到非常重要的作用，究其原因是：一是塘约党的基层建设是牢牢抓在基层党组织手上。抓好队伍，让党的旗帜在农村脱贫攻坚和乡村振兴阵地上高高飘扬，这是首要的条件。二是抓党建的目的就要聚民心、谋发展。不能像散沙，塘约村在党建引领工作中，党支部书记、党总支委员、党员有一个自我疗伤、自我完善过程，不怕丢丑的心态，村两委班子在村党总支的领导下，充分运用批评与自我批评，有问题会上说、会上讲，通过村民监督党员、党员监督支部书记和总支书记。三是突出党建引领作用。对班子成员、村民小组长、村民议事会分别实行"三级考评"，完善村委会自身监督、委员会监督和村民小组监督"三方监督"制度。四是进一步推进从严治党，夯实发展根基。正如党的二十大报告中指出的必须持之以恒推进全面从严治党，深入推进新时代党的建设新的伟大工程，以党的自我革命引领农村发展。通过"支部管全村、村民管党员、村规管村民"的方式，塘约村严管党员，通过先锋模范作用对村庄发展起到引领作用，通过村民自治和村民监督方式，很好实现塘约村庄党建与村庄发展规划深度融合。塘约村健全党总揽全局的发展格局，确保村党总支在政治立场、政治方向同上级党委保持一致。通过"驾照式扣分"管理干部模式及积分制管理党员模式，使得塘约村干部、党员有责任感、危机感、压力感和荣誉感。

塘约村基层党组织根据对自身村情村况的独特理解，主动适应和运用土地产权改变的基本原理，立足村情，把改革的落脚点放在发展和壮大集体经济上。

3. 重塑基层党建创新路径，促进乡村大发展

党的建设是基层工作的重要组成部分。抓党建促乡村振兴，推进党建引领基层治理、基层党组织有能力、有条件发现和处理阻滞乡村社会发展的不利因素，切实发挥党建对乡村社会的引领作用，推动乡村社会进步。强化农村基层党建工作，嵌入乡村治理和产业发展中，促进资源整合利用，充分发挥党建政治引领的功能，具体表现在：一是健全考评机制，强化群众对党建管理的参与与监管力度，规范监督村民和党员的行为，共同维护村党组织在村内的核心地位，实现村内乡风文明。二是以基层党建为引领，充分发挥基层党建在激活农村资源的作用，发挥助推农民脱贫致富功能，实现党组织引领集体经济快速发展。三是通过"党建+旅游"模式促发展，塘约村现在通过自身发展及全体村民努力发展，打造好塘约的旅游发展，用好塘约较高的森林覆盖率的资源禀赋、两条河流及传统村落，通过入选第一批乡村旅游重点村和4A级景区机遇，促进农旅结合，突出发展乡村旅游，实现乡村振兴+党建+旅游发展之路。四是通过"党建+三变"改革，通过村社合一，继续壮大村集体经济，集产业种养、传统加工、农业休闲、乡村度假为一体的产业体系，实现塘约第一、第二、第三产互融发展。五是塘约通过"党建+互联网"模式打造智慧乡村。从农村基层社会治理的角度而言主要包含三个方面的内容：第一是社会管理，这是塘约村成功经验的根本方面，起主导作用的正是党的建设，也包含了村民自治、农村基层公共事业管理等多方面内容。村民自治有许多内容有政策落实，涉及的范围很多。第二是产业发展，按照塘约村的林下经济，田园经济，

小车间小作坊经济和旅游经济四个板块的经济，怎么来实现，主要是以产业发展为载体的智慧乡村来做。第三是社会服务通过品牌的效应输出，从党的建设、村民自治等方面内容进行系统化，另外再结合其他成功经验互通有无，互补短板，在农村产业发展方面实现第一、第二、第三产融合发展三个板块。把三个板块形成深度融合，从而形成产业融合、产基融合、文化融合。五是坚持壮大村集体经济引领发展。党总支书记左文学积极引领广大党员及群众发展，壮大村集体经济。通过开展各种活动及关系打通相关环节引领发展。解决了村集体经济空壳化的问题，实现了 2020 年村集体经济 576 万元的发展目标。我国基层存在部分村庄缺乏集体经济的窘境，这导致基层党员干部干事积极性不高，这使基层党员干部在办事过程中除了费时之外可能还要自身贴钱办事，这也导致了基层党建经费未能满足基层党建工作，限制了党员开展工作的积极性和党组织的号召力。塘约村在壮大集体经济后，在强有力的党总支及支部书记带领下，使村集体开展工作中形成"办事有人跟、说话有人听"的良好办事格局。

4. 强化思想认同，激励基层党员积极作为

思想认同属于内生于社会本身、作为非正式制度的社会规范，可以改善国家正式制度在微观实施领域的操作性、整合性和回应性的不足。基层党组织要充分考虑农村工作的现实性以及村民的自主性，使基层党建能够快速有效回应民众的治理需求和发展需要，切实发挥基层党建的会用功能。塘约村基层党组织根据对自身村情村况的独特理解，主动适应和运用土地产权改变的基本原理，立足村情，把改革的落脚点放在发展和壮大集体经济，具体表现为：一是激发基层干部党员的主动担当和积极作为。塘约村干部党员冲破观念的桎梏，打破传统的思维定式，积极推动农村体制改革，抓牢"确权"这个基础、"赋权"这个关键、"易权"这个核心，充分调动了当地人民群众积极性，充分激发其内生动力谋发展，通过股权让利于民，通过严格要求党员激发了基层党组织的战斗力，实现了塘约农民更富、村集体更强、村庄更美的

乡村振兴目标。二是强化基层党建的资源要素的整合能力。塘约村通过"村社一体、合股联营"的发展道路，把农户、合作社、村集体捆绑在一起，推动多方土地、资金、信息、技术等资源的共享与整合，形成"目标同识、风险同担、效益共创、利益同享"利益共同体，凝聚共同发展合力，村集体经济实现由单一化向立体化、多元化转变。短短几年时间，塘约村实现集体经济发展壮大、群众持续稳定增收、农业高质量发展的目标，成功摘掉"空壳村"帽子。

5. 健全一核多元的治理领导机制，深化土地制度改革

党组织通过"元治理"，推动基层党组织、市场、村民三种治理主体在保持一定自主性的同时相互嵌入，统筹兼顾各方主体的利益和资源，寻求利益的交汇点和均衡点，达成各方的共识、行动规则，促进乡村社会治理共同体的形成。在深化改革的大背景下，塘约村在大灾后抢抓政策机遇，组织党员召开全体党员大会、支部委员会及全体村民会议，确定了塘约在灾后实行土地确权，在塘约村支"两委"的带领下，以党组织带动，以农村土地确权为切入口，让土地资源变成资本，把土地用活起来。

首先，成立以村党组织为领导核心，党员、村民代表一体的村土地经营权确权工作领导小组，下辖"确权议事会"。村党总支书记和村委主任分别担任组长、副组长。通过村民大会，推选出由老党员、离任老干部和参加过土地第二轮承包的寨老等"三老"人员组成的村民小组"确权议事会"，并推选出会长、副会长、统计员，在村级领导小组的统一领导下全程参与本村土地确权全部工作。

其次，建立村干部"三个到组到户制"。实行村支"两委"委员包组制，11名委员分别担任区域责任人，坐镇指导，靠前指挥。做到"宣传教育、工作实施、矛盾化解"三个责任到组到户。充分利用村民自治、司法调解制度和各村民小组议事会三熟（人熟、地熟和情况熟）优势对土地确权过程中产生的矛盾纠纷进行及时化解，实行三级矛盾调解制度。第一步，由议事会独立协调解决；第二步，

议事会不能解决的就交村民代表大会解决①；第三步，村民代表大会不能解决，就交司法部门解决。在工作中，化解矛盾纠纷 26 起，没有一起因土地确权而引发的矛盾到镇到县上访的事发生。

再次，强化党员思想教育，发挥党员先锋模范带头作用。利用"三会一课"加强对党员的党性教育，让党员树起一面旗帜。从 2014 年起，塘约村全体党员响应村党总支的号召，第一个配合议事会把自己在集体土地上开荒种地、种树、建房等事项填报在相关表格上，到实地指认侵占集体土地块角边界等，为全村非党群众作了很好的表率作用，3 月开始启动，4 月全面实施，只用了 6 个月时间，全部完成确权工作。土地确权后，更加明晰了农民对土地的使用权，农民占用集体土地共 263 起，其中建房 52 起，种植 121 起，种树 82 起，其他 8 起。因历史原因占集体土地建房的以 500 元/平方米的价格合理转化到个人。农民有了土地经营权，可用于资本转化、贷款抵押、开发、流转，让土地变身为灵活多样的资本形式，为发展打开了致富之门。

最后，确权盘活土地资源。塘约村大力推进"三权"促"三变"改革，党员在确权过程中起到非常重要的作用，搭建起农村产权确权信息管理平台，加快"七权同确"，通过"确权、赋权、易权"，赋予了产权主体（村民、村集体）更多的权能，为资产、资源的抵押、贷款、入股有了发展基础。建立村级土地流转中心，形成以市场为导向的农村产权交易平台，推进农村产权有序交易，切实把农村分散的资源汇聚起来，有效推动农业生产集约化、标准化、规模化发展。同时，创新金融服务模式，通过土地承包经营权、林权、小型水利工程产权和房屋所有权等抵押担保贷款，实现了农村各类资产资源优化配置，推动了农村生产方式由原分散经营向集中规模化经营转变，让土地更加集中、生产更加集约、效益更加凸显，土地也因此变得更具生命力。

---

① 塘约村村民代表会议的主要参与人员是村民代表，村"两委"成员。村民代表由村民按每 5—15 户推选 1 人产生，但总数不少于 30 人。村民代表会议讨论和决策的问题，所作出的决定和决议必须经全体代表过半数通过方可有效。

农民利用土地经营权，为发展打开了自由和空间。在确权的基础上，开展"易权"，使土地资源活起来，盘活了闲散的土地资源，通过党建引领，以"三权"促"三变"为载体，实施塘约村的"三变"改革，通过折价入股，使全村近 5000 余亩土地全部入股，入股股东达 900 多户，股权总数 5230 股，以水权作价入股村水务公司，28 处小型水利工程评估 1542 万元，享受经营农村饮水安全工程和农田灌溉工程所获收益。

三　执行有力：精细管理促党建成效

塘约以实施乡村振兴战略为契机，以严抓农村基层党建创新为抓手，呈现出以优良的党建和科学管理促进发展的催化剂。塘约通过改革村级管理方式，打通联系服务群众"最后一公里"。

一是构建村社一体的合作社。通过"三权"促"三变"工作，切实解决了当地的老弱等劳动力的就业与脱贫问题。同时，合作社下设的妇女创业联合会、红白理事会、劳务输出公司、建筑公司、运输公司等向贫困户、返乡农民工等提供了就业平台。实现了"农二代"就地从第一产业向第二、第三产业转型发展模式。

二是建立制度推进民主化管理村内事务。明确村干部分工、村级事务按照"下单—承办—办结"的程序予以落实。由村党总支书记召集，每周一上午召开工作例会，村"两委"成员、协会、合作社相关人员参加，例会上介绍各自负责事务的进展情况，研究近期工作，填写每周工作安排登记表，领取本周任务清单，责任到人。试行"黑名单"管理制度，经村民代表大会研究通过，对存在凡不参加公共事业建设、贷款不守信用、房屋乱搭乱建等 7 种行为的人员，以户为单位，纳入"黑名单"管理，通过三个月的考察期，在考察期内，村不为其办理任何相关手续和落实国家相关优惠政策，直至考察合格退出"黑名单"。对每个村民组的通村通组道路管护、清洁卫生实行分段管理，在村组的显眼位置设立标牌，明确责任区划和具体职责，让人人都感到有责任有义务，共同维护塘约形象。

三是利用乡贤协助村级治理。寨老、离退老干部、致富能人广泛参与，在村民小组成立组委会，在村成立乡贤理事会，坚持群众的事群众议，群众的理群众评，群众的问题由群众自己解决。每年上门慰问看望塘约在外能人的亲属，让外出能人的亲属得到照顾，使他们多一分对家乡的牵挂。每年通过电话、信件等形式，加强与村外出能人的联系，利用在春节，清明时开展座谈会，鼓励在外创业能人返乡，参与服务村级事务。塘约通过"红九条"管住了村庄的"三鬼"（"赌鬼""懒鬼""酒鬼"）和村内的不正之风，如不孝敬父母等不文明、不诚信、不道德的行为写进村规民约，编制塘约村"红九条"制度，凡违反"红九条"规定的村民一律纳入"黑名单"。实现了村内民俗民风淳朴，邻里和谐。民俗民风由以前的滥办酒席、不孝敬父母、化解邻里纠纷等方面得到了根本好转。

四是动真格整治滥办酒席歪风，树立文明新风气。在村成立红白理事会，广泛宣传动员，规定只准办婚丧嫁娶"红白喜事"酒席，"红喜"2天，办席标准控制在8菜1汤；"白喜"吃"一锅香"，以户为单位的礼金不能超过100元人民币，且不允许回赠礼品，如寿碗、毛巾等，倡导节俭美德。在此基础上，由红白理事会的统一协调管理，从各个村民组挑选了一批有办厨经验的人员，组成"红白喜事"服务队，无偿为村民服务。村里为服务队购置了约3万元的餐具厨具，红喜村集体给予服务队800元务工补贴；白喜给予服务队1800元务工补贴。这样一来，让外出村民能安心工作，不至于因婚丧嫁娶需帮忙而务工。逐步探索服务队对外开放，以服务队盈利成立关怀帮扶基金，对村生活困难的党员群众给予关怀和帮扶。

四　塘约之变：党建引领树发展榜样

在基层党建引领作用下，塘约村通过"确权""赋权"和"易权"的核心方式，调动人民群众积极性，充分激发其内生动力谋发展，激发基层党组织的战斗力，实现塘约农民更富、村集体更强、村庄更美的乡村振兴目标。

一是农民更富了。通过"三权"促"三变"工作，开展精准扶贫工作，减少了外出务工人员，切实解决了当地的老弱等劳动力的就业与脱贫问题。"七权同确"及配套措施的完善，厘清了农村"糊涂的资产"，打通了确权、赋权、易权"三权转换"梗阻，赋予了"七权"经营、流转、抵押、担保、入股、处置等多种权能，推进了农村产权有序交易，解决了农户贷款难、创业难等问题。同时，合作社下设的妇女创业联合会、红白理事会、劳务输出公司、建筑公司、运输公司等向贫困户、返乡农民工等提供了就业平台。2014年以来，塘约村180余名外出务工人员获得信用社贷款900余万元，600余人通过合作社就业，外出务工人员从860人全部返乡，实现了"农二代"就地从第一产向第二、第三产业转型；贫困户逐步减少和实现整村脱贫，完成了从"省级二类贫困村"到小康村的华丽蜕变。

二是集体更强了。通过确权盘活土地资源实现"三变"改革引领村集体经济发展，实现了村集体经济从无到有，通过"金土地"合作社实现"村社一体、合股联营"的利益联结之路。合作社通过各种运营平台壮大集体经济，使塘约村从空壳村向小康村蝶变。"七权同确"既明晰了集体与个人的各类产权，又巩固了农村资源的集体所有权，村集体以集体林权抵押获得贷款200万元，以集体小型水利工程产权抵押获得贷款5万元，"玩转"土地，不仅让农民受益，也让村集体实现了从"无米下锅"到"有米可炊"转变。同时，通过"村社一体、合股联营"的发展道路，把农户、合作社、村集体捆绑在一起，形成"目标同识、风险同担、效益共创、利益同享"利益共同体，凝聚共同发展合力，村集体经济实现由单一化向立体化、多元化转变。短短几年时间，塘约村集体经济从无到有、从弱变强，成功摘掉"空壳村"帽子。

三是村庄更美了。通过几年的建设，按照美丽乡村建设标准及要求，塘约村硬化了村内道路，修建文化广场、村级博物馆、购置垃圾箱，聘请保洁员等，使村容村貌发生巨大变化。通过农村综合改革不仅建美了乡村，更整顿了滥办酒席、不讲诚信、邻里不睦等不良民风，改变了"386199"部队历史状况，增添了美丽乡村的内涵。如今的塘约村群山环绕、沃野起伏、荷塘飘香、菜园蓬勃、民居亮丽、道路宽阔，村内村文化广场、文体设施、服务中心、林荫小道、健康步道、自行车道等基础设施与绿树红花、小桥流水等优美的自然景观融为一体，折射出一片生机盎然、其乐融融的景象，俨然成为城市人向往、农村人留恋的地方。

四是引领能力更强了。塘约村实施党建工作创新，凸显其党建的政治领导力。通过开展基层党建，加强农村基层党组织的建设功能，引领村庄建设、乡村治理、乡风文明等农村基层党建在乡村振兴的政治功能。通过党建提升服务群众能力，强化党员服务群众能力和服务意识，让群众真正感受到党建发展到来的变化发展。通过党建提升乡村治理能力，通过村规民约、"红九条""黑名单"，实现了党建引领下的村规民约管寨子的功效，在农村党建的推动下，实现了塘约的自治、德治、法治、善治之路。通过党建引领发展能力。通过组织优势，引领塘约经济发展、带动人才与经济聚集，加快推动塘约智慧农业与现代农业发展，实现村民持续致富。也使塘约党建成为全省党建的示范引领，成为贵州省委党校党建引领现场教学点。

五是民风民俗更好了。通过党建引领，当地民风逐渐变好，"酒鬼""懒鬼""赌鬼"等"三鬼"现象在塘约已消失，当地群众形成了在生产生活中的比学赶超。滥办酒席风、不孝敬父母等不文明现象已经不复存在。当下，呈现在世人面前的塘约面貌焕然一新。新时期，塘约将遵循"创新、绿色、开放、共享"的发展理念，继续推进农村综合改革，努力实现三产融合发展，积极开展大数据、物联网在农村引领经济发展的探索，充分发挥支部的战斗堡垒作用，团结广大党员群众推动乡村振兴，不断打开塘约发展的新局面。

第四章 从"空心"账户到集体行动：塘约村经济发展经验

本章以奥尔森的集体行动理论为分析框架，以塘约村的集体经济为个案，分析新时代背景下，以合作社为主要载体的集体行动是否会导致"奥尔森困境"。分析发现，塘约村集体经济已经运行四年多，却没有出现奥尔森所言的"搭便车"、激励不足、效率低下、利益不均等困境，这说明，即使是大集团的集体行动，只要制度设计合理、监督机制健全、市场对接良好、利益分配均衡，集体行动就不会导致"奥尔森困境"。但是，若集体行动缺乏可持续的领导力，集团利益缺乏有效监督，集体经济缺乏市场运作，则容易让集体行动被小集团操纵，产生"搭便车"和效率低下的风险。因此，建议从能人治理、制度建设、政府指导和选择性激励的角度出发，对集体行动中的风险进行治理。

一 "奥尔森困境"：集体经济发展的分析框架

费孝通先生认为，中国传统社会是一个"熟人社会"，中国农村更是如此，由于生活范围狭窄比较封闭且缺乏流动性，所以人们大多在某一地方"生于斯、长于斯、死于斯"，这就形成了人与人之间相互熟悉且又相对稳定的社会结构，进而导致原子化小农的存在。但这种原子化的小农依靠个体力量无法应对市场竞争，更无法防范市场风险，除非将农户组织起来走集体化的道路。要走集体化的道路,像合作社这样的农村合作经济组织就必不可少。

农村合作经济组织的根源,可追溯到新中国成立后。事实上,新中国成立到改革开放前,我国农村合作经济组织就经历了从互助组到初级社、从初级社到高级社、从合作社到人民公社再到农村供销社和信用社的变迁,某种程度上可以将这些合作经济组织的行动视为新中国成立以来我国农村的集体行动。当然,在此期间,民间社会团体及个人也组织了一些农民合作经济组织,如中国华洋义赈救灾会、晏阳初和梁漱溟等人举办的农民合作经济组织,这些合作经济组织的建立对所在乡村农业生产的发展、农民生活的提高以及农村文化生活和卫生状况的改善都有一定的作用。但实质上没有解决广大农民的贫瘠问题,也没有有效改善农村的经济环境。① 改革开放以来,家庭联产承包责任制在全国农村推行,这一制度得到党中央、国务院的高度认可,1983 年中央一号文件明确将"政社合一改为政社分开,实际上废除了人民公社体制,给农村松了绑"②。在此背景下,乡村社会的结构与利益格局发生了深刻的变化,原有公社体制下的"组织化农民"变成了以家户为单位的"原子化小农",乡村原有的社会结构和利益格局日趋"碎片化",出现了明显的"去熟人化"倾向。③ 这说明,尽管自新中国成立以来的以"互助组、初级社、高级社以及人民公社"为代表的农村合作经济组织,在深化农村改革、优化乡村治理结构、促进农村社区建设和提高农户组织化程度等方面发挥着重要的作用,但却由此带来了效率低下、行动缓慢的弊端。④ 不仅如此,其他缺陷如组织化程度低、产业分布不均衡、合作组织内部运作不规范以及广大农民权益无法保障等问

---

① 程同顺:《中国农民组织化研究初探》,天津人民出版社 2003 年版,第 129—131 页。
② 徐勇:《探索村民小组集体所有制形式》,《农民日报》2015 年 7 月 25 日,第 3 版。
③ 张国亚:《农村集体行动的困局:动力机制与现实约束——以 A 村的个案研究为例》,《中共南京市委党校学报》2018 年第 3 期。
④ 战建华,张海霞:《农村经济合作组织发展研究》,山东人民出版社 2014 年版,第 130 页。

题，也同样存在。① 这在很大程度了阻碍了农村集体经济的发展，使集体行动陷入了困境，我们将其称为"奥尔森困境"。

目前，我国农村的集体经济已进入新的阶段。合作社是发展集体经济的有效路径，也是农户集体行动的载体。费孝通曾指出，中国社会是乡土性的，农村更是如此。农村居民一直都以土为生，"土"是他们的命根子，发展合作社会把农户的土地流转于合作社，农户的依靠顺理成章转移到合作社。因此，本书所讨论的农村集体行动，是指依靠自身或外部力量，以合作社为依托，将分散的农户组织起来，共同发展集体经济的过程。在本书中，合作社是集体经济的载体，集体经济是集体行动的载体，故在行文时，有时以"合作社"的名称呈现，有时候以"集体经济"的名称呈现。前述事实已证明，我国 1949—1978 年间的农村集体行动陷入了"奥尔森困境"，那么新时代的集体经济，是否存在奥尔森眼中的"集体行动困境"呢？其实，已有学者从意义、价值、特点等方面对新时代集体经济进行了研究，认为壮大新时代集体经济是党中央作出的重大战略部署，是党对农村经济进入新发展阶段的准确把握和理性选择，也是实现乡村振兴战略的必由之路。② 虽然新时代的集体经济有较多的成功案例，但塘约村的新集体经济却是影响最大、传播最广、探讨最多的典范。

在众多学者看来，塘约模式的成功，党建引领是根本，例如，王宏甲在《塘约道路》一书中写道，塘约村在党的领导下真正实现了民主，对村里的党员干部起着制约作用③；谢治菊认为，塘约村之所以成功，在于塘约村采用了"积分化管理"的基层党组织④；彭海红认为，塘约道路是一条加强基层党建，巩固党的执政基础的道

---

① 战建华，张海霞：《农村经济合作组织发展研究》，山东人民出版社 2014 年版，第 130—135 页。

② 冯敬鸿：《壮大新时代集体经济的理论和实践研究》，《改革与战略》2018 年第 11 期。

③ 王宏甲：《塘约道路》，人民出版社 2016 年版，第 15 页。

④ 谢治菊：《扶贫利益共同体的建构及行动逻辑：基于塘约村的经验》，《贵州社会科学》2018 年第 9 期。

路。① 集体经济是法宝，例如，张慧鹏认为，农村集体经济是把农民重新组织起来的物质基础，村社一体是农民组织起来的有效载体②；李昌金则认为，发展集体经济组织起来抱团发展是塘约道路最重要的经验之一。③ 这些研究无一不说明，塘约村以合作社为主要载体的集体经济，引起了大家的共鸣，成为新时代集体经济研究的宠儿，但这些研究主要侧重于塘约村集体经济的运行及建构，研究的视角主要是经济学视角，虽然有提及面临的风险，但并未对面临的困境进行分析，也缺乏政治学视角的探讨，这为本书提供了契机。

二　内涵及框架：集体行动中的"奥尔森困境"

美国著名经济学家曼瑟尔·奥尔森以其集体行动理论闻名世界。他的主要贡献在于从一个全新的视角阐述了集体行动和国家兴衰之间的关联，是公共选择理论的主要奠基人。④ 奥尔森在他的著作《集体行动的逻辑》一书中紧紧围绕"经济人"这一假定，指出集体行动实质上的结果就是对"公共物品"的共享。⑤ 所谓"公共物品"，具有不可分割性、非排他性及非竞争性等特点，也即社会上所有成员都可以享用的物品，譬如国防、治安及法律等。当然，"公共物品"的前提是需要拥有集体行动。传统的观点认为，集体是为了集体成员的共同利益而存在的，为了获得更大更充分的集体利益，集体成员往往会自发行动以增进集体更大的利益，也可以把这样的行动称为"传统集体行动"。当然，这是一种理想的状态，但是有学者认为，在集体行动中，若是基于自愿原则即集体成员的自愿行为，那么市场对资源的配置作用将会失灵，集体成员自愿消费但是却没

①　彭海红：《塘约道路：乡村振兴战略的典范》，《理论建设》2018 年第 1 期。
②　张慧鹏：《集体经济与精准扶贫：兼论塘约道路的启示》，《马克思主义研究》2017 年第 6 期。
③　李昌金：《塘约村没有告诉我们的那些事》，《中国乡村发现》2017 年第 5 期。
④　沈荣华，何瑞文：《奥尔森的集体行动理论逻辑》，《黑龙江社会科学》2014 年第 2 期。
⑤　姜晓东：《农民合作经济组织的"奥尔森困境"》，《山西农业大学学报》（社会科学版）2010 年第 6 期。

有人愿意为其买单，这显然会导致公共资源被挖掘却无法填补，这种现象被奥尔森称为"集体行动的困境"或"奥尔森困境"。①

"奥尔森困境"认为，虽然集体行动比个体行动更具有优越性，但现实中的许多合作行动却难以达成，因为出于理性经济人的考虑，除非集团内的成员较少，或者采取强制性等手段，寻求自我利益的个人不会采取有利于集团的行动来促使集体利益的增加。也即当遇到付出零成本或较少成本就可以获利的集团利益共享时，理性个人则会选择"搭便车"分享公共物品，如果集团内所有成员都抱有这样的侥幸心理，集体行动将面临诸多困境。他还指出，由于收益的份额、组织的成本、监督的代价与集团人数多少有关，且小集团行动的成本更低、监督的代价越小、收益的份额越高，故而人数较少的小集团的集体行动困境更小。最后，他认为选择性激励是解决合作问题的主要方案，即通过外力对拥有不同份额和机会的集团成员进行有选择的激励，这些激励既有经济激励也有社会激励，既包括正向激励也包括负向激励。②

那么，奥尔森是如何推导出集体行动必将陷入困境的呢？他认为，首先，若集团越大，成员人数越多，为增加集团利益而付出的理性个人所分享的总收益份额就越少，报酬也越少。即使集团内"公共物品"很多，其数量也是低于帕累托最优的。由于"公共物品"是集团内所有成员都可以享用的物品，集团内任何一名成员的享用都不会对其他成员造成任何影响，这种外部性就导致没有付出成本或劳动的集团成员能够随意享用"公共物品"。其次，集团越大，人数越多，任何一个为集团付出的个体所获得的收益份额就越小，这些收益很难抵消他们所提供的支出成本，这预示在集团内部会出现不公平，部分成员会坐享其成。最后，集团成员越多，组织成本就越高，集团内部难以控制，故获得任何"公共物品"的代价

---

① 姜晓东：《农民合作经济组织的"奥尔森困境"》，《山西农业大学学报》（社会科学版）2010 年第 6 期。

② Olson M.，"The logic of collective action：public goods and the theory of groups"，*Social Forces*，Vol. 52，No. 1，1965.

就越大。由于在"大集团"中,相当部分成员用尽可能小的付出,甚至零成本付出换取与付出大量成本的集团成员同等的集团利益,这种分配不均所带来的激励不足会导致大集团中出现有人"搭便车"行为,故最后的结局只能是"陷入困境"①。

奥尔森的集体行动困境为解释集体行为(如我国曾经的集体经济时代)的低效性提供了逻辑思路与分析框架,例如,有学者指出,农民经济组织合作社有较多成员,我们可以将其视作奥尔森眼中的"大集团",其行动注定会陷入"集体行动的困境"。②之所以农民经济合作组织容易陷入集体行动的困境,在沈荣华、何瑞文看来,参与集体行动的成本由个人承担,面对独自承担行动成本和全员共享集体收益的结局,理性的个人只会成为一个利己主义者,蚕食、瓜分集体利益,同时并不会去创造、增加集体利益,这就造成集体利益的缺失和无法弥补,这时,个人利益与集体利益将处于失衡状态,其结果必然导致集体行动困境。③姜晓东认为,就有较多成员的农民经济组织合作社而言,我们可以将其视作较大的集团,其行动注定会陷入"集体行动的困境"④。何平均、刘睿认为,由于农村干部整体素质不高,集体执行力不够,加上"小农经济"的影响,"过时论""等靠要"思想,"畏难论"等心理,很容易产生个人理性至上、集体行动困境等问题。⑤尽管如此,"奥尔森困境"也存在一些尚待商榷之处。例如,该理论的前提是"人是完全理性的经济人",但这不仅不存在,而且还难以做到,正如奥斯特罗姆所言,有限理性行为理论才是符合社会现实的选择。中国学者贺雪峰的调查也发现,农民的理性行为必须在特定的场景下才会发生,事实上,即使

---

① 马彦丽,林坚:《集体行动的逻辑与农民专业合作社的发展》,《经济学家》2006年第2期。

② 姜晓东:《农民合作经济组织的"奥尔森困境"》,《山西农业大学学报》(社会科学版)2010年第6期。

③ 沈荣华,何瑞文:《奥尔森的集体行动理论逻辑》,《黑龙江社会科学》2014年第2期。

④ 姜晓东:《农民合作经济组织的"奥尔森困境"》,《山西农业大学学报》(社会科学版)2010年第6期。

⑤ 何平均,刘睿:《新型农村集体经济发展的现实困境与制度破解》,《农业经济》2015年第8期。

有特定的场景，如修建荆门的农田水利行动，农民不是以自己实际获得的利益来付出，而是在和他人比较收益来权衡自己的行动付出，集体行动的困境也不一定会发生。[①] 这说明，新时代农村的集体行动是否会导致"奥尔森困境"，还不得而知。因此，本章以奥尔森的集体行动理论为分析框架，以塘约村的集体经济为个案，分析新时代背景下，以合作社为主要载体的集体行动是否会导致"奥尔森困境"，反思新时代集体行动可能的风险及治理路径。

三 "金土地"合作社：塘约村集体行动的主要载体

由于个体力量是无法有效应对市场竞争，更无法防范市场风险、无法摆脱小农思想的束缚，农户在市场中往往处于弱势地位，故而将他们组织起来抱团发展一直是人们开出的治愈良方，通过合作社发展集体经济便成为有效的途径，如塘约村。塘约村的集体经济以"金土地"合作社为中心，下属运输公司、建筑公司、妇女创业协会、市场营销中心、农技培训中心、劳务输出中心，统一由村委会进行规范化、系统化管理。其中，合作社主要以土地为依托发展农业经济，是集体经济的主要来源，2018 年营业额 800 余万元，盈利300 多万元；建筑公司是人数最多的公司，有 680 多人长期就业，2018 年盈利 270 多万元；运输公司主要为建筑公司运输建筑材料，目前有 100 多辆车，带动了 100 多人就业，2018 年盈利 80 多万元；妇女创业联合会主要是家政服务，以卫生服务为主，目前有 60—70人就业，2018 年盈利 10 多万元；市场营销中心、农技培训中心、劳务输出中心主要为塘约村的市场、农技培训以及劳务输出服务，不产生直接的效益。初步估算，至 2020 年，塘约村的集体经济规模已经从 2013 年年底的 4 万元提升至 576 万元。塘约村集体经济运行顺畅，效益明显，收益年年攀升，显然没有出现奥尔森笔下的"集体行动困境"。调查发现，塘约村的集体行动之所以没有陷入困境，在

---

① 贺雪峰：《农民行动逻辑与乡村治理的区域差异》，《开放时代》2007 年第 1 期。

于他们从"党建引领、制度创新、物品性质、利益分配"四个方面保障了集体行动的运行，也即以党建引领保证运行方向，用制度创新维持运行秩序，与市场对接提高经济效益，聚多元主体实现利益共享。

四 平衡大小集团利益：塘约村集体行动的逻辑

（一）以党建引领解决集体行动中的摇摆心理，保证集体经济的运行方向

在人类社会发展历程中，任何一项大的认识和改造客观世界的实践活动，都是有组织的活动，都需要一个领导核心，新时代的中国共产党就是这样的核心。农村基层党组织是带领广大农民群众建设社会主义新农村、实现全面小康社会的战斗堡垒，是党在农村全部工作的组织基础和根本保障。[①] 自 2014 年洪灾后，塘约村党员干部的引领作用发挥得淋漓尽致，他们尽职尽责、身先士卒，不断摸索发展经验。例如，2014 年洪灾发生时，党员干部充分发挥引领功能，主动承担起带头作用，动员全村老百姓抢灾抗灾，创造了全村无一人伤亡的良好记录。灾后，为解决集体经济发展资金短缺的问题，党员干部主动承担风险，以个人名义贷款 8 万—15 万元，共筹得 114 万余元，作为村集体经济的启动资金。可以说，塘约村的党员以实际行动消除了农户是否参与合作社的摇摆心理，实现了全村户户入社的良好局面。塘约村党建引领的具体举措如下：一是将党小组建在村民组，每个村民组设立组委会，党小组统管组委会的工作；二是为改善各村民组党员分散的情况，实行网格化管理，在各网格之间建立党支部，统管网格内党小组工作；三是实行积分化管理，对全村 53 名党员实行积分制考核，按月计分，每月 10 分，满分 120 分，100 分以上算优秀，80 分以上算合格，60 分以下或三周没有完成工作的将被评为工作不合格，不予发放任何奖金并责令改

① 彭海红：《塘约道路：乡村振兴战略的典范》，《理论建设》2018 年第 1 期。

正，严重者将劝其退党处理。通过量化积分管理模式，党员干部定岗定责，画"红线"，定标准，以党建工作为核心，党员带头，村干部引领，取得了较好的成效。通过对党员干部进行严格的监督和约束，更好地将党员干部的积极性、责任心激发出来，有效地增强了基层党组织的凝聚力、战斗力和号召力，解决了农户对大多数党员干部的信任问题，激发了大家抱团发展的决心。

（二）以村规民约创新集体行动中的制度规范，维护集体经济的运行秩序

我国农村集体经济是在走合作化道路建立起来的，虽然取得了一些成效，但在维持农村运行秩序方面，仍然存在一些弊端。而安顺的塘约村之所以成功，其主要原因是实现了对集体经济管理模式的升华，用制度创新维持全村集体经济的有效运转，其创新的制度规则如下：一是创设"红九条"与"黑名单"。何为"红九条"与"黑名单"？指的是不参加公益事业的、不守信用的、不孝敬父母的、违规建房的、不交卫生管理费的、乱办酒席的、不配合村委会工作的、不执行村支"两委"重大决策的、不教育未成年人的村民，会被纳入"黑名单"管理。进入"黑名单"的村民，在三个月内不予办理各种手续，也不能享受关于医疗、卫生、教育、贷款、建房等相关惠农政策，直到该村民改正后被移除"黑名单"。"红九条"与"黑名单"虽是村规民约，但由于用其规范了全村村民的不良行为，有效避免了集体经济成员的"搭便车"现象。创设"红九条""黑名单"之前，村里好吃懒做、坐享其成、相互攀比的不良风气比较盛行，但之后，这样的情形大大减少，访谈时，塘约村支部委员 Y 某某①提道："我们村里面有一个老年协会，专门负责（监督办酒席）这个事，不管哪家有事，必须要来这里（老年协会）报到，合法的就办，不合法的就不准办。到那天（办酒席那天）我们必须要监督，如果不合法的就要把你拉进黑名单。你认识到错误了，写好你的书面检查，经过村支"两委"确认，你改好了（改正了），那

---

① 男，65 岁，塘约村支部委员，访谈于 2019 年 2 月 22 日。

你就是一般村民（被移出"黑名单"）。"不仅如此，塘约村还将全村的福利与"红九条"与"黑名单"挂钩，若违反了，之后的一系列福利全部取消。因乱办酒席、违规建房，近年来塘约村每年都有村民被纳入"黑名单"。据村主任彭远科[①]介绍："（由于集体经济收益较好），从今年（2019年）起，凡是2018年没有违反过'红九条'的，全村村民的医保由集体买，大概算了一下，总共要花80万元左右。"这就有效解决了奥尔森在其《集体行动的逻辑》一书中提到的"大集团"激励不足的问题。二是建立"三级调解制度"。为有效调解村民间的各种琐事纠纷，塘约村建立起"组—村—村民代表大会"的"三级调解制度"，三是用积分管理约束"三鬼"。为惩治"懒汉鬼""酒鬼""赌鬼"等"三鬼"，村里采取积分管理制度，免费参加村里公益性活动的，每次加2分，违反相关规定的，每次扣2分，"三鬼"奖惩所得分数，与年终集体经济的分红挂钩，这扼杀了集体行动成员的可能风险。目前，塘约村所有的土地都入股到了合作社，形成一个大的集体，这个大集体将所有的村民都纳入其中，按比例分红。按道理，3000多名村民参与其中，总会有"搭便车"行为发生，但塘约村通过上述制度创新，有效地惩治了最可能"搭便车"的"三鬼"，遏制了村民"争当贫困户"的现象，解决了"奥尔森困境"中的核心问题，维持了集体经济的运行秩序。

（三）以市场运作克服集体行动中的效率低下，解决集体经济的产品属性

由于分散的农户依靠自身实力发展农畜牧业困难较多，将农户组织起来共同发展成了首选。但国内外的成功经验表明，共同发展的最大弊端在于市场，这也是塘约村集体经济发展初期面临的最大困难。由于没有有效对接市场，合作社成立之初种的莲藕、白菜和萝卜，被大面积坏掉和扔掉，这也是2016年以前塘约村集体经济没有盈利的主要原因。访谈中，合作社销售经理LXX[②]谈道：

[①] 男，50岁，村主任，访谈于2019年2月22日。

[②] 男，51岁，塘约村合作社销售经理，访谈于2019年2月23日。

2016 年我们种有机花菜，刚开始不懂市场、销路，一下种了 300 亩，结果很多卖不出去，下雪全部冻坏了。

为对接市场、扭亏为盈，塘约村的合作社运行进行了如下改革：一是派村干部到全国各大省市蔬菜批发市场跑了个遍，对市场进行了充分调研，摸索出"错季销售"的模式；二是专门聘请了村里的蔬菜种植能手唐从富来合作社当执行董事。唐从富来之后，将合作社的内部机构进行了调整，专门设置了营销中心，雇人学经营、跑市场、强技术；三是认清短板，弥补弱点，完善合股联营举措，充分发挥市场的配置作用。在访谈中，塘约村合作社执行董事唐从富①提及，"我们现在还存在很多短板，一是土地不平整，零星分布较多，工作量大；二是水资源匮乏；三是技术比较薄弱；四是对接市场有的环节还很薄弱。面对这些短板，我们每周、每月都会有思想教育大会，特别是在专业技术方面加强沟通并交流经验"。经过一年的摸索，合作社终于扭亏为盈。这可以从唐从富的介绍中获知：

我是 2017 年加入的合作社，成为合作社管理者，在之前我是干农业的，从事农业有 14 年了，对于市场、技术、销售等比较了解，在以前做了很多事情，有的亏了有的赚钱了，但是经过深思熟虑还是想来合作社做些贡献。我来了之后，2017 年我们合作社营业额 200 多万元，在 2016 年的基础上翻了两番，2020 年同样翻了两番达到 576 万元，实现了质的突破，2021 年我们争取实现再突破。

可见，由于及时调整思路、对接市场，塘约村的集体经济效益成倍增长，村民的分红比例也成倍增加。为防止市场风险，分红比例中有 20% 作为风险管理基金，主要用于合作社亏损时给老百姓的保底分红。这样的市场风险防范意识充分维护了老百姓的权益，为

---

① 男，57 岁，塘约村合作社执行董事，访谈于 2019 年 2 月 22 日。

塘约村集体经济的发展保驾护航。可见,通过精细化管理、市场化运营、专业化运作,塘约村的集体经济得到飞速发展,村民利益得到切实保障,有效克服了农村集体经济效率低下的问题,解决了奥尔森笔下大集团"效率不高"的困境。

(四)以多元参与平衡集体行动中的利益分配,实现集体经济的成果共享

家庭联产承包责任制在一定程度上激发了农户从事农业生产的积极性和主动性,但也削弱了农户的组织化程度,加剧了农户的原子化倾向。因而,从过去到现在,让农民组织起来,以集体行动的方式适应农业现代化、农村城镇化的要求则成了当务之急。[1] 农户集体行动固然重要,但要解决由此带来的领导力、激励不足、"搭便车"和效率低下以及"奥尔森困境"中的大集团问题,仅有农户的参与还远远不够,还需要政府、社会、村委会、合作社等多元主体的协同与合作。塘约村的集体经济之所以未陷入奥尔森的困境,其原因之一就在于该村的集体经济强调了多元参与、风险共担和利益共享,具体举措是:第一,吸纳包括村庄能人、大户、村干部、普通农户、贫困户在内的多元村庄治理主体参与到集体经济的经营、管理与运行中;第二,以合作社为主导,其他 6 个公司(中心)为支撑,形成了集体经济可持续发展的保障体系,构建了集体经济与村委会、集体经济与村民、村委会与村民之间的风险共担机制,前述所写预留的 20% 风险管理基金,就是其典型表现;第三,按照"合股联营、村社一体"的思路成立"金土地"合作社,合作社按3:3:4 的比例分红,其中,合作社 30%,村委会 30%,农户 40%,合作社的 30% 主要用于生产成本核算、人员工资发放以及风险基金储备,即便亏损,也能保证第二年的生产投入;村委会的 30% 中,10% 是村委会的管理费,20% 是风险保障基金,主要用于合作社亏损时给老百姓的保底分红,若合作社不亏损,除少量发给贫困户分干

---

① 董江爱,张嘉凌:《新型城镇化进程中农民集体行动的困境及出路:对资源型地区企业主导农村城镇化典型案例的调查与思考》,《学习与探索》2019 年第 3 期。

股外①，大部分费用一直放在银行获取利息，直至有需要时，经全体村民代表大会同意拿来用为止；农户的 40%，按照土地入股的比例分红，2016 年没赚钱，2017 年共分红 80 多万元，2018 年分红 280 多万元。除此之外，农户还可通过在集体经济组织临时或固定就业，来赚取一定的劳动报酬。据不完全统计，截至 2018 年底，按照一家至少 1 人的原则，塘约村的集体经济组织已经吸纳了 1100 余人次的农户就业，其中合作社 200 余人次，建筑公司 680 余人次，运输公司 100 余人次，其余公司（中心）150 余人次，吸纳人次最多的是建筑公司。第四，组织以农户为主体的村民代表大会，监督集体行动的利益分配机制。塘约村的变革是在党员干部试点的基础上进行的，其主要方式是"诱导"农户加入合作社。合作社准入原则开放，农户可以自由进出，据村干部透露，整个塘约村合作社的参与程度 99.9%，换句话说，塘约村的组织化程度非常高。为了保证组织化的可持续发展，村委会在考虑性别、年龄、民族、政治面貌、文化程度、组别等因素的基础上，按照每 9 户选 1 人的原则，选出 127 名村民代表组成了村民代表大会。村民代表大会是塘约村的最高权力机构，每三年选一次，所有重大事项都必须经过其同意，正如村里集体经济的分配方案，必须村民代表大会同意后，方可执行。由此看来，由于利益共享合理、利益分配得当，塘约村的集体经济发展超越了"大集团困境"，即在大集团中，容易产生激励不足的困境，其表现是付出众多成本的集团成员与没有付出或仅付出一点成本的集团成员所分享的"公共物品"同等比例，导致付出众多成本的集团成员的不满或罢工。②

从以上分析可知，塘约村的集体行动是农户的一种理性行为，这种理性行为之所以成型，与塘约人立在村口的"穷则思变"理念分不开，更与制度治村的"非人情味"治理模式分不开，这在西部

---

① 贫困户每干股分红 500 元，每户 15 股，2016 年每户分红 2250 元，2017 年每户分红 3300 元。

② ［美］曼瑟尔·奥尔森：《集体行动的逻辑》，陈郁译，上海人民出版社 2014 年版，第 57 页。

落后地区，实属罕见。分析发现，塘约集体经济这一"大集团"已经运行四年多，却没有出现奥尔森所言的"搭便车""激励不足""效率低下""利益不均"等困境，给我们的启示是：即使是大集团的集体行动，只要制度设计合理、监督机制健全、市场对接良好、利益分配均衡，集体行动就不会导致"奥尔森困境"。

五 "搭便车"与公平陷阱：塘约村
集体行动面临的风险

尽管前述分析发现塘约村的集体行动不会导致"奥尔森困境"，但并不意味着农村的集体行动没有现实的问题和潜在的风险。相反，一般而言，农村的集体行动会面临以下风险。

第一，缺乏可持续的领导力，会让集体行动被"小集团"操纵。根据国家市场监督管理总局数据统计，截至 2017 年底，全国依法登记的专业合作社数量达到 201.7 万家，实有入社农户 11759 万户，占全国农户总数的 48.1%。但在市场经济环境中，单个合作社作为独立主体面临农业经营风险高、组织化程度低、信息不完全、话语权缺失等现实障碍①，故从各方角度来看，单个合作社成功的概率较小，其主要原因在于难以寻找到可持续的领导力。因为，并不是每个地区都会有像塘约村村支书和村主任那样有远见卓识的村干部。更何况，虽然人们将塘约村实现的蝶变归结于有眼光、有情怀、有能力的村"两委"领导班子，但在该村成名后，面对大量的行政事务和接待任务（最多的一天接待了 21 个考察学习团队），如何保持该村领导班子成员"一心为公、执政为民"的初心，保持他们的战斗力和防腐性，并培养合格的接班人，这是难题。一旦集体经济的领导力不可持续，尤其是当村委会组成的小集团利益大于集体经济这一大集团利益时，集体行动就会被一些人把控，随之而来就会陷

---

① 张笑寒，汤晓倩：《农民专业合作社联合社成员"搭便车"行为研究：基于演化博弈视角》，《华中农业大学学报》（社会科学版）2019 年第 4 期。

入困境。

第二，集体利益缺乏有效监督，容易产生"搭便车"行为。奥尔森认为，当集体成员众多时，集团内部的竞争会变得激烈，监督效率会降低，通过"激励"产生的效果不如"小集团"，所以集团内部会有成员"搭便车"，这是不可避免的。从合作社内部自身原因来看，合作社准入门槛低，成员素质参差不齐，组织结构较乱，部分合作社虽然成立理事会、监事会和村民代表大会，但不够规范，执行力不够，机构设置形同虚设。① 合作社成员增加以后，由于中国传统农村社会的人情作怪，导致对违规现象不说、不管，这种乡土社会中的人情化治理导致合作社成员"搭便车"行为经常发生。虽然塘约村的集体经济目前没有出现"搭便车"的行为，但依据国际惯例来看，合作社的公共积累迟早会诱发"代间矛盾"，因为这部分公共积累是老社员努力的结果，新加入的社员毫无贡献，也可以免费享用公共资源，这种享用是对老社员的一种侵占，是一种"搭便车"行为。② 当老社员意识到自己的投资收益会被新社员稀释时，对合作社的投入积极性就会降低，"搭便车"行为就会发生。

第三，集体经济规模过小，不能与市场有效对接，就容易产生效益低下的弊端。在乡村振兴大背景下，我国农村基本形成了一村一个或多个合作社的局面，这些合作社在促进农村集体经济发展中做出了较大的贡献，但所占市场份额或产生的集体经济比例较小。例如，课题组自 2018 年 3 月以来在贵州调研的 29 个村庄中，合作社的数量平均为 2.57 个，但仅有 22 个村庄填写有集体经济，如将塘约村排除在外，这 22 个村集体经济的平均值为 11.18 万元，这意味着每个合作社平均产生的集体经济为 4.59 万元，经济规模未达到上级的最低要求。访谈时一位基层干部③告诉我们，"现在的合作社，县里面给的指标是一年完成 5 万元（的集体经济），但有的合作社 5

① 肖云，陈涛，朱治菊：《农民专业合作社成员"搭便车"现象探究：基于公共治理的视角》，《中国农村观察》2012 年第 5 期。
② 宫哲元：《集体行动逻辑视角下合作社原则的变迁》，《中国农村观察》2008 年第 5 期。
③ 男，54 岁，某乡镇党委委员，访谈于 2019 年 7 月 10 日。

万元都达不到，部分才 1 万—2 万元（的集体经济）。"不仅如此，大部分农村合作社的农产品规模较小，成员较少，专业人员缺乏，无法和市场中的专业农业公司竞争，经济效益难免低下。

六 组织化与抱团发展：塘约村经济发展的走向

尽管农村的集体行动是否会陷入困境存在一些争议，但就现有的研究来看，无论是否陷入困境，农村集体行动路径的优化都迫在眉睫。从塘约的经验来看，要避免农村集体行动中的"奥尔森困境"，应从以下几方面着手：一是实现能人治村，保证集体行动的可持续领导力。能人是农户集体行动的领路人和主心骨，农村集体行动的成功关键在于能人效应。① 能人治理，是保证集体行动可持续领导力的关键。二是健全监督体系，完善制度设计。目前，许多农村合作社的运行缺乏有效监督和完善的制度设计，建议加强监督体系，破除"人情化"管理模式，实行现代化管理机制。三是强化政府指导，提高集体行动的成效。霍尔巴赫曾说，利益是人行动的唯一动力。② 若无利益，谁会为了集团利益而付出呢？在合作社中，农户和利益是紧密相连的。农户文化水平低，只顾眼前利益，对市场风险的预测和抵御能力不足，需要政府的指导才能提高行动效益。四是进行选择性激励，破除集体行动中的大集团困境。奥尔森在论述大集团和公共物品时强调，激励只有在较小的集团中才起作用。③ 但是，从塘约村的发展来看，如果在制度设计上采取了选择性激励，大集团困境就能避免。

由此，塘约村的经验告诉我们，新时代农村的集体行动是否会陷入困境，以及会陷入多大程度的困境，不能一概而论，要视情况

---

① 董江爱，张嘉凌：《新型城镇化进程中农民集体行动的困境及出路：对资源型地区企业主导农村城镇化典型案例的调查与思考》，《学习与探索》2019 年第 3 期。

② ［法］霍尔巴赫：《自然的体系》（上卷），管士滨译，商务印书馆 1999 年版，第 260 页。

③ ［美］曼瑟尔·奥尔森：《集体行动的逻辑》，陈郁译，上海人民出版社 2014 年版，第 57 页。

而定。因为，"奥尔森困境"之所以成立，其假设"集团人数的多少是其规模大小的唯一衡量标准"具有重要的分量，但对于此假设，可反对的例子很多，如费孝通笔下的乡土中国时代一个传统村落几千人的行动力往往比现代社会中几十人的行动力强，这说明考虑集体的行动力时，不仅仅要考虑集体的人数，更要考虑集体的性质、流动性、凝聚力和分层情况。更何况，该理论认为"集团收益是具有竞争性的"，这与集团物品的性质不完全相符。一般而言，集团物品可分为竞争性物品和非竞争性物品，竞争性物品的获取会让集团成员考虑成本，但非竞争性物品的获取，个人的份额对其行动的影响就不会很大。[①] 因此，如果集团提供的是非竞争性物品，集团规模的扩大反而会降低行动成本，其结果会出现大集团行动力比小集团强的悖论。由此，"奥尔森困境"是否发生以及发生的程度，实际上受集体行动中的"制度规则、从众心理、利益分配和物品性质"的影响。如果制度健全，奖罚分明，行动环境优良，大多数人会选择积极行动而不是"搭便车"；如果权责利对等，利益分配机制合理，物品兼具竞争性与非竞争性，大多数人也会选择积极行动而不是"搭便车"，集体行动的困境就不会发生。简言之，塘约集体经济引发的集体行动，对理性分析"奥尔森困境"有较大的贡献，因为塘约经验表明，即使是大集团的集体行动，只要制度设计合理、监督机制健全、市场对接良好、利益分配均衡，集体行动就不会导致"奥尔森困境"。认清这一点，本章的贡献足矣。

① 高春芽：《集体行动的逻辑及其困境》，《武汉理工大学学报》（社会科学版）2008 年第 1 期。

第五章　从精英民主到协商民主：
塘约村公共参与经验

　　长久以来，农村社会发展有一个特定的事实是农户依靠个体力量无法改变农村贫瘠的面貌，必须团结起来共同发展，从精英民主到协商民主成为当前的比较路径，塘约村过去几年的发展正在实现这一路径的转变。农户的公共参与，是建立在农户自组织基础上的，也即在自治组织中农户为实现自身主体地位而进行的公共参与，其中就包含村庄建设等公共性事务活动。当前，农户在农村农业生产生活的主体性并没有真正展现出来，将农户组织起来成为有效路径，有学者将这种公共参与称为"组织化公共参与"①，通过组织化公共参与，能够使农户在农村农业生产生活的主体性有效发挥，才能在乡村振兴战略中持续加快农业农村发展，实现百姓富裕。

一　精英民主：少数人参与的弊端

　　精英民主在西方民主流派中占有重要地位，要么以此为理论起点，要么以此为批判的标靶。事实上，站在精英民主理论的角度来看，精英民主不能算作真正意义上的民主，只是在精英阶层统治下的最低限度民主。何为最低限度的民主？厘清这一概念的关键在于判断精英的标准，萨托利认为精英标准的认定存在两种观

---

① 汪杰贵：《农民自组织公共参与行为失范与改进路径》，《兰州学刊》2018 年第 7 期。

点，一种观点来源于帕累托，他认为精英是指那些在其活动领域"能力水平最高者"。① 另一种观点来自拉斯韦尔，他认为精英是指"群体中掌握权力最多的那些人"，是掌权的少数。② 比较来看，帕累托对精英标准的认定相对全面，这也是主流学界对这一标准的认识。之所以被称为最低限度的民主，从国家治理角度来讲，民众参与的事务仅仅为极少一部分，郝尔德指出，"民主并不是那种作为全体公民进一步发展基础的民主，它至多只能被看作确保政治和国家领袖富有效率的关键机制"③，事实就是政治参与，为国家精英的选择。

那精英民主是否会导致"一人独大"的弊端呢？是否会有滑向"民粹主义"倾向呢？精英民主，核心是精英，其次是民主。精英民主是反民主，沃克曾说过，"精英民主理论的核心是假设普通的公民在政治上是无能的，因此民主制度必须依赖政治领袖的智慧、忠心和技巧，而不是民众个人"④。基于假设的基础上，精英的统治是理所当然的现象，但从某种角度来讲，普通民众就丧失了本该拥有的平等权利，民众对精英的最低限度选择权转化为精英的，"一人独大"在统治阶层逐渐显露，逐渐滑向"民粹主义"。在权威制度下，民粹主义指的是大众动员式参与的一种不健康状态，若获得成功，会推动民主政治的发展，反之则不然。但当民主制度和精英与民众平衡的状态下，偶然出现民粹主义是民众参与过程中必然会表现出来的一种倾向，也是政治多元化的一种表现形式，这种平民大众对社会的激进改革述求的非理性方式从一定程度上能推动民主政治的发展，否则将会对社会秩序的稳定造成极大影响。不论是精英主义

① ［英］巴特摩尔：《平等还是精英》，尤卫军译，斐池校，辽宁教育出版社 1998 年版，第 78 页。

② ［美］罗伯特·达尔：《论民主》，李柏光、林猛译，商务印书馆 1999 年版，第 92 页。

③ ［美］丹尼尔·贝尔：《意识形态的终结》，张国清译，江苏人民出版社 2001 年版，第 29 页。

④ ［英］巴特摩尔：《平等还是精英》，尤卫军译，辽宁教育出版社 1998 年版，第 88 页。

的"一人独大"还是更深层次的"民粹主义",这种缺陷或弊端从制度层面都是可以规避的,组织化就是解决这一问题的关键,通过组织化的方式达到从精英民主到协商民主的过渡,实现权利与民主的融合,将民主转化为选举、参与投票或召开会议决定重大事项等方式实现人民当家做主,由精英行使民主权利。

二 村民代表大会:塘约村公共参与的平台

农民组织化是农户在政治上实现公共参与和制度化的有力支柱,在当前的农村社会,大部分的小农在现代化的快车道旁缓慢前行,一些小农在市场机制中徘徊不前,甚至因遭遇剥削而退化。[①] 这就说明广袤的农村农户还没有被组织起来,普遍存在农户参与积极性不高,小农思想禁锢的问题,原因就在于缺乏良好的组织环境,如何解决农户的参与积极性就成为基层社会治理的重点和难点。因此,解决这一难题的关键就是赋权与协商,赋予广大农户权利,让农户真正参与到乡村建设的协商中,为农户搭建公共参与平台,增强主体意识,提升农户的积极性与参与感。

事实上,塘约村在过去几年的发展中也真正实现了对农户的赋权与协商,建构了"平等协商"的村民自治。[②] 在参与程度上,本章拟用"您是否参与过村民代表大会""您参与活动的频次""您是否参与村庄公共活动"作为测量指标;在参与积极性上,本章拟用"您参与村庄活动的原因""您参与村庄活动的态度""您是否对村委会提过相关意见建议"作为测量指标;在参与形式上,本章拟用"您参与的村庄活动有哪些""您是否参与过村庄公共活动"作为测量指标。

调查发现,从参与程度上来看,有 61.8% 的被访者参加过村民

---

① 乐章,许汉石:《小农组织化与农户组织参与程度研究》,《中国人口·资源与环境》2011 年第 1 期。

② 谢治菊:《扶贫利益共同体的建构及行动逻辑:基于塘约村的经验》,《贵州社会科学》2018 年第 9 期。

代表大会，其中有71.3%的被访者参与村民代表大会最多的一年有6次以上，这是塘约村村庄民主化的表现，让村民广泛参与村庄事务，参与村庄重大事项决策，真正做到当家做主。通过访谈了解发现，塘约村村民代表大会并不是全体村民参加，村委会下有村小组，村小组会选出一个代表参与村民代表大会。村主任彭远科①提到：

> 村民代表大会是全村村民选出来的人参加，大概10—15户选出一个代表，然后再向村民们传达（决议），通过少数服从多数，征集每家每户的意见，如果老百姓不同意的就否决，凡是村里重大事项必须上村民代表大会同意通过才开展。

同时，当问及您参加村庄公共事务活动一年最多有几次时，有63%的被访者参加过6次以上，从一定程度来看，塘约村村民参与村庄公共事务的程度还是比较高的。这说明村委会作为基层治理主体，充分发挥了人民群众的主体作用，充分实现了村民自治，老百姓参与了村庄决策的全过程，使村民成为全村事务的参与者和决策者，激发了村民参与村务、干事创业的热情和决心。

从参与积极性上看，在过去的农村，由于乡村条件落后，农业收入低，思想保守等观念的影响，产生这种心理实属正常。曾访谈过的一位基层干部②表示，"现在的村民，叫他来开会不来，除非是与自己相关的事"。但现在情况有所好转，大部分农户都能够积极参与村庄公共活动，当问及您是否参加过村庄社区的公共活动时，比如环境卫生、公益活动等，有92.7%的被访者表示参加过。可以看出，随着近几年来塘约村不断发展，村民不管是政治参与还是社区活动，积极性都很高，对村庄公共事务的关注度、参与度也很高。同时，从参与态度来看，提出建议和讨论分析的被访者占到36.1%和34.9%，占总被访者的71%，也就是说村民参与村民会议的态度

---

① 男，50岁，村主任，访谈于2019年2月22日。
② 男，54岁，某乡镇党委委员，访谈于2019年7月10日。

是积极的，以提出建议和讨论分析为主，有 57.3% 的被访者表示为村委会提出过相关建议及意见，这说明村民持续关注村庄公共事务，开始以主人翁的角色参与村庄建设中来。但仍有 25.3% 的被访者选择沉默观看，3.6% 的被访者选择投诉或抱怨，也反映出塘约村的农户组织化发展在公共参与上还存在缺陷，如图 5—1 所示。

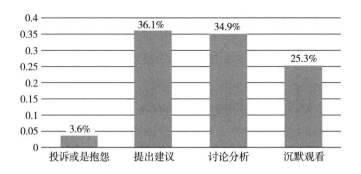

图 5—1　参与村民会议的态度

究其原因，如表 5—1 所示，有 51.3% 的被访者认为第一原因是他们自己的权利和义务；第二原因为村委会要求我们参与；第三原因为别人参与我也参与。这说明大部分塘约村能够理性意识到参与村庄政治活动是他们自己的权利和义务，还有很大一部分村民存在被动参与和跟风参与。同时，就村庄活动参与主动性来看，有 61.5% 的被访者表示一般会积极主动参与，33.5% 的被访者表示经过宣传动员，一般都会参与，其余的经过宣传动员，不一定会参与或不会参与，这印证了上述所言大部分村民都以积极的态度参与村庄公共活动，还有少部分村民呈现被动参与或不参与的情况。

表 5—1　　　　　　　　村民参与政治活动的原因

参与原因	百分比（%）
是我们自己的权利和义务	51.3

续表

参与原因	百分比（%）
村委会要求我们参与	30.4
别人参与我也参与	35.4

资料来源：根据调查问卷整理所得。

　　如表5—2所示，从参与活动的形式来看，村民政治参与的排序为村民代表大会、学习和宣传国家政策、向有关领导反映问题，分别占被访者的60.3%、63.3%和60.4%，参与社区活动排序为环境卫生、公益活动和社区邻里互动，分别占被访者45.1%、25.8%和34.1%，很明显，塘约村村民更加乐于参与与村庄公共事务、自身权益相关的活动，在参与社区活动中乐于参与诸如环境卫生类的活动，这说明村民作为村庄主体，在维护村庄形象、村容村貌、建设美丽乡村等方面也在贡献自己的力量。

表5—2　　　　　　　　　塘约村农户组织化参与的形式

参与形式		百分比（%）
政治参与	村民代表大会	60.3
	学习和宣传国家政策	63.3
	向有关领导反映问题	60.4
社区参与	环境卫生	45.1
	公益活动	25.8
	社区邻里互动	34.1

资料来源：根据调查问卷整理所得。

　　综上所述，塘约村从公共参与水平上实现农户组织化，衡量农户组织化标准众多专家各说不一，其中张慧卿、刘醒以亨廷顿农民组织化思想出发，认为农民要自发以组织作为载体，反映自身最直接最根本的利益诉求。本章认为塘约村农户基本实现了这一目标。同时吴琦认为，在一个组织中，农民参与的人数占总人数比重越大，农户组织化水平就越高。① 黄冬娅、张华认为，规模、活跃度和凝聚力是衡量农户组织化的标准②，鉴于此，塘约村的农户组织化公共参与在广度上基本实现，村委会在村庄重大事宜上坚持村民代表大会制度，充分发挥村民的积极性和主动性，让广大村民能够为村庄建言献策，参与村庄建设和发展，凝聚力、活跃度也基本满足组织化水平。因此，从一定意义上来讲，塘约村农户组织化在公共参与上基本实现了赋权与协商。

三　组织化难点：塘约村公共参与的困境

1. 可持续领导力不足

在现有经济体制下，合作社作为独立主体进入市场面临的经营风险极高，由于组织化程度低、信息不对称、话语权缺失等现实因素③，从各方角度来看，合作社成功的概率非常渺茫，这就需要集体经济扩大规模，但在发展过程中，不管是村委会还是合作社，都难以找到能够促进村庄可持续发展的领导力。在现代农村治理中，乡村精英的角色日渐凸显，但塘约村除了合作社之外，还有八个附属公司，共同形成统一体，这就有效避免单个合作社作为独立主体所面临的困境。帕累托早期曾提出精英理论，他认为"在资源分配不均的社会，一直存在着统治者与被统治者之间的分离和对立，统治阶级在一定程度上就属于精英"④。当然，并不能将统治阶级与乡村精英混为一谈，毫无疑问，两者均属领导力，但统治阶级寻求的是利益，乡村精英则是在寻找带领农户和村庄实现更好发展的路径，利益只是驱使因素。从含义分析，精英也属领导力，就是从

---

① 吴琦：《农民组织化：内涵与衡量》，《云南行政学院学报》2012 年第 3 期。

② 黄冬娅，张华：《民营企业家如何组织起来？基于广东工商联系统商会组织的分析》，《社会学研究》2018 年第 4 期。

③ 张笑寒，汤晓倩：《农民专业合作社联合社成员"搭便车"行为研究：基于演化博弈视角》，《华中农业大学学报》（社会科学版）2019 年第 4 期。

④ ［意］维尔弗雷多·帕累托：《精英的兴衰》，宫维明译，北京出版社 2010 年版，第 10 页。

大部分群众中脱颖而出的极小部分人，来引领广大群众。从古至今，人类历史长期处于少数精英轮回更替的状态，旧王朝的灭亡，新王朝的兴起，各民族始终在这样的统治之下发展。中国传统社会亦是如此。在我国现有农村中实行村民自治，类似过去"皇权止于县政"，这给乡村社会提供了"自治"空间，也即村民自治。当然，乡村精英也成为村庄的治理能人。① 但纵观现有农村，似乎并没有太多的治理能人出现，普遍缺乏可持续领导力，这给乡村社会治理提出了新的挑战。反观塘约村，也同样存在这样的挑战。

近现代中国的乡村治理始于民国，民国虽短且长期处于战乱，但仍有纵多爱国志士对乡村治理进行试验，其主要代表有以晏阳初、梁漱溟等人为主的各地试验区，结果虽然失败，但仍然为我国乡村治理打下坚实的基础。以至于在过去几十年的乡村治理中，大部分农村采取精英治理的模式治理乡村，这似乎成为一种"不成文"的模式，治理效果非常有效，这就如本书的研究对象塘约村一样，塘约的成功离不开党的领导，也离不开村支"两委"班子的探索和努力，才有了塘约村的大规模发展。资料显示，塘约村先后种植大葱、李子、韭黄、核桃、羊肚菌、黄秋葵、芹菜、莲藕、香葱、西红柿、白菜等农产品，2018年合作社实现了800多万元的营业额，盈利300多万元，带动就业680余人。有学者指出，"能人村治是一种民主基础上的权威政治，是一种经济能人主导的多元精英治理结构，是一种精英主导与群众参与有机结合的'精英—群众'自治"②，这实际上就是对塘约治理模式的有效总结，实现了精英治理、民主参与的组织化模式。过去五年，塘约村通过党的领导、村社一体以及村民自治，制定"红九条与黑名单"、"三级调解制度"、"'金土地'合作社章程"、"财务管理制度"等，以"金土地"合作社为中心，下属运输公司、建筑公司、妇女创业协会、市场营销中心、农技培训中心、劳务输出中心、水务管理工程公司和农业生产团队，统一由

---

① 郭苏建，王鹏翔：《中国乡村治理精英与乡村振兴》，《南开学报》（哲学社会科学版）2019年第4期。
② 卢福营：《经济能人治村：中国乡村政治的新模式》，《学术月刊》2011年第10期。

村委会进行规范化、系统化管理。以制度约束村干部、村民的行为，使得塘约村实现稳步发展，才有了翻天覆地的变化。那这种"精英—群众"的自治是否可持续呢？是否存在村支"两委"结构问题？从现有农村来看，普遍存在的问题就是缺乏可持续领导力。事实上，精英政治民主政治的形式，通过选举产生领袖，但精英的短缺会严重异化这一过程。[①] 从塘约村支两委领班子成员的结构来看，总共 11 个人，年龄均在 50 岁以上，缺少年轻干部，这不符合梯形干部结构，这对于村庄新陈代谢、薪火相传有很大的影响，在保持活力、保证工作的稳定性和连续性上存在一定问题。同时，这些村干部没有进行系统的专业训练和技术培训，综合素质不高，导致在管理过程中对市场的预测不准确，缺乏懂技术、会经营、善管理的乡村精英。如何培养新的接班人成为塘约村发展面临一大难题，乡村精英的缺失成为塘约村农户组织化的风险之一。塘约村合作社董事唐从富认为，"我们现在正在培养一批年轻人，能不能达到目标，有没有这个能力我们看不出来，这也是现在面临的问题，只要把目标、规划制定好了，能够执行，至于能力大小并不重要"。这给塘约村未来的发展带来一定的风险。可以说在这一届村支"两委"努力下，塘约村实现了突破，发展迅速，农户收入增长，生活幸福，安居乐业，基本实现乡村振兴。但不得不考虑的是，塘约村村支"两委"的更替问题，现有领导班子结构过度老龄化，没有形成和年轻干部的衔接，这会使塘约村在未来发展过程中出现组织化不可持续的风险，至少在现在看来，塘约确实存在这样的问题。

2. 村民文化水平有待提升

长期以来，学术界认为乡村社会存在乡村文化资源流失，特别是在城乡二元格局下，乡村知识分子匮乏与乡村精英素质问题既是证明也是表征。[②] 有学者认为，自废除科举制后，乡村读书的人越来

---

① 张芳山、熊节春：《"后乡村精英"时代乡村治理的潜在风险与对策研究》，《求实》2012 年第 12 期。

② 周建新：《近代客家乡村地方精英的结构与素质探析：以毛泽东"赣南农村调查"为中心的讨论》，《中国农业大学学报》（社会科学版）2012 年第 4 期。

越少、识字率低，乡村读书人开始转变思维，厌倦固有生活模式，有的甚至轻视农民，转而流向城市，乡村成为受害者①，农民进入城市依旧是农民，只能从事低端行业的工种，这似乎是全中国农村的一个普遍现象，其主要表现就是村民受教育程度低。事实上，农户组织化程度受文化素质的影响，文化素质实际上也在客观影响农户的参与程度，这是客观存在的。也就是说村民素质越高，其组织化参与程度也就越高。这似乎也说明村民文化水平与组织化存在必然的联系。在乡村治理中经常把治理能人称为"乡村精英"，那么"乡村精英"如何发挥作用呢？熟人社会的信任习惯、与村民之间的互惠、村庄的威望、沟通与协调②是主要表现形式，在熟人社会中，村民自治中的民主选举、民主决策、民主管理和民主监督并不需要高深的专业知识也能参与其中。不管是"乡村精英"还是村民都能有效行使权利和履行义务。但是如果"乡村精英"或者村民有一定的文化素质，其参与的积极性和主动性就会显著提升。③就全国农村而言，农民文化水平普遍不高，基本处于初中以下水平，塘约村也是如此。

如图5—2所示，在180名受访者中，高中及以上学历仅占14%，初中、小学和文盲的村民分别占46%、32%和8%，由此可以推出，整个塘约村村民的文化程度主要以初中、小学为主，高中及以上的村民较少，这说明塘约村村民的整体素质参差不齐，由于素质不高，也有村民质疑塘约村的发展，连村干部也不会算账，认为过去塘约的发展主要是政府的扶持。村主任彭远科④也提道，"合作社是2016年开始盈利的，前两年没有盈利的主要原因：一是缺乏管理经验；二是没有专业的人去跑市场，很多村民不清楚情况，我的班子成员都不会算账，所以大家都觉得我们合作社是亏欠的"，这说

---

① 罗志田：《科举制度废除在乡村中的社会后果》，《中国社会科学》2006年第1期。

② 杨灿君：《"能人治社"中的关系治理研究：基于35家能人领办型合作社的实证研究》，《南京农业大学学报》（社会科学版）2016年第2期。

③ 刘友田，林美卿：《论农民素质与村民自治》，《前沿》2007年第2期。

④ 男，50岁，村主任，访谈于2019年2月22日。

明素质与认知水平有很大的关联，素质高的村民能够识别村庄发展的好坏，素质低的村民却相反。这也许就会引发塘约村在以后的发展中缺乏可持续领导力风险。

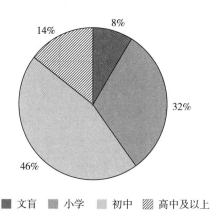

图5—2 塘约村村民文化程度分布

随着乡村振兴的进一步推进，农村开始呈现逆城镇化现象，现象有所好转，返乡农民工创业就业越来越多，乡村劳动力资源、乡村干部资源进一步缓解，但仍然不容乐观。塘约村也是如此，除了村支书左文学为高中学历以外，其余十个村干部学历均为初中、小学，甚至是文盲。但对于塘约村的村干部而言，文化水平低，但也在不断地加强学习，据村主任彭远科①提道："我们班子成员文化素质不高，像我们就是初中、小学的文凭，支书是高中文凭，不懂技术又没文化我们就只能自学，每周拉着我们班子成员学党的政策、学农业技术，现在才懂点。"像塘约村这样的西部欠发达地区的农村村干部队伍结构比比皆是。原因主要是受城镇化的影响，大量农民外出务工，精英队伍从而流失。受传统乡土社会的影响，老一辈人在农村守着自家"一亩三分地"过着平庸的生活，为了改变现状，不得不采取外出务工的方式寻求生机，现实的需要迫使他们要离开

---

① 男，50岁，村主任，访谈于2019年2月22日。

故土。同时，城乡差距开始逐渐拉大，城市的高收入吸引着农民，于是开始脱离农村向城市流动，这种双向的引力促使大量的农民工向城市流动。在过去，乡村精英不管是从村民自治到乡村社会生活的各个方面，还是参加村庄内的各种事务，他们的身影随处可见，比如"'红白喜事'管家""文书"等类似的称号，但农村的种种弊端迫使他们做出新的抉择。

3. 农户主动参与意识有待增强

农户是实现乡村振兴的主体力量，在传统农村中，始终以小农户的形式存在于农村当中，这种原子化的小农面临着巨大的风险，但始终基于"活下来"的原始本性一直存在。① 随着城镇化的发展，大量农户外出务工逃离乡村选择留在城市，这是当前农村精英缺失的重要因素，年轻人不愿返乡就意味着没有新鲜血液融入组织和集体。同时，由于土地的碎片化，使农户参与村庄建设的积极性、主动性和创造性锐减，其主要表现在原子化小农无法有效对接市场、国家资源和城镇化，因此农户就改变传统模式进入市场务工，这种大规模的农村向城市的人口迁移导致农村空心化现象，对村庄事务的参与就变得微不足道。

如表5—3所示，当问及"您参与政治活动的原因（多选）"时，被访者回答第一原因为我们自己的权利和义务，第二原因为村委会要求我们参与，第三原因为别人参与我也参与，分别占比51.3%、30.4%和35.6%，这说明塘约村大部分农户对于参与政治活动有着积极的态度，但仅为一半多，同样也有很多农户是被动参与或诱导参与，其主动性并不高。

表5—3　　　　　　　村民参与政治活动的原因（多选）

参与原因	百分比（%）
是我们自己的权利和义务	51.3

---

① 刘碧，王国敏：《新时代乡村振兴中的农民主体性研究》，《探索》2019年第5期。

续表

参与原因	百分比（%）
村委会要求我们参与	30.4
别人参与我也参与	35.6

资料来源：根据调查问卷整理所得。

　　如图5—3所示，当问及您参与村民会议的态度时，仍有25.3%的农户表示沉默观看，3.6%的农户投诉或抱怨，占据被访者的1/3，同样说明塘约村农户对于参与村庄公共事务主动性仍然不高。

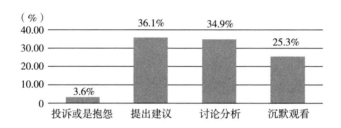

图5—3　参与村民会议的态度

　　如图5—4所示，除了积极参与社区活动的农户之外，仍有33.5%的被访者表示经过动员都会参与，这也说明塘约村还有很多农户的积极性、主动性还不够，自身的主体作用没有发挥出来。这样的农户还有很大一部分，一定程度上，塘约村的组织化发展受限于农户参与主体意识淡薄，这一风险在农村社会也许始终存在。但不乏积极性高的村干部、村民主动承担起村庄建设的责任，就如塘约村合作社执行董事唐从富，曾经是农业大户，做种植10余年，拥有丰富的技术和管理经验，过去的种植业让他有过盈利和亏本，在当地来看就是我们所谓的能人，原本并不愿意来合作社做事，其根本原因是工资太低，但经过家人的劝解，最终转变了思想，为合作社做点贡献，在访谈中他说道：

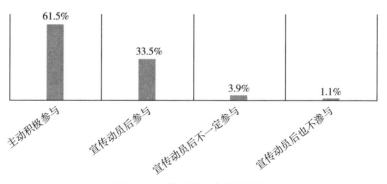

图5—4 村民社区参与的原因

当时他们请我去的时候，根据我的自身情况、家庭消费，我要求的工资是一年不少于七八万元，但这个在村里面是个惊人的数字。后来开会的时候我就表了态，我的待遇是多少我不谈，我今天就立下军令状，通过一两年的时间，我做出成绩来，你们给好多（多少）你们给，做不出成绩我自己背包走人，一分钱不要。[①]

这说明，塘约村今后还需要更多如唐从富的人站出来，主动揽责、积极创造，为村庄的发展作贡献。

四 协商民主：塘约村公共参与的走向

协商民主是中国经过长期探索，建立起来的符合中国国情的中国特色社会主义民主政治制度。实践证明，协商民主行之有效，具有巨大优越性，在整合社会关系、促进民主监督、提升决策效率等方面展现出独特优势，有力促进了中国经济健康发展、社会和谐稳定和人民生活改善。[②] 塘约村的公共参与，是协商民主在基层社会治理中的典型表现，建议从以下几个方面优化，以便进一步提升村民

[①] 男，57岁，塘约村合作社执行董事，访谈于2019年2月22日。

[②] 房宁：《我国社会主义民主政治的特有形式与独特优势》，《人民日报》2018年11月25日第5版。

的公共参与成效与水平。

1. 培育乡村精英，保证可持续领导力供给

乡村精英是农村经济社会发展的带头人和发起者，在村庄中担任着重要的角色，农户组织化的发展需要乡村精英的引领，也即在乡村精英引领下的公共参与。村民公共参与指村民通过参与社区公共生活，影响社区公共权力运作的行为。① 现有条件下，农村合作社、集体经济的发展往往受很多因素的影响，譬如政策因素、资金短缺、市场竞争等，乡村精英同样是重要的影响因素。但在市场经济环境中，单个合作社作为独立主体面临农业经营风险高、组织化程度低、信息不完全、话语权缺失等现实障碍。② 这就需要乡村精英发挥作用，乡村精英能够促进乡村经济的发展、维护乡村秩序、培育乡村灰色资本和保护乡村文化传统的作用，事实上，这是很难实现的。乡村精英掌握一定的社会资源，在村庄中是致富能人，拥有一定的社会地位和威望，若是在村庄中担任一定的职务或集体经济管理者，从现实意义上来讲是行不通的，原因在于可获得的报酬低，且成功与否存在未知，因此，从一定程度上来看，乡村精英或致富能人或许不愿意赌上自己的声誉和地位。故而，就需要培育乡村精英。一是建立人才培养机制，创造良好的人才成长环境。充分要尊重和认可乡村精英的能力以及在村庄发展中的作用，鼓励乡村精英的创造性。在政府层面，要建立健全的村干部竞选机制，为广大有志村民提供机会，充分发挥他们的才干，同时，要鼓励村民返乡，完善精英吸纳制度，为这部分有知识、有技术、有人脉的村民提供机会发挥才干。二是完善相关的政策制度，提高村干部的生活待遇。很多乡村精英不愿回乡很大的原因就是待遇低、报酬少，和自己在外的报酬呈现两极化差距。三是完善村庄的公共服务，为精英返乡提供良好的环境。其中包括硬软件设施、医疗卫生环境、文化资源

① 谢治菊：《村民公共参与对乡村治理绩效影响之实证分析：来自江苏和贵州农村的调查》，《东南学术》2012 年第 5 期。
② 张笑寒，汤晓倩：《农民专业合作社联合社成员"搭便车"行为研究——基于演化博弈视角》，《华中农业大学学报》（社会科学版）2019 年第 4 期。

等，提高村庄的吸引力。

2. 提高农户文化水平，增强农户的公共参与能力

目前，农户文化水平偏低的原因在于受教育程度低，事实上，受教育程度低也直接影响农户的收入水平，也直接影响农户组织化水平。诚然，农户的再教育是指对农村人口中已经构成生产力因素的成年人进行的教育活动，再教育的内容主要为农技培训、政策宣讲、普法教育、思想宣传、就业培训等，大多数都以培训为主，并不是长期、固定的教育模式，譬如"新时代农民讲习所"等，通过这种方式提高农户素质。实际上，从上述农户组织化程度分析发现，在180名受访者中，高中及以上学历仅占12%，初中、小学和文盲分别占46%、32%和8%，由此可以推出，整个塘约村村民的文化程度主要以初中、小学为主，高中及以上的村民较少，不仅是塘约村，其他村庄的情况也是如此，这说明村民的文化水平一定程度上影响了村民的公共参与能力，这就有必要提高农户文化水平。一是要做好培训工作，为村民自治建设提供高质量的参与主体。大部分农户基本只接受过初中及以下的教育，其中根本不涉及农业技能方面的培训，多数农户都是在长辈的传授下习得农技经验，这就需要定期开展农技培训，使农户掌握专业的农业技能，提高农业生产效率，增强农户组织化水平。二是推进村民自治，建立健全村庄制度，推动农户文化水平和参与能力的提高。要增强农户的民主意识，在制度框架下，要让农户有效地、长期地和规范地参与村民民主选举、民主决策、民主管理和民主监督，村民素质的提高能够有效促进农户的公共参与能力。三是加大宣传教育力度，强化民主意识和法制精神的培育。思想是行动的先导，行动是受思想所支配，村民自治工作能够做好做实，关键在于能否引起农户在思想上的重视程度以及农户的民主意识和思想道德。因此，加强教育宣传，强化民主意识和法治精神尤为关键。四是发展教育文化事业，为村民自治塑造合格的政治主体。诚然，农村中农户的受教育水平是很低的，民主意识又要建立在文化素质的基础之上，因此有必要加强农户的受教育水平，要高度重视农户的文

化素质，通过农户再教育培训提升农户的再教育水平。通过对农户的政策宣讲、普法教育、思想宣传、就业培训等帮助和引导农户树立正确的世界观、人生观、价值观，努力培育具有现代气息和现代民主精神的新时代农户。

3. 增强主体参与意识，发挥农户的主体作用

乡村振兴是新时代"三农"工作的总抓手。谁来振兴乡村是新时代乡村振兴战略的时代起点。当然，中国自古以来是农业大国，农民则是实施乡村振兴的主体力量。乡村振兴的前提是将农户组织起来，而组织起来最有利的制度条件就是中国农村集体经济制度①，中国农村集体经济的有效载体是农民合作经济组织，即"合作社"。故而，农户成为振兴乡村的主体力量，在农户组织化进程中也发挥着主体作用。然而，事实并非如此，农户也许并没有意识到其发挥着在农户组织化进程中的主体作用，原因在于农户过于分散、乡村社会呈失序化、农民在很大程度上被动参与导致农户主体力量薄弱，对村庄的认同感低等现象。农户自古以来似乎都以弱势群体的身份存在，处于社会的底层，他们对于权利的需求与欲望并无太多，只求守好自己"一亩三分地"即可，这种"小富即安"的传统思想似乎根深蒂固，正如亨廷顿所指出："如果农民默许并认同现存制度，他们就该为制度稳定提供基础。"② 农户虽然对于政治权力并无太多要求，但在整个现存制度下仍需发挥主体作用。不过，在现有农村已有实践，要加强：一是必须坚持党对农村一切工作的领导。虽然实行村民自治，发挥村民的主体作用，但党管农村是基础，更是根本。二是推进制度创新，提高农户的参与能力。要充分发挥村民自治的作用，真正实现村民事村民管，落实村民代表大会制度，让更多农户参与村庄事务、村庄决策中来，真正实现民主选举、民主决策、民主管理和民主监督。三是要充分尊重农户作为村庄自治主体的地位，切实保障农户的合法权益。针对党的各项方针政策，要宣

---

① 贺雪峰：《农民组织化与再造村社集体》，《开放时代》2019 年第 3 期。
② ［美］塞缪尔·亨廷顿：《变化社会中的政治秩序》，王冠华，刘为等译，上海人民出版社 2008 年版，第 145 页。

传到位，并通过建立和完善利益表达机制，了解村民诉求，征集意见，让广大农户参与到村庄建设中来，充分发挥农户作为村民自治主体的地位。

综上，脱贫攻坚时期，塘约村通过协商民主塑造了公共参与经验。在乡村振兴阶段，塘约村正以二十大报告提出的"健全人民当家作主的制度体系，扩大人民有序政治参予，保证人民依法实行民主选举、民主协商、民主决策、民主管理、民主监督，发挥人民群众积极性、主动性、创造性"的全过程民主，进一步推进村庄的发展。

第六章　从习俗型信任到合作型信任：塘约村文化认同经验

中国传统社会历经农民起义及王朝更迭，是艾森斯塔德所认定的"中央集权的历史性官僚帝国"。在这种专制性的君臣秩序中，以小农为主体的平民百姓基本处于对君主及其官员的顺服和恭从状态，显现出民众对政治权力以及政治体制的一般性信任，这种信任是一种典型的习俗型政府信任关系。① 作为一种不以事实为依据的、无条件的却又有着强烈经验性色彩的信任为保障，习俗型信任在中国传统社会中普遍存在，既是习俗型信任关系的根基，也为具有小农意识的知识分子所拥有的社会理想与政治理想提供支持。中国人民的政府信任是建立在强大的政府机构支持之下的，全国臣民的公正、福利和安宁，都依靠这种责任政治的锁链上的第一环的牢固坚强。② 文化信任被认为是习俗性信任中起到关联作用的重要因素。信任属于文化的范畴，具有经济价值，在人们的集体行动中，信任可以大大地节约成本，若没有信任，人们之间的交往和交流就没有开诚布公可言，就会隐隐约约地感到信任障碍。相反，有了信任，人们之间交往和交流上的信任障碍就会得以排除。村落文化是农村社会秩序和社会结构的重要载体，也是农村社会治理的重要手段和途径。有学者曾提出文化是村庄治理体系中最基础的资源，是乡村社会秩

---

① 程倩：《论中国传统社会习俗型政府信任关系》，《学习论坛》2011 年第 4 期。

② ［德］黑格尔：《历史哲学》，王造时译，生活·读书·新知三联书店 1956 年版，第 37 页。

序的黏合剂，是推动地方治理的关键性因素。① 村落文化的变迁和发展对乡村社会结构的调整具有重要意义，以加强文化认同的形式去巩固乡村社会结构、维护乡村社会秩序显得尤为重要，也是习俗型信任的重要载体。

一　习俗型信任：传统社会下的认同纽带

福山在对东西方信任状况进行比较的时候，认为中国是一个信任度较低的国家，而西方国家的信任度则较高。② 马克思指出："小农人数众多，他们的生活条件相同，但是彼此间并没有发生多种多样的关系。他们的生产方式不是使他们互相交往，而是使他们互相隔离。"③ 习俗型信任是基于某种规矩，而这类规矩也是非成文的，类似于传统社会的公序良俗。在一定程度上，这种信任本身就是"潜规则"，是熟人之间交往的规矩，是基于对熟人的道德以及家庭和社会背景的一贯了解，加之对于亲族社会约束力的倚仗和信赖，这种信任悄然产生，并在一定范围内得以建立。④ 文化是人类相对于政治、经济活动而言的全部活动及其产品。文化认同则为人类受某一群体文化的影响产生的某种行为上的认知。随着社会转型治理的深入，经济的迅速发展，村落文化在乡村社会的重要价值逐渐显露出来，文化的变迁也带动着乡村社会的变化。美国社会学家奥格本曾提出"虽然文化变迁的速度不及政治、经济的速度，但其影响的深度和广度更为明显和突出"。在探讨塘约村的文化认同前应了解文化与制度的关系，实际上制度有一个科学化、标准化和规范化的框架和规定，文化则为在一定社会环境下形成的某种不成文的、非正

---

① 邹荣：《当代中国乡村治理转型中的村落文化基因及其嬗变》，《云南行政学院学报》2017年第1期。
② 程倩：《论中国传统社会习俗型政府信任关系》，《学习论坛》2011年第4期。
③ 《马克思恩格斯选集》（第1卷），人民出版社1972年版，第693页。
④ 张春秋：《信任的基本类型及建构模式研究：兼谈张康之教授〈行政伦理的观念与视野〉》，《汕头大学学报》（人文社会科学版）2018年第11期。

式的或者在制度框架外的一些客观规定，制度与文化同样作为社会治理的途径，在一定程度上需要两者共存互动。鉴于此，塘约村在发展过程中又有哪些文化认同的治理模式，又是怎样实现规范与包容的。实际上，自2014年洪灾后，塘约村在发展过程中逐步在完善村庄制度，以制度规范村民的行为标准，事实上这些制度是在文化认同的基础上建立的，譬如以"红九条"与"黑名单""三级调解制度"等为主的新村规民约。

从理念认同上看，被访者中有95.5%的认同塘约理念"穷则思变"，在塘约村山头，可以非常明显地看到"穷则思变"四个大字，这在时刻提醒村民不能忘记过去贫困的生活，要牢记在心。从对村庄文化的认同上看，180名被访者中，有97.2%的农户对塘约村的村庄文化表示认同，有95.5%的农户对"穷则思变"的村庄感悟表示认同，有97.2%的农户对"村社一体的合作社"表示认同，有90%的农户对"三级调解制度"表示认同，有96.6%的农户对"红九条与黑名单"表示认同，因此，塘约村的农户认同感是非常高的，五个变量中的选项为1表示认同，2表示不认同，总体均值在0.953，接近1认同的水平。当问及"您是否违反过村里的'红九条'"时，有91.1%的农户表示没违反过，仅有8.9%的农户违反过，这一部分农户在受处罚之后也都逐渐改正。正如，有67.4%的农户认为"红九条与黑名单"净化了村庄风气，有70.7%的农户认为"红九条与黑名单"规范了村民行为，有73%的农户认为其限制了村民自由。在此背景下，塘约村积极开展"新时代农民讲习所"，以规范农户行为和增强农户对村庄文化的认同感。调查发现，有接近一半的农户表示"参加过'新时代农民讲习所'"，有81.5%的农户是"自己想去"，学习的内容排序为农技培训、政策宣讲和思想宣传，分别占47%、41.7%和30.9%，塘约村通过这种培训的方式增强了农户的技能，提高了农户的政治意识和思想意识，在发展合作社的基础上，农户可以根据自己所学习的技能找到合适的工作机会，进一步增强了塘约村农户的内生动力。事实上，文化是一种集体性体现，能够使这一群体中的成员产生归属感，文化同时也是信任的建构机制。① 当问及对村支书、村主任、村委会和党组织的信任度时，分别赋值1（不信任）、2（基本信任）和3（比较信任），运用 T 检验发现，均值分别为 2.73、2.57、2.6 和 2.57，总体接近比较信任水平，说明村支两委的干部在过去的工作得到广大老百姓的认可。故而，从以上数据可以看出，塘约村的新村规民约得到了农户的认可，塘约村通过建构新的村庄文化来规范村民行为的同时也得到了村民的认同和包容。

二　"红九条"与"黑名单"：塘约村文化认同的基础

乡村治理离不开特定的文化背景、文化认同和社会基础，乡村治理问题的出现，与基层政府没有重视乡村治理背后的文化根源、缺乏村落政治文化认同、忽视乡村民间权威培植等因素有关。② 文化就是一种极为重要的影响社会政治发展的非经济因素。③ 从文化的视角，分析人们的传统习俗、礼俗礼仪、心理情感，有助于理解政治行为模式、政治制度结构和治理背后的深层根源。④

塘约村实行村民自治制度，针对群众反映比较强烈的滥办酒席，不讲诚信，不赡养父母等陈规陋习，经过村民代表大会研究讨论，一致通过后颁布了九条规约，称为"红九条"，通过违反规定的村民纳入"黑民单"，这就是塘约村民所说的"红与黑"。何为"红九条与黑名单"？"红九条"指不参与村委会组织的公益事业、不守信用、滥办酒席、子女不孝敬父母、不按要求交卫生管理费、不配合村委会工作、村庄内违规建房、不执行村支两委重大决策、不教育未成年子女的农户，将其拉入"黑名单"，不能享受塘约村医疗、卫生、教育、贷款、建房等优惠政策，并在三个月内不予办理各种手

---

① 孟卫军：《文化与人际信任的关系》，《科学与财富》2015年第33期。
② 任映红，车文君：《乡村治理中的文化运行逻辑》，《理论探讨》2014年第1期。
③ 俞可平，徐秀丽：《中国农村治理的历史与现状》，《近代中国研究》2004年。
④ 任映红，车文君：《乡村治理中的文化运行逻辑》，《理论探讨》2014年第1期。

续。在塘约村,因乱办酒席、违规建房,近年来塘约村每年都有村民被纳入"黑名单"。有效解决法律管不了,政府管不好的很多问题。据村主任彭远科介绍:"由于集体经济收益较好,从今年(2019年)起,凡是 2018 年没有违反过'红九条'的,全村村民的医保由集体买,共要花 80 万元左右。"① 正如利益驱动理论中阐述的,人类在资本的影响下,可以发现利益,并且不断地追求利益,从而对事物的发展产生影响,也为自己获得了利益,否则,就会失去应有的利益。这种奖惩制度有效解决了奥尔森所提到的"搭便车"问题,就不会导致激励不足,避免了集体行动带来的必然困境。针对"红九条与黑名单",调查发现,有96.6%的被访者表示认同,有91.1%的被访者表示没有违反过。塘约村村民 Q 某某表示,"我认可'黑名单','黑名单'上的人是要受到惩罚的,村里面就不给他们买医保。'红九条'与'黑名单'对村民的行为有帮助的"②。

为有效解决村民在生产生活中所面临的各种纠纷,塘约村村委会建立起"村民组—村委会—村民代表大会"的"三级调解制度",切实做到"矛盾纠纷不出组—寨—村",其中曾实现"一天内迁坟26座无一纠纷"的记录。③ 塘约村村主任彭远科④表示,"要充分深入群众,群众的事情在干部看来是小事,但在群众看来是大事,不管大事小事都要通过'三级调解制度'来解决"。调查发现,90%的被访者表示认同该制度,这说明该制度在塘约村的发展中起到至关重要的作用,对农户生活、调解矛盾纠纷有重要意义。三是制定塘约村村规民约。为规范村庄管理,促进村庄发展,充分实现自我管理、自我教育、自我服务,塘约村制定了村规民约,内容涉及村庄治理、土地管理、医疗卫生、健康安全、邻里纠纷、科学道德等多个方面,并规定了违反村规民约的惩处机制,有效规范了村民的行

---

① 男,50 岁,村主任,访谈于 2019 年 2 月 22 日。
② 男,72 岁,塘约村村民,访谈于 2019 年 2 月 22 日。
③ 谢治菊:《扶贫利益共同体的建构及行动逻辑:基于塘约村的经验》,《贵州社会科学》2018 年第 9 期。
④ 男,50 岁,塘约村村主任,访谈于 2019 年 2 月 22 日。

为，净化了村庄环境。由此可以看出，塘约村在制度设计上比较全面且相关规章制度在村庄治理中落实到位，这一套相对完善的制度依据并得到广大村民的认可，塘约村经济的发展得益于完善的制度做保障。那塘约村村民是否认同现有制度基础上的文化呢？

诚然，在乡土社会中，塘约村在过去几年发生严重自然灾害的前提下，塘约村的村民对于塘约文化认同感极高，比如"红九条与黑名单""三级调解制度""穷则思变""村社一体"等，这些文化符号深深印刻在农户心中。但实际上，塘约村的村规民约在约束村民行为、规范村庄秩序发挥作用的同时，也在诱发另一个风险，就是村民与集体的冲突。原因在于，过去的农户习惯自由的生活状态，现有的制度（村规民约）的存在在很多方面约束着村民的行为。譬如"红九条"与"黑名单"，若村民违反"红九条"将被纳入"黑名单"管理，三个月内不予办理相关手续，不享受村委会提供的任何政策，直至考察合格后取消，需要注意的是，村规民约发挥了"准法治化"的作用，并未法治化，在施行过程中仍然存在风险。实际上，上述的规定"红九条"在过去有村民频繁违反。据村主任彭远科①介绍：

> 村里有一户为了拆房子，当时在 2016 年拆的，老是找政府，最后我们村里面处理这个事情，他是占了集体的房子，当时也是我带人去拆的，把属于集体的房子拆了以后（是一个烂牛圈），老是找政府（麻烦），后来去年（2018 年）我们二次创业修那些观景台、路。他家儿子要结婚，当时挖掘机在施工，他家一致阻拦。我把班子成员喊上去讲（商量）不通，后面我把他喊来村里面，谈了后当时同意，第二天又反悔了。最后他家儿子办酒时我发动那个寨子的村民，联名签字（表决），同意我们对违规农户进行处罚拉入"黑名单"。

---

① 男，50 岁，村主任，访谈于 2019 年 2 月 22 日。

事实上，塘约村的奖惩机制很明确，违反"红九条"的农户得不到任何优惠政策，这是在村民代表大会投票表决的事宜，理应不会存在问题。但在执行过程当中，有些处理方式过于强制性，虽然得到成功处理，规范了村民行为，但仍然存在很大的隐患，譬如传统的村规民约过度扩大了村委会的权力、存在侵犯弱势群体的风险、村规民约惩罚过度严厉存在滥用职权的情况。① 诚然，国家法律具有标准化和统一化的特点，各个村子根据自身实际情况建立的村规民约各具特色，这就导致国家法律难以同村规民约相衔接，在实施村规民约的过程中由于缺乏标准的规定，大多都采用少数服从多数的决定，这在一定程度上会导致弱势群体的利益受损。另外，这种强制性完全忽略了"人情化"在乡土社会中的关系结构，容易产生农户与集体的冲突，制度的过于精细化和过度约束容易使农户产生疲劳和厌倦，在塘约村每年都有一些因"违规办酒席""不配合村委会工作""不执行村支'两委'重大决策"的农户，这种强制性的治理模式容易使小部分人形成"小集团"势力，但为了避免"搭便车困境"，这种治理模式值得推崇，需要注意的就是强制性要与"善治"相结合才能达到应有的效果。

事实上，在塘约的调查也正是围绕新村规民约来进行的。调查发现，从对村庄的认同来看，有86.5%的被访者认为作为塘约村村民有自豪感——这里不得不提的是，塘约村是第五届"全国文明村镇"，是首批"全国农村社区建设示范单位"，特别是在西部欠发达地区有很大的声誉——并且，与以前相比，有96.1%的被访者认为塘约的声誉提高了。这说明塘约村村民对于塘约村有很高的认同感，不仅是塘约村，外村的村民也认为塘约村发展得很好。青庄村村民张××②表示，"我们村环境没有塘约村好，在山里头，到处都在讲塘约村好"。

---

① 朱燕刚，江世聪：《对村规民约体系重构的思考》，《人民论坛》2016年第30期。
② 女，55岁，青庄村村民，访谈于2019年2月23日。

三　操作阻滞：塘约村文化认同的风险

1. 村规民约执行缺乏弹性

农户组织化发展需要相应的乡村文化作为支撑，而这种文化便是村规民约。长期以来，我国农村始终处于费孝通笔下的"差序格局"社会之中。[①] 在乡土社会中，尽管农村鲜有现代化的气息，但农户的生活仍然是相对固定、封闭的，在乡村的圈子中农户与农户之间的伦理感情仍属于一个共同体中。因此，就会出现特定的乡村文化以支撑整个农村社会，譬如塘约村的"红九条与黑名单""三级调解制度""穷则思变"等，这些村规民约作为塘约村的文化符号在约束村民行为、规范村庄秩序等方面发挥着重要作用。在塘约村有"塘约村史馆"，里面所呈现的是塘约的发展历史和发展过程，这些作为塘约村最基本的文化特征随处可见。诚然，在乡土社会中，塘约村在过去几年发生严重自然灾害的前提下，塘约村的村民对于塘约文化认同感极高，比如"红九条与黑名单""三级调解制度""穷则思变""村社一体"等，这些文化符号深深印刻在农户心中。但实际上，塘约村的村规民约在约束村民行为、规范村庄秩序发挥作用的同时，也在诱发另一个风险，就是村民与集体的冲突。原因在于，过去的农户习惯自由的生活状态，现有的制度（村规民约）的存在在很多方面约束着村民的行为。

2. 农户培训针对性不强

21 世纪以来，党和国家大力推动城镇化建设，特别是在乡村振兴背景下，强调农户在农村主体地位的体现，在广袤的农村开展以农户为主体的文化教育、文化服务等活动，为农村文化建设发展发挥了主导主用，通过实质性的文化嵌入来提升农村居民的文化认同，不仅仅是对中国特色社会主义文化认同，也是增强对本地区村庄文

---

① 张慧卿，刘醒：《农民组织化的现实困境、成因及其改善路径：兼评亨廷顿农民组织化思想》，《农业经济》2016 年第 3 期。

化的认同。但随着乡村振兴的深入，农村发展出现明显的结构性矛盾，这主要在于村委会对农户的培训缺乏针对性。随着经济的快速发展，城镇化水平不断提高，农村农业的发展水平稳步推进，进一步解决了偏远地区乡村村民的生计问题，收入增加、生活幸福，当前乡村所需要的不再是物质层面的，而是精神层面的，譬如文化需求。塘约村过去五年的发展，基本解决了农户收入问题，全村贫困户清零，集体经济也达到800多万元，人均分红从1187.52元上升到2435.48元，故而塘约村村民现在需要的是精神文化方面的需求。从现实情况来看，塘约村在过去的发展中重点以合作社为主，其余集体经济作为辅助，重点还是在经济发展上，因此才有了当前良好的发展趋势。事实上，通过走访发现，很多农户对于塘约村的故事并不了解，大部分农户将土地入股后就不管了，年底通过入股的土地收取分红，这是塘约村的现状。在现在的塘约村，对于塘约文化体现并不多，更不用说村民对于塘约文化的理解，当然这与塘约村村民自身的归属感和村落之间的凝聚力有很大的关系，换个角度来讲，文化认同培养的缺失进一步导致了农户文化认同乏力。诚然，文化包含很多内容，从现有塘约村的制度体系来看，"红九条与黑名单""三级调解制度""'红白喜事'制度""塘约村道德公约"等，这些都可纳入文化的范畴，是塘约村独有的文化制度体系，正因为这些制度的设计，有效规范了塘约村农户的行为，村干部管理有了依据。但在我们走访过程中发现，很多农户对于上述制度并不知情，有的农户虽然听说过，但并不知道具体内容，很大程度上呈现出对村级组织的依赖性。导致这种情况出现的就是村级组织对农户的培训缺乏针对性。调查发现，村委会组织的大多数培训基本为农技培训、政策宣讲、普法教育、就业培训等，对培训内容进行排序，其中排名前三的培训内容为农技培训、政策宣讲和思想宣传，分别占47%、41.7%和30.9%，可见，塘约村的培训一是抓技术促进生产，二是政策宣讲，三是思想宣传，对于塘约文化培训少之又少，对"塘约故事"的宣传更少。统计发现，仅有51.1%的被访者参加过村委会举办的培训班，仅有50.6%的被访者参加过"新时代农民讲习所"，不管是从参与内容、参与形式和参与人数上看，对塘约村农户的培训内容针对性不强。在一定程度上，对文化的培养可以加强农户对塘约村各种文化的认同，虽然塘约村在培训农户技术，牢固农户思想方面取得很大的成效，但文化培训的缺失是显而易见的。因此，要有针对性地对农户进行培训，既要让农户学技术，了解国家大政方针，又要对农户进行文化的培养，包括宣传塘约经验，增强农户对村庄文化的认同。

3. 农户归属感有待进一步增强

改革开放40多年来，家庭联产承包责任制的弊端也开始逐渐显现出来，"原子化小农"的出现，农户个体"原子化"和乡村关系的碎片化进一步打破了农村文化认同的统一性，传统观念在农户心中根深蒂固，广大农村的农户基本上在为生计拼命劳作，农村文化对于他们来讲甚至是多余的，因此，文化嵌入是有必要的。事实上，国家对于农村的文化嵌入和引导在一定程度上很难改变其固有的现状。现有农村中，随着经济的发展，很多农户逐渐意识到过去依靠土地改变命运的时代过去了，大都选择背井离乡在外务工，大量的农户外出导致农村村落空心化，留下小孩、老人，这就导致村落凝聚力不强，关系网开始出现断层。同时，大量农民工返乡所带来的多元文化价值观冲击着乡村文化认同，归属感也在被削弱。塘约村和中国绝大多数农村相仿，有类似的问题村庄，文化归属感和凝聚力都有待增强，导致文化认同乏力。塘约村，全村10个自然寨，11个村民小组，921户，总人口3393人，在调查中调研组发现，塘约村虽然是一个村，但事实上这个村的凝聚力并不强。村主任彭远科曾提到，在塘约村寨与寨之间的关系并不和谐，大多数都是各自为政，偶尔还会发生一些冲突。这说明塘约村虽然仅有3393人，但其凝聚力不强。论其归属感，当问及农户"在同等条件下您或您的子女嫁娶，首先考虑的是（塘约人、外村人、视情况而定）"，有73.3%的被访者选择视情况而定，仅有25.6%的被访者选择塘约人，这说明大多数村民在比较理性的同时其归属感同样不高，塘约村是全国文明村镇，经济发展好，村庄环境优美，在同等条件下与其他村落相比有很大优势，但从一定意义上来讲很多村民归属感是不高的。另外，随着经济的发展，农村社区的弊端逐渐被放大，土地劳作不能解决生计问题越发明显，大量农户选择外出务工，同时由于过去艰苦的家庭环境，很多农户教育自己的孩子考出去，像塘约村这样的大学生很多。通过调查走访发现，很多大学生是不愿意回来的，包括很多外出务工的人员也同样如此，他们在城市接受的价值观的洗礼导致其出现这种观点，归属感逐渐变弱。但是也有想为家乡做贡献的村民返乡，如现在的塘约村村支书左文学、合作社董事唐从富及塘约村接待负责人 M 某某等，其中 M 某某是西安某大学的大学生，回来的目的就是为建设美丽村庄做贡献，不计报酬。实际上，塘约村需要更多这样的优秀人才回来为家乡做贡献，只有这样，村庄的发展才能更上一层楼。因此，要增强农户的归属感，支持更多的农户返乡创业，塘约村在目前正在做大众创业，村里面全力支持老百姓，以村合作社为担保从信用社贷款解决资金问题，生产的产品用合作社的平台对外销售，这就解决老百姓的后顾之忧，更多的老百姓愿意返乡创业，支持村庄的发展，为建设美丽乡村做贡献。

四　合作型信任：塘约村文化认同的走向

合作型信任"没有工具主义动机的迹象，合作意愿的变化既可以反映对他人的道德责任感，也可以反映人们的一种信心，即相信与之共处一个社会关系的他人更可能对合作做出回报"[1]。合作型信任不同于习俗型信任和契约型信任，习俗型信任主要存在于组织化程度较低的农业社会和熟人社会之中，契约型信任是随着工业社会的发展而出现的一种积极的不信任形式，具有工具理性的特点。在合作型信任中，信任和合作就成了其主体能否获得实质性自由、平等的途径；同时，信任和合作也是其主体存在之合理性以及价值实

---

① 李洪佳：《合作型信任：政府与第三部门合作关系的基础》，《陕西行政学院学报》2014 年第 2 期。

现的证明。① 作为西部的传统村落，塘约村的信任虽然具有习俗型信任的特点，但随着抱团发展的"金土地"合作社的建立，村委会与村民之间、村干部之间、村民之间的合作越来越多，彼此之间的信任也具有合作型信任的特征，且这种合作型信任还需要通过以下举措来优化与提升。

1. 夯实村规民约的权威性，提高农户组织化程度

规制性制度要素理论学者认为，"惩戒性是制度所存在的根本，也只有惩戒性条款的规定，才能形成一个有效而稳定的制度"②。"与纯粹的利他主义道德相比，制度的规制性所表现的道德境界不高，但它却是维护社会秩序的基础"③。故而，要确立村规民约的权威性，强化制度的执行要素，是实施村规民约的必然要求。④ 确立村规民约的权威性，要做到：一是村规民约要以法律为依据依法制定。《村民委员会组织法》有明确规定，村规民约的制定和修改必须严格遵守法律规定。二是基层政府应做好村规民约的监督与备案工作，结合村庄实际情况，严格评估村规民约的合法性、合理性。三是村规民约的实行必须保证民主化，制定过程要确保广大农户参与其中，以达到民主协商和充分沟通。以此，通过充分的沟通、协商，广泛倡导村规民约的"契约化"属性，即"通过谈判达成合意"⑤。这种村民自己为自己设立的契约能够有效规范他们的行为，也为实施主体提供了制度依据，同时以此构建的舆论环境能够促进农户组织化的发展，为其提供治理基础。

2. 增强村庄制度的规范性，有效制约利益主体的行为

村庄制度是村庄文化的表现形式，也是村庄治理的制度基础。

① 张康之：《论信任的衰落与重建》，《湖南社会科学》2008 年第 1 期。

② 周家明，刘祖云：《村规民约的内在作用机制研究：基于要素作用机制的分析框架》，《农业经济问题》2014 年第 4 期。

③ 范广垠：《制度三大基础要素理论与中国法治建设：兼论传统文化的学习》，《观察与思考》2016 年第 11 期。

④ 姚保松，周昊文：《乡村振兴视域下村规民约的困境及出路探析》，《学习论坛》2019 年第 3 期。

⑤ 汪世荣：《"枫桥经验"视野下的基层社会治理制度供给研究》，《中国法学》2018 年第 6 期。

特别是以村规民约为主的村庄制度作为约束利益主体、净化乡村社会风气的制度准则，除了要在法律的基础上制定以外，其制定的主体、内容也必须规范化。① 一是制定主体的规范化。要规范村民代表大会制度，并规范参与主体，即《村民委员会组织法》规定，"村民会议由本村十八周岁以上的村民组成"。制定过程遵循民主化原则，切实做到村民自主制定，杜绝带包带办，村民通过村民代表大会充分表达自己的利益诉求机制规范，村规民约的内容必须结合村庄实际情况，务必保证村规民约的合理性。二是规范奖惩制度。奖惩制度是村规民约的保障性机制，要合理运用村规民约，对违反村规民约的农户、企业或其他利益主体，依照规章制度进行惩罚，做到有理有据，正如塘约村一样，"红九条"作为村规民约，"黑名单"作为惩罚机制，其奖励机制则为各种各样的福利，譬如保险、分红、酒席理事会福利等无法享受，合理有据，这为农户组织化提供可靠的制度供给。通过奖惩制度，有效引导村民履行村规民约，推动农户组织化。三是村规民约的执行要有弹性。在很多乡村治理案例中，有的地区的执行者依照相关规定对违反者进行强力惩罚，这违背了"人情化"管理的相关准则，很大程度上会引发冲突等不必要的问题，加强村庄制度的执行弹性，对农户进行说服教育，对个别严重者进行惩罚教育，能够达到更好的效果。

3. 提升村庄认同意识，发挥农户主人翁地位

乡村文化是农户在农村生存的意义和价值。乡村治理的关键，在于农户对村庄文化的认同，及农户主体地位的体现。当前农村，正遭受着城镇化的冲击，乡村文化价值分崩离析，农户对村庄文化的认同逐渐被削弱。在此情形下，应深入挖掘村庄文化，对村庄文化进行建构，提升农户的认同意识，树立文化自信。一是有针对性地对农户进行培训或再教育，其主要内容除了技术培训、国家政策宣传等，应该有针对性地对乡村文化进行培训，以此增强农户对村

---

① 姚保松，周昊文：《乡村振兴视域下村规民约的困境及出路探析》，《学习论坛》2019年第3期。

庄文化的认同意识。二是深入发掘村庄文化，对村庄文化进行再认同。由于城市文化的冲击，外出务工的农户把大量的城市文化带入乡村，造成很多村民价值观变化，过去几千年的农耕文化不得不被削弱。基层政府应该发掘并培养村庄文化，农户应保护并传承已有乡村文化，重拾乡村文化信心，为村庄的发展带来精神寄托。三是增强农户对村庄的归属感。要提升农户的归属感，营造村庄文化氛围、提升村庄凝聚力是关键。建构村庄文化，结合村庄特色，针对农户喜好，发展各具特色的村庄文化活动，丰富农户的精神生活，以此提升农户的村庄归属感。

第七章　从精英俘获到共同体建构：
塘约村利益联结经验

扶贫中各参与主体本着"风险共担、责任共有、利益共享"的原则，以共同的利益诉求和价值认同作为行动准则的群体。塘约村的扶贫共同体是典型的利益共同体，他们以"村社一体"的合作社为载体，利用新的利益联结机制，让共同体的价值理念、领导权威、经济基础、管理模式有所创新，从而真正实现扶贫的目标。他们通过摆脱精英俘获来矫正"扶大户"的理念，通过将农民组织起来增加贫困户的机会，通过重构社区共同体来激发贫困户的内生动力，通过巧妙的制度设计形成合理的利益分配机制。虽然塘约村通过构建共同体来达到脱贫目的的做法值得借鉴，但需要通过完善体制机制、均衡权责利关系、关注贫困户诉求、构建公共场域来克服借鉴过程中面临的困难与障碍。

一　精英俘获：对共同体建构的呼唤

"共同体"的英文是 Community，最早提出"共同体"概念的是德国社会学家滕尼斯，他在 1887 年发表的《共同体与社会》一文中将"共同体"界定为建立在自然情感基础上的，具有紧密联系的社会关系或共同的生活方式，以血缘、感情和伦理为纽带，关系亲密、守望相助的群体，主要包括血缘共同体和地缘共同体。[①] 随着"共同体"一词在政治、经济和社会意义上的拓展，这一概念被越来越多的学者赋予了更多新的内涵，及至 20 世纪 80 年代，其定义已高达140 多条。[②] 整体而言，除"人"这一特殊要素外，共同体的特质并没有达成一致的共识。[③] 一般来讲，地域性、关系性是共同体的核心要素，地域性是先在的，关系性是后来延伸的。正如美国社会学家费希尔曾指出的，社会秩序的保持和社会成员的整合是剧烈社会变迁中的核心问题，故此"共同体"应以社会关系而非地理范围来定义。[④] 涂尔干也是关系性共同体思想的代表人物，他的核心则是"机械团结"。所谓"机械团结"，是指个人与社会之间没有中介桥梁，个人直接归属于社会，有机团结的个体共同组成并依赖于社会。因此，"机械团结"的社会是所有成员的共同情感和信仰都被完全吸纳的社会。就此而言，共同体中社会成员的共同观念远远超越了个体观念。[⑤] 波普兰将共同体定义为思想与行动上按普遍道德标准聚合在一起的团体，即为了特定目的而聚合在一起的团体或组织。[⑥] 后来，吉登斯在《现代性的后果》一书中提出了"脱域共同体"的概念，意指传统的产生于同一时空范围的共同体概念正在解构，新型共同体是通过时空重组的方式重构原来的情景。吉登斯之所以认为现代性会导致"脱域共同体"，是因为在现代性背景下，远距离的时间和行为都会对我们的生活产生影响，且这种影响正在加剧，这就是

---

① ［德］斐迪南·滕尼斯：《共同体与社会》，林荣远译，商务印书馆 1999 年版，第 328 页。

② 李慧凤，蔡旭昶：《"共同体"概念的演变、应用与公民社会》，《学术月刊》2010 年第 6 期。

③ Hillery G. A. , "Definitions of community：Areas of Agreement", *Rural Sociology*, Vol. 20, No. 2, 1955.

④ Fischer C. S. , "Toward a Subcultural Theory of Urbanism", *American Journal of Sociology*, Vol. 80, No. 6, 1975.

⑤ ［法］涂尔干：《社会分工论》，渠东译，上海三联书店 2000 年版，第 18 页。

⑥ Pollinger K. J. , Poplin D. E. , "Communities：A Survey of Theories and Methods of Research", *Contemporary Sociology*, Vol. 2, No. 6, 1973.

"脱域"。① 由此可见，随着时间的推移，共同体概念被不断地瓦解和重构，共同体范围和领域被不断扩大，政治共同体、行动共同体、关系共同体、利益共同体、知识共同体、学术共同体等概念正被广泛使用。正如霍布斯鲍姆所言，"共同体"一词从来没有像最近几十年来一样不加区别地、空泛地得到使用了，因而其原始的地域性和关系性色彩也逐渐被淡化。② 故此，一个令人满意的共同体应该能及时回应成员的需求，解决成员生活中的困难，化解成员的矛盾。③

利益共同体的思想由来已久。由于利益是调节人类活动的核心要素，因而自有人类社会开始，无论是以追求至上的善为主要目标的古希腊城邦共同体，还是以维护共同利益为道德基础的古罗马城邦共同体，抑或是以理性的法律为基础的中世纪共同体、以社会契约为主的管理型政府时代的共同体，某种程度上均可称为"利益共同体"。只是受时代环境的限制，那时候对共同体中利益的理解仅仅限于道德和理性层面，鲜有从社会结构、社会关系中去把握，由此盲目地强调共同体中的个人利益要服从于整体利益，而那时的整体利益往往是统治阶级或管理集团的利益。后来，马克思在批判改造中明确了利益共同体的思想。他指出，利益是历史唯物主义的物质前提，共同利益与个人利益是辩证发展的，个人利益与公共利益冲突的结果会产生国家，利益共同体终将由全社会共同参与。故此，马克思将利益共同体定义为：不同个体或组织形成的、以利益为核心的、以共同体为形式的联合体。此种联合体有四个特征：利益是利益共同体的核心内容、共同利益是利益共同体的基础、共同体是利益共同体的组织形式、共产主义是利益共同体的终极指向。④ 马克思的利益共同体思想对现代共同体的发展有重要的影响，其典型表现

---

① Giddens B. A., *The Consequences of Modernity*, Stanford：Stanford University Press, 1990, pp. 2-3.

② Hobsbawm E., "The Age of Extremes", *Foreign Affairs*, Vol. 74, No. 4, 2003.

③ Fellin P., *The Community and the Social Worker*, Illinois：F. E. Peacock Publishers, 1995, p. 70.

④ 焦娅敏：《马克思利益共同体思想的价值目标及当代意蕴》，《求实》2013 年第 6 期。

是在经济学领域，利益共同体的概念得到了大范围使用。按照经济学逻辑，要形成利益共同体，共赢和共识就必不可少。其中，共赢可用帕累托改进来达成，共识可用纳什均衡来解释。如果没有帕累托改进，利益共同体存在的必要性会大打折扣；而如果没有达成纳什均衡，共同体中各成员的积极性必将受到影响，进而会瓦解这一共同体。因此，对于利益共同体的制度安排，凡不符合上述两条者，都应该予以调整。[①] 显而易见，利益共同体是在共同的利益上产生的，是解决利益冲突或达成利益诉求的重要形式。在扶贫领域，常说的利益共同体主要指扶贫过程中的参与主体，包括企业、扶投公司、合作社与农户等，也即投资主体与贫困户之间形成的"风险共担、利益共享"的经济共同体。[②] 在这种理解中，共同体之间的利益联结形式主要有相对稳定的买断关系、合同式利益联结、合作式利益联结、企业化利益联结、股份式或股份合作式关系五种。[③] 但是，按照政治学的逻辑，一个公平正义的社会是将改善社会最不利者的最大善作为目标的社会，是应该让每个人都过得有尊严的社会，故而，贫困问题不仅仅是经济问题，更是政治问题，消除贫困是国家和政府增强合法性的必要手段，是人类发展的终极目标。为此，在扶贫的过程中，利益共同体就不应该是简单的扶投公司、企业或合作社与贫困户，还应该包括各级政府、扶贫干部、村委会、村级党组织等。

正是基于上述考量，本章将扶贫利益共同体界定为：扶贫中各参与主体本着"风险共担、责任共有、利益共享"的原则，以共同的利益诉求和价值认同作为行动准则的群体。扶贫利益共同体的目的是完成扶贫任务、达成扶贫目标，其成员间的身份认同、责任承担和利益共享是存在的前提，经济利益和政治利益是其主要的诉求，构成的主体包括以下五个部分：一是宏观的监督组织，包括国务院

---

① 易鸣：《经济利益共同体的形成条件和制度安排》，《商业现代化》2009 年第 5 期。
② 徐莉萍等：《我国农村扶贫利益共同体综合绩效评价模式研究》，《农业经济问题》2013 年第 12 期。
③ 吴群：《论农业产业化利益联接形式与构建利益共同体原则》，《现代财经》2003 年第 7 期。

扶贫办等相关部门和社会公众；二是中观的管理组织，包括省市县三级政府及相关职能部门；三是微观的执行组织，包括乡镇政府、村委会及嵌于其中的扶贫干部；四是外部投资主体，如基金会、企业、合作社等，包括组织和个人两种类型；五是扶贫的受益对象即贫困户，如图7—1所示。受压力型体制的影响，扶贫利益共同体中宏观监督组织的任务主要是代表最高政府制定各类扶贫政策、发布扶贫指令，并监督各类政策和指令的执行，故而其开展扶贫的利益诉求主要是政治上的，即通过解决贫困问题增强政府运行合法性、获得更多的民众支持；由于各地政府以政治锦标赛的方式开展扶贫工作，因而以省市县及其职能部门为主的中观管理组织在扶贫中的任务是层层分解上级的要求，并结合实际制订本地的扶贫计划，监督并指导基层扶贫工作的开展，其利益诉求也主要是政治诉求；由于资源有限、目标多元、绩效评估难以量化，以乡镇政府、村委会及嵌于其中的扶贫干部为主的微观执行主体，他们的任务是执行上级的扶贫政策并及时反馈，直接带领贫困户脱贫致富，故而其利益诉求既有发展地方经济的诉求，也有期望通过扶贫自身得到认可和晋升的政治诉求；而作为外部投资主体，无论是公司、合作社还是社会组织、个人等，其投资参与扶贫的过程都是希望获得合理的利益，故而在扶贫中的主要诉求是经济诉求；最后，贫困户是最大的受益者，既希望摆脱经济贫困，也希望脱离权利贫困，故而在扶贫中既有经济诉求也有政治诉求。根据利益相关者理论，尽管利益链条中各主体的权力、责任、利益大小是不同的，但整体而言，利益共同体中的各成员应在平等的基础上开展对话，彼此之间的权责利益相对统一，彼此之间的关系是友好、和谐的，只有这样，共同体中的各利益主体才能风险共担、责任共有、利益共享。[①] 然而，事实是，在我国目前的扶贫利益共同体中，基层组织及其扶贫干部承担了大量的工作和任务，但权力较小，仅有的自由裁量权受到诸多条

---

① Mendelow A.. Catherine, *Proceedings of the Second International Conference on Information Systems* London：Cambridge University Press，1991，p. 301.

件的限制，相应的经济利益也无保障，也即扶贫工作的奖惩机制不健全，惩罚多奖励少；与此相应，部分贫困户却仅仅享受应有的权益，并没有承担相应的责任与义务，在扶贫中"坐享其成"，由此引发的等靠要思想严重制约着扶贫的效果。可以说，目前的扶贫共同体利益失衡，很大程度上是微观执行组织、外部投资主体与贫困户之间的利益失衡，为此，本章拟以塘约村为个案，详细阐释微观执行组织、外部主体、贫困户三大利益主体在扶贫中的建构经验、行动逻辑及其实践路径，如图7—1所示。

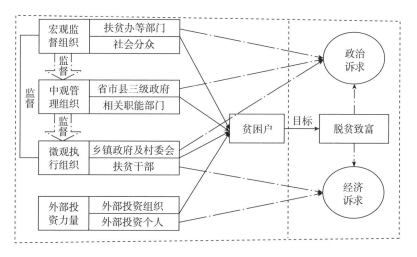

图7—1　村庄共同体的构成及相互关系

二　社区意识培育：塘约村利益联结的中介

短短两年的时间，塘约村为何会实现华丽蜕变？大家的共识是：农民脱贫致富的内生动力得到了最大限度地激发，从灾后五天的全票成立合作社到大家不遗余力投入灾后重建的系列活动中，无一不显示出受灾群众有被组织起来过美好生活的愿望和行动，如图7—2所示。[①]

———————————

[①]　谢治菊：《认知科学与贫困治理》，《探索》2017年第6期。

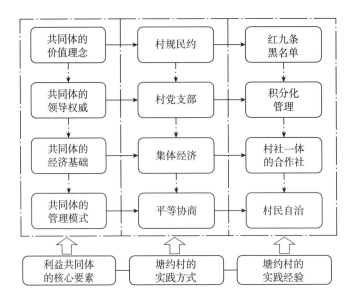

图7—2 塘约村村庄共同体的形成过程

正如王宏甲在《塘约道路》中所写道的："一场大水把塘淹了，本来是坏事，结果坏事变好事，这里有一种精神，一种置之死地而后生的气概，不再苦熬、苦等、苦靠，而是组织起来自己救自己，这种精神，就是自力更生的精神，这种精神改变了塘约村干部群众的面貌，也改变了村庄精神。"① 诚然，正如各类新闻报道所认为的，塘约之所以会成功，是因为一系列巧妙的制度安排成功地唤醒了贫困户的内生动力，这是主因。② 但在学术研究中，更多的学者则认为，发展新型合作社重构集体化道路才是他们成功制胜的法宝。例如，张慧鹏指出，要解决新时期农民单打独斗、个体分散的状态，贵州塘约的经验表明，新时期农村的再集体化，不仅有必要性，而且有可能性③；周建明表示，塘约的合作化道路，对调动农民的积极

---

① 王宏甲：《塘约道路》，人民出版社2016年版，第84页。

② 刘悦：《唤醒农村发展内生新动力：安顺市平坝区塘约村的脱贫致富路》，《当代贵州》2017年第1期。

③ 张慧鹏：《集体经济与精准扶贫：兼论塘约道路的启示》，《马克思主义研究》2017年第6期。

性有重要的帮助①；北京市农研中心考察组调查后发现，以村社一体、产权清晰、联营联建、均衡发展为主的新型合作社，是塘约道路成功的密码。② 也即学界的研究表明，通过"村社一体"的合作社发展新型集体经济是塘约村在短时间内脱贫致富的主要原因。其实，"村社一体"的合作社之所以能带领该村脱贫致富，其原因在于村委会以合作社为载体和平台，将镇政府、村委会、平台公司、金融机构、贫困户等各参与主体的利益捆绑在一起，利用新的利益联结机制形成新的社区共同体，并通过巧妙的制度设计，让共同体的价值理念、领导权威、经济基础、管理模式有所创新，从而真正实现扶贫利益共同体的建构，如前图7—2所示。

1. 共同的价值理念：以"红九条""黑名单"为代表的新村规民约

村规民约是村落共同体在生产生活中根据风俗习惯和村庄实际共同约定的行为规范的总和，是介于法律和道德之间的"准法律"规范，具有自治性、契约性、乡土性、合法性等特点，对村庄各阶层表达诉求、整合利益、凝聚力量具有重要的作用。近年来，农村社会结构不断分化，这使得村庄的异质性大大增强，由此带来的乡村秩序整合困难日益明显。在此背景下，农民的自主性和个性不断得到张扬，原有的社会认同和心理基础开始崩溃，传统村规民约对村庄的整合作用明显减弱，亟需新的村规民约来顺应新时代的要求。事实上，面对目前一些人"争当贫困户"的社会乱象和贫困户的"等靠要"思想，已有部分地区将"扶贫不扶懒"写进村规民约中，如湖南MT村将"好吃懒做、有地不耕、有事不做，一律不得享受国家救济和生产扶持"写进新的村规民约中。③ 但是，这些地区的村规民约虽有新的规定，并没有赋予其更多的内涵，沿袭传统的痕迹

---

① 周建明：《从塘约合作化新实践看毛泽东合作化思想和邓小平第二个飞跃思想的指导意义》，《毛泽东邓小平理论研究》2017年第1期。

② 北京市农研中心考察组：《新型集体经济组织：塘约道路的成功密码：农村经济体制演变的基本类型与未来趋向》，《中国经贸刊》2017年第1期。

③ 周小雷：《"扶贫不扶懒"写入村规民约》，《湖南日报》2017年7月21日第4版。

比较明显。塘约村不同，他们新制定的村规民约有丰富的时代内涵，并采取一系列有效的举措来保障约定的执行，这些村规民约具有如下特点：一是以"红九条""黑名单"的形式来规范村民尤其是贫困户的行为。所谓"红九条"，是指村民若违反以下九条，就会被红色警告，这九条是：不参加公益事业、贷款不守信用、不孝敬父母、乱建房屋、不交卫生管理费、铺张浪费乱办酒席、不配合村委会工作、不执行村支两委重大决策、不教育未成年人。所谓"黑名单"，是指将违反上述九种情形的村民纳入"黑名单"管理。一旦纳入"黑名单"，3个月内村两委对该村民不办理相关手续，不予享受国家给予的关于公共事业、卫生、贷款、自建房等相关的惠农政策，直至考察合格，取消"黑名单"。二是通过巧妙的制度设计来实现村规民约的精细化管理。为减少攀比现象，塘约村规定村民办白事最多30桌，红事最多50桌；为杜绝村民不养老人，让老人"被贫困户"的现象，塘约村承诺对老人的生老病死负责，其前提是要将不被子女赡养老人的土地、房屋等资源收归村集体所有；为惩治"三鬼"现象，塘约村通过积分管理将"三鬼"的行为与自身的利益（准确说是年底的分红）挂钩，并让"三鬼"参与村庄公益活动如打扫公共卫生来重拾被扣掉的积分；为消除"争当贫困户"现象，给村里的贫困户门口挂上写有"贫困户"三个字的牌匾，并限制贫困户的消费行为，如过年买肉不超过30斤，利用农户的道德自觉和群众的公开监督来杜绝"争当贫困户现象"；为快速调解村庄纠纷，本着矛盾纠纷"不出组、不出寨、不出村委会"的原则，建立"组—村—村民代表大会"的三级调解机制，实现了"矛盾纠纷零上访""一天内动迁26座坟却无一纠纷"的良好记录。这些巧妙的制度设计让他们的村规民约具有"精细化、精准性和人性化"等现代化内涵，对净化村庄社会风气、激发村民内生动力、惩治因懒致贫现象具有重要的推动。可见，为顺应历史的发展，塘约村的新村规民约被赋予了更多的时代内涵，现代化意蕴比较明显。这些新村规民约为村委会、贫困户和非贫困户等组成的利益共同体提供了认同的基础，成为他们共同的价值理念。

2. 共同的领导权威：采用"积分化管理"的基层党组织

塘约村之所以成功，关键在于有好的基层党组织领导，他们不仅推动了该村农民的组织化，关键是带领组织化的农民迈向正确的道路，把握新型共同体的发展方向，正所谓"火车跑得快全靠车头带"。塘约村现有42名党员，仅2017年就收到《入党申请书》37份，扎实的党建工作为塘约村新型共同体的发展提供了坚强的组织保障。一是把党小组建在村民组，把零星的分布在村民组里的党员组建成党小组，同时在每个村民组里建立组委会，党小组统领组委会的工作，其主要职责是履行党员的权利义务、协助并监督村委会的工作；二是为改变村里党员分散的情况，该村采取网格化管理方式，在村民组与村民组之间网格化建立党支部，负责领导网格内党小组的工作。考虑到党员分布以及地缘、人缘关系，该村一共在党总支下面成立了4个党支部，党支部的作用是处理原来由上级部门交办的本应由村委会办理的调查、填表等工作，使党小组成员有发挥作用的平台；三是采用"积分制"管理党员。塘约村每位党员手上都有一本《积分管理手册》，对全村42名党员实行积分考评，每月计分最高分10分，年终测评总分120分，如果党员的积分在95分以上，说明该党员发挥作用为优秀；如果考评低于60分，这名党员测评成绩为不合格，并责令整改；如果同一党员连续3年考评不合格，经批评教育，屡教不改的，由村党总支责成他所在的党支部劝其退党，避免因个人的问题影响整个党支部集体荣誉，这也是该村党支部不断自我净化的一种方式；四是用"驾照式"量化扣分的形式来管理村干部。每周例会给村干部安排工作，并对上周工作完成情况进行登记，年终组织全村过半以上的党员及村民代表对村干部的工作表现和实绩进行测评打分，满分为100分，如果测评分在80分以上说明村干部称职，如果测评低于60分或是连续3周没有完成村"两委"安排的工作，就被认定为不合格。不管是党员干部还是村干部，量化式积分管理的结果都与其利益有莫大的关联，将考核结果分为优秀、合格与不合格三档，每档对应的年终奖金最少相差3000元。由于村委会对党员和村干部采取了"量化积分管理"的模式，村干部和党员的考核更加公平、公正，积极性、责任心被有效激发出来，在 2014 年村庄被洪水摧毁之初，广大党员干部直面危机、敢于担当，积极带领全村人民抢险救灾、义务修路，以致全村无一人员伤亡；在灾后重建需要资金时，各位党员干部自发带头，主动承担风险，每人以个人的名义贷款 8 万—15 万元，共计贷款 114 万元作为村庄发展集体经济的第一桶金，实现了流转土地的规模化经营。在村庄发展的两次关键时期，党员干部都身先士卒、主动揽责，加上经营得当，集体经济的收益颇高，由此产生的示范效应让群众更加信任党员干部，抱团发展的决心和共享式发展的信心大大增强，党员干部的权威日益高大，自然而然成为新型利益共同体的领导组织，带领村民走向村社一体的合作社道路。

3. 共同体的经济基础：通过"村社一体"的合作社发展新型集体经济

在近代中国，受地理位置、村民观念、自然条件、历史文化等因素的影响，集体经济主导的经济发展模式一般在沿海发达地区，这些模式往往具有规模大、链条完整、平台多、带头人有力、农民收入高等特点。显然，一般的西部地区是不具备这样条件的。尤其是作为压力型体制的末端，当代中国的基层治理环境不容乐观：一是与要完成的任务相比，基层工作员所拥有的资源是严重不足的；二是随着时间的推移，民众对基层公共服务的需求会不断增加；三是民众对基层工作目标常常是含混不清的，疑义甚多，甚至是相互抵触的；四是为完成工作目标所持有的表现，基层官僚即使不是完全不可能，也是难以衡量的。① 这意味着，在灾后资源极其匮乏的情况下，塘约村要实现脱贫致富，必须创新经济发展道路。经过村干部多次连夜的集体商议，最终同意成立"金土地"合作社，以"金土地"合作社发展新型集体经济。"金土地"合作社原名平坝县乐平镇塘约村种植农民专业合作社，成立于 2014 年 12 月 1 日，合作社

---

① 〔美〕李普斯基：《基层官僚：公职人员的困境》，苏文贤，江吟梓译，（台北）学富文化事业有限公司 2010 年版，第 58 页。

现有社员 921 人（1 户 1 名，全部村民都入社），有管理人员 6 名、高级农艺师 1 名。合作社社员将土地折价后入股，入股后统一经营，解决了资源比较分散、土地闲置抛荒、个体农民市场风险抵御能力较弱等问题。与其他合作社不同，"金土地"合作社由全体村民共有，其宗旨是实现村社合一、合股联营、联产联业、联股联心。目前，全村 4881 亩土地已经全部入股到了村合作社，其领导机构是村支两委，合作社下设建筑公司、运输公司、理事会、监事会等机构，在日常运转中还设有营销团队、专家团队、生产团队、农机服团队等，直接代表村民利益对接市场。这种"村社一体"的合作社方式，不是回到过去，也不是简单地重复过去，更不是要回到原来"大锅饭"的状态，而是要在明确产权、明确责任的基础上壮大村庄集体经济，这种集体经济被称为"新型集体经济"。之所以称为"新型集体经济"，其特征有三个方面。

一是通过"七权同确"明晰产权，将农村土地承包经营权、林权、集体土地所有权、集体建设用地使用权、房屋所有权、小型水利工程产权和农村集体财产权等"七权"叠加一并进行确权登记，给村民吃下"定心丸"，夯实了集体经济发展的基础。

二是通过土地流转入股让村民共享发展成果，贫困户生活有保障。入股后，部分能人将土地流转后，从土地束缚中解脱出来创业，从事工程承包、计算机、窗帘等商品贸易，大户年产值超百万元；同时，村民还可以根据自身的技能在合作社从事相关工作，日收入 80—100 元。根据村流动人口统计，2017 年外出人员已从 2016 年的 500 多人，减少到现在的 50 人左右，部分青壮年劳动力回村领办合作社或创办小微企业，在增收致富的同时，带动新增就业 600 余人，回乡劳务人员实现了在家门口务工、家门口增收；此外，对于入股后村集体所得的分红，5%专门用于贫困户的发展，确保贫困户的基本生活有保障。

三是通过产业结构调整优化生产模式，大幅度提升盈利能力。通过科学规划和土质测试，从 2014 年的莲藕种植到后来的果树种植，再到养殖和羊肚菌基地，合作社的产品质量高、效益好，构建

了新的利益联结机制，让共同体成员人人受益。据统计，按照
3∶3∶4 的原则，2016 年合作社和村集体分别分红 60.73 万元，村
民共分红 80.9 万元。在村集体 30%的收益中，抽出 20%来作为合作
社的风险防控基金专户存起来，为合作社和广大村民买了一份合作
经营的"意外保险"。与此同时，因为塘约村的带动和示范，省内相
应各级管辖政府的知名度也随着塘约村美誉度的上升而上升，上级
政府的政治诉求得到满足。

4. 共同体的管理模式：建构"平等协商"的村民自治

按照张康之的观点，20 世纪后期的共同体呈现出高度的复杂性
与不确定性，这就要求建立为了人的共生共在而建构的合作共同体。
合作共同体是合作行动的体系，是高度复杂性和高度不确定性条件
下的共同体形式。① 扶贫利益共同体是一种典型的合作共同体，它要
求共同体成员之间的互动是积极的、对话是平等的，要求能在承认
差异的情境下开展行动，在应对危机的事件中寻求默契，要求共同
体成员都能以平等的身份参与其中的治理，塘约村构建的扶贫利益
共同体模式，恰恰满足了这一要求。首先，塘约村村民自治组织和
监督组织比较健全，不仅有村民委员会、村民代表会议、村务监督
委员会，还有新型的村规民约，这为共同体成员的平等协商提供了
重要的制度保障。其次，通过给村民"赋权"，搭建村民自治的载体
和平台。通过"七权同确"的产权改革和"资源变资产、资金变股
金、农民变股东"的"三变"改革，村委会赋予了村民更多的权
能，为资产、资源的抵押、贷款、入股、折现提供了方便，打通了
资源流通交易的"最后一公里"，实现了农村各类资产资源优化配
置。资源的优化强化了村民的共同体成员身份，为共同体成员参与
村庄公共事务提供了更多的机会和平台。再次，建立村级重大事务
协商制度，强化共同体成员参与村庄事务的话语权。对于事关村民
切身利益的重大事项，塘约村通过召开村民代表大会和全体村民会

---

① 张康之、张乾友：《"共同体的进化"观释义》，《北京日报》2014 年 11 月 3 日第 23
版。

议来强化共同体成员的话语权。为实现真正的民主，塘约村以 15 户
为单位，设置村民小组，组内设组委会，组委会的职责是代表村民
完成上级交办的公共事务、协调邻里纠纷、监督党小组成员。2014
年洪灾过后，10 个村民组的村民代表在村委会开会，集体商议成立
"金土地"合作社事宜，到场的 86 人全部投票同意，所有的农户也
在第三年全部入社，这再次证明了塘约村"民主协商、民主管理"
的成效。复次，通过村务监督委员会，监督村务是否务实、是否落
实、是否廉洁、是否规范、是否真实、是否公平，为民主协商提供
了重要的保障。访谈时，农户告诉我们，现在的村务监督委员，能
保证村级事务的有序开展。对于不遵守村规民约的村民，村务监督
委员会监督村委会是否将其具体情况上墙公示。最后，通过运动会、
村民代表大会、村庄环境评比、家风培育等多种文化活动丰富村民
的精神生活，营造村庄治理的良好氛围。可见，塘约村构建的村民
自治，不仅有制度保障，给村民赋权，还通过巧妙的制度设计保证
各主体之间的平等对话，是典型的"平等协商"模式，如图 7—3
所示。

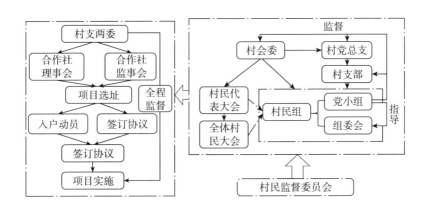

图7—3 塘约村民主管理、民主监督过程

综上，通过以"红九条""黑名单"为主的新村规民约、"积分
化管理"的村级党组织、"村社一体"的合作社和平等协商的村民

自治，塘约村构建了扶贫利益共同体中的价值理念、领导权威、经济基础与管理模式，通过合理的利益联结机制和合作社平台，将各扶贫主体紧紧地连接在一起，由此形成了新的扶贫利益共同体。

三 行动逻辑：塘约村利益共同体的运行

塘约村的扶贫利益共同体是如何运行的？也即他们通过什么样的行动逻辑来达成共同体成员的"风险共担、责任共有和利益共享"的呢？调查发现，他们通过摆脱精英俘获来矫正"扶大户"的理念，通过将农民组织起来来增加贫困户的机会、保障贫困户的权益，通过重构社区共同体来激发贫困户的内生动力，通过巧妙的制度设计形成合理的利益分配机制，如图7—4所示。

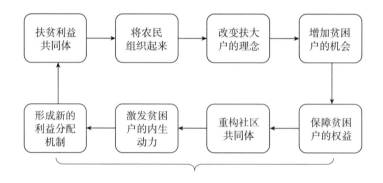

图7—4 塘约村利益共同体的行动逻辑

1. 通过摆脱精英俘获来矫正扶贫的理念

所谓精英俘获，是指少数在政治或经济上占优势的群体俘获了本该由大多数人占有的政府转移支付的资源。[①] 为何会出现精英俘获？比较一致的结论是：由于减少了权威监控的责任和压力，平民

---

① Dutta S., Kumar L., "Is Poverty Stochastic or Structural in Nature? Evidence from Rural India", *Social Indicators Research*, Vol. 128, No. 3, 2016.

主导的民主和分权更加容易让地方精英获取本不应得的资源。① 精英俘获会带来严重的负面影响，因为精英获得了大部分资源后会反过来进一步干预政策过程，并通过其拥有的权力和家庭网络关系向外渗透，进而建立起一个庞大的利益集团。在精准扶贫中，有些扶贫项目之所以发生偏离，是因为村庄内的精英俘获了大量本不该由他们获得的项目和资金。而精英俘获扶贫资源后，会使贫困户的相对社会地位进一步下降，导致贫困的代际传递更加明显。② 既然如此，精准扶贫中为何还有如此多的精英俘获呢？除资源分配者以权谋私、优亲厚友等原因外，关键在于精英俘获可以给扶贫干部和精英都带来好处：一方面，由于产业扶贫并不能让贫困户快速地脱贫致富，因而只有将扶贫资金投入到能撬动资源的大户手里，经济发展才得以持续。故此，精英俘获是扶贫干部快速完成扶贫任务的重要手段；另一方面，乡村精英本身具有较强的资源配置能力，将扶贫资源纳入自己的名下，并以"示范""带动"的名义将其合法化，对于他们扩大再生产有重要的帮助。此轮精准扶贫中央要求精准到户，一户一策，把资源真正用在贫困户身上，本是要克服精英俘获的，但在实际执行的过程中，"扶大户"的情形依然存在，这会导致进一步拉大贫富差距。因为有研究表明，越是贫困人口，通常越是缺少非农就业技能和机会，越是依赖来自农业的收入。③ 塘约村构建的扶贫利益共同体，将分散的贫困户以合作社的名义整合在一起，无论是贫困户还是非贫困户，是大户还是独立户，均按照入股的资源按比例分红。针对贫困户资源不足的问题，专门允许贫困户将家里的劳动力折价入股。为保障贫困户的权益，合作社还专门给贫困户分红，2017 年每家贫困户分得 3300 元。此种做法成功摆脱了精英俘获，将扶贫资源作为一个整体放进由 921 名社员组成的合作社，通过"抱

---

① Wang S., Yang Y., "Grassroots Democracy and Local Governance: Evidence from Rural China", *Journal of Peking University*, Vol. 2, No. 5, 2007.

② 邢成举、李小云：《精英俘获与财政扶贫项目目标偏离的研究》，《中国行政管理》2013 年第 9 期。

③ 吴重庆：《小农与扶贫问题》，《天府新论》2016 年第 4 期。

团发展、相互合作"来增强合作社的发展能力，进而提高贫困户的收入水平。

2. 通过将农民组织起来让贫困户获取更多的机会

长期以来，大量分散的农民个体在巩固政权稳定的同时，也让执政者花费了高昂的治理成本，因此中国的乡村治理一直奉行"皇权不下县"的理念，在县以下采取代理人治理的方式，其治理结果是农民的原子化个人与散沙式状态。[①] 人民公社体制让农民的组织化成为可能，这极大地降低了农民与政府之间的交易成本。后来，随着大量农村人口向城市迁移，农村的空心化问题越来越严重，农村集体经济基本已成空壳，农村党组织队伍涣散，党员和村干部严重老龄化，农民被组织起来的条件越来越弱。更何况，税费改革后的基层政府政权，很大程度上是"悬浮型"政权，浮于社会之上而非扎根于社会之中。[②] 在此背景下，乡镇基层公务员面临的是庞大而分散的个体农民，政策资源难以直接到达。为提高政策执行的效率，只好依赖村庄的精英来代理，并默认精英的谋利行为。本来，当前的扶贫是精准扶贫，精准扶贫要绕过代理人直接到达农户，但是，由于现行的精准扶贫工作量巨大、资源投入多、要求见效快，因此还是得依靠乡村精英来与农民打交道。此外，去组织化后的农民难以对接大市场，单打独斗发展产业的成功机会少之又少，故而需要抱团发展。虽然有部分学者对以合作社的形式抱团发展持有疑问，认为应该保留小农经济，给经济软着陆一个缓冲的空间，但还是有大部分学者认为，推动土地向新型经营主体集中，实现农业的规模化经营是新时代农业发展的根本。塘约村构建的扶贫利益共同体，通过农民的合作抱团发展，通过农民的组织化集体行动，让农民成为发展的主体，让农民的发展不依附于资产和资源而依靠集体的力量和共同的努力，这给了贫困户更多与市场和政策对接的机会，为他们摆脱贫困提供了重要的契机与平台。

---

① 费孝通：《中国绅士》，中国社会科学出版社 2006 年版，第 46—56 页。
② 周飞舟：《从汲取型政权到"悬浮型"政权：税费改革对国家与农民关系之影响》，《社会学研究》2006 年第 3 期。

3. 通过重构社区共同体来激发贫困户的内生动力

不同的历史背景下，我国农村社区共同体存在的基础和特征不同。如果说传统村落共同体的认同基础是血缘，那么新中国成立后人民公社体制下的认同基础就是集体经济。然而，21 世纪以来，农村基层政权的弱化和乡村治理的空心化让大量的乡村集体经济出现空壳，社区共同体的认同基础日益虚化。为此，有学者提出"通过公共服务将村民联系起来，在服务的基础上重建农民的社会信任和社区认同"的想法。① 然而，这样的想法在新时代也会遇到障碍，因为公共服务大都由政府提供，与民众的利益关系不紧密，即民众有无内生动力都与服务的内容和程度无关，因此建立在公共服务基础上的社区共同体也无法形成内生动力。所谓内生动力，就是贫困户在脱贫攻坚过程中自身的积极性与主动性。一直以来，我国贫困治理的主要模式都呈现出"政府主导、社会参与"的格局，政府的扶贫资金来源从 2000 年的 75%，到 2007 年的 72%，再到 2013 年的68%就是最好的例证。② 贫困户的内生动力是习近平总书记多次在脱贫攻坚会议上强调的。他指出，只有激发了贫困户的内生动力，才能解决好贫困户的思想问题、认知问题和知识问题，变贫困户被动的"要我脱贫"为主动的"我要脱贫"。在传统的"输血式"扶贫模式下，贫困户干多干少、干好干坏与扶贫效果没有太大的关联。但在以"造血"为主的精准扶贫背景下，贫困户的内生动力直接决定扶贫的成效。然而，日益解构的社区共同体无法为贫困户内生动力的产生提供载体。基于此，塘约村以"村社一体"的合作社为依托，将社区干部、社区精英、社区贫困户和社区外的扶贫力量全部整合进合作社，以合作社的盈利与发展作为共同的认同基础，形成新的社区共同体。通过合作社内精英人物的"示范效应"和外部力量的"传帮带"作用，形成良好的社区氛围，并让贫困户发自内心认识到个人努力的成效，极大地激发了

---

① 项继权：《中国农村社区及共同体的转型与重建》，《华中师范大学学报》（人文社会科学版）2009 年第 3 期。

② 谢治菊：《认知科学与贫困治理》，《探索》2017 年第 6 期。

贫困户脱贫的内生动力。

4. 通过巧妙的制度设计形成合理的利益联结机制

在项目制考核的压力下，扶贫干部更愿意与乡村精英合作，因为此轮精准扶贫已让各级党委和政府都签下了"军令状"，贫困户脱贫与否与官员的职位、晋升和待遇挂钩，有"不脱贫、不脱钩"之说。在强大的压力下，扶贫干部肯定会将快速有效的脱贫方法作为行动逻辑。至于扶贫的实际效果，尤其是长期效果，并不是他们优先考虑的问题。因为在农民未组织起来之前，扶贫干部与乡村精英的合作，可以更好地完成各项指标，而乡村精英与扶贫干部的合作，也可以获得更多的资源，两者可以成为利益联盟，形成互利共谋的关系。[1] 再加上，在扶贫干部中，一部分是当地的原驻干部；另一部分是上级选派而来的，在这些选派的干部中，有的来自高校，有的来自企业，有的来自博士团，有的来自上级政府相关职能部门。无论是本土干部还是选派干部，都面临"任务重、时间紧、压力大"的困境，难以做到扶贫项目的长远规划。更何况，外来的扶贫干部挂职一般是 2—3 年，这些干部对当地不熟悉，与贫困群众的感情也不够深厚，当面临被量化的扶贫指标时，他们也只能选择可以尽快实现效益的项目。贫困户之所以贫困，就在于各种原因引发的发展能力与适应社会的能力不足，而要提高贫困户的发展能力与适应能力，就需要扶贫干部深入群众做大量的组织、培训工作，这是一个比较漫长的过程，耗费的时间和精力也比较多，现有的扶贫工作团队根本无法承受时间成本，更无法承担失败的后果。在此背景下，基层干部选择与能人、大户合作，通过大户发展壮大所形成的涓滴效应来间接带动贫困的发展，也就不足为奇。[2] 难怪有扶贫干部总结了这样的扶贫经验：资金跟着穷人走，穷人跟着能人走，这说明即使没有权钱交易的腐败行为，扶贫干部也会倾向于同精英合作。故此，原来的利益联结机制是"扶贫资源—大户—贫困户"。但是，塘

---

① 王海娟，贺雪峰：《资源下乡与分利秩序的形成》，《学习与探索》2015 年第 2 期。

② 张慧鹏：《集体经济与精准扶贫：兼论塘约道路的启示》，《马克思主义研究》2017 年第 6 期。

约村通过"村社一体"的合作社道路，直接将扶贫的利益联结机制改写为扶贫资源直达贫困户的模式，让贫困户享有与大户相同的利益分配机制，从合作社中直接受益。例如，该村以"合作社+村集体+村民"的模式进行分成，分别占30%、30%和40%。为实现经济共享，在村集体的30%中，村委会给贫困家庭每户500元/股的干股，每户给15股，2016年每户分红2250元，2017年每户分红3300元。同时，为培育贫困户的感恩心态，本着"权责利"对等的原则，塘约村还要求贫困户在享受合作社分红的同时，承担一定的村庄公益事务，还规定其不准酗酒、不准赌博、不准懒惰、不准铺张浪费、环境卫生要整洁，否则，取消贫困户的分红资格。此外，为避免贫困户拿到分红后一次性过度消费，村里将贫困户的分红资金统一存入信用社，贫困户一次性提取1000元以上的资金，得经过村委会的同意，以保证贫困户的分红资金不被乱用。通过巧妙的制度设计，塘约村将利益共同体的权责利进行了设置，形成了新的利益联结机制。

四 共同体建构：塘约村利益联结的优化

有人认为，塘约村通过发展壮大村级集体经济，解决了村庄治理过程中"无钱办事"的难题，培养和锻炼出一支富有号召力、凝聚力、战斗力，并深得群众信赖的干部队伍，解决了村庄"无人办事"空心化和"内生动力"不足的难题，激发了村民脱贫致富的积极性与主动性，为村庄的可持续发展注入了持久的推动力。[1] 也有人认为，塘约村的精细化扶贫管理为其可持续发展提供了保障，因为它将精细社会"精、准、细、严"的核心思想内化为农村扶贫开发的实践，通过精细的制度设计与规范的政策运行使农村扶贫由"大而全"向"小而精"过渡，以实现整个扶贫治理体系与治理能力的

---

[1] 彭海红：《塘约道路：乡村振兴战略的典范》，《红旗文稿》2017年第24期。

精准化。① 其实，无论是夯实经济基础还是推行精细化管理，都是扶贫利益共同体运行的核心要素。通过这些核心要素的运行，塘约村实现了扶贫中"风险共担、责任共有、利益共享"的目标，贫困户从 2014 年之前的 100 多户缩减到 2016 年的 12 户再到 2017 年的整体摘帽，在脱贫攻坚的历程上，塘约村创造了一个又一个奇迹，越来越多的单位、团体和个人争相到塘约村观摩与学习。据村主任介绍，最多的一天他们接待了 14 个参观考察团队。这说明，塘约村的脱贫经验得到了大家的认可，也能够给其他地区的脱贫攻坚提供有益的启示，这些启示包括：第一，将扶贫中的各参与主体作为一个利益共同体，平等参与扶贫过程、平等享有扶贫收益、平等承担扶贫责任；第二，坚持党对利益共同体的领导，党员干部以身作则与身先士卒对塑造利益共同体的领导权威有重要的作用；第三，村庄集体经济是将农民组织起来的物质基础，而将农民组织起来，不仅能克服扶贫中人的精英俘获问题，还能够激发贫困户的内生动力，使他们抱起团来，共同发展；第四，在实施各扶贫项目时，都要赋予贫困户或村民相应的责任，即要通过责任承担让贫困户学会珍惜与感恩。例如，房屋立面改造，村民投入 30%，政策补助 70%；享受村集体经济分红的贫困户，给予其"参与村庄公益事务"的要求等；第五，科学、合理的利益共享机制与保障机制是共同体可持续发展的重要保障，也是贫困户脱贫的核心动力。

然而，仔细思考发现，尽管塘约村的许多经验值得借鉴，但要复制、推广，仍然面临如下困难：一是要选出像塘约村支书和村主任这样极具奉献精神的村庄事务带头人比较困难。该村的支书原来开木材加工厂，主任在沿海的一个工厂做厂长，他们见过世面，有头脑、有思路、有胆识、有魄力，2014 年的洪灾让他们舍弃了丰厚的待遇与优越的生活回到村庄，义无反顾挑起了灾后重建的大梁。当村干部后，他们的收入只有原来的零头，可每天的工作时间几乎

---

① 王宇等：《精准扶贫的理论导向与实践逻辑：基于精细社会理论的视角》，《贵州社会科学》2016 年第 5 期。

都超过 14 小时，但他们毫无怨言、尽心尽责，为村庄灾后重建和脱贫攻坚做出了巨大的贡献，大多数村庄之所以不能脱贫，就是缺乏这样的村干部。二是要将贫困户有序组织起来参与村庄事务，比较困难。塘约村将贫困户组织起来的黏合剂是"突发的一场大水"，即突发的公共危机事件。危机会产生凝聚力，会激发群众抱团发展的决心，这在学界已基本达成共识。故此，在常态下，受原子化个人和功利主义的影响，要把村民有效组织起来参与村庄建设，有难度。三是要贫困户自觉接受并遵守各种限制条款，比较困难。在塘约经验中，因为集体经济的发展，村"两委"可通过奖惩机制对贫困户的行为进行调节，但在大多数村庄，往往只有惩罚，没有奖励，这对于贫困户行为的规制会产生阻碍。更何况，塘约村还有良好的村庄风气，这为贫困户从内心接受行为规制提供了保障。四是要正确处理贫困户行为规制与"污名化"之间的关系有难度。污名化是一个社会学概念，意指被贴上含有贬损标签的群体。贫困户的称谓本身容易被污名化，因为贫困一词常常和愚昧、落后等联系在一起。塘约村对贫困户的各种行为规制如过年不能杀猪、买肉不得超过 30 斤、不得酗酒等，容易让贫困户有被歧视的"污名化"感觉，这违反了扶贫中的伦理道德要求，也在会一定程度上伤害贫困户的自尊，严重的会产生"破罐子破摔""知耻而后勇"的行为。因此，建议在对贫困户施加责任、进行行为规制时，尽量减少容易产生"污名化"的用词与举措。

根据利益相关者理论，要处理好利益共同体中各相关主体的关系，应从相关者的利益诉求大小与达成诉求的能力大小两个方面来把握。[①] 在构建扶贫利益共同体中，塘约村有效地关注到了这两点，对于达成诉求能力不够的贫困户，给予了更多的人文关怀和能力提升，以保障共同体所有成员的利益。因此，要克服塘约经验推广复制的困难，提升塘约道路的品质，完善扶贫利益共同体的建构，建

---

① Markwick M. C., "Golf tourism development, stakeholders, differing discourses and alternative agendas: the case of Malta", *Tourism Management*, Vol. 21, No. 5, 2000.

议从以下几方面入手：一是进一步凝练共同体的价值理念，使其成为各成员相互承认、平等协商的基础。二是进一步明确共同体中各主体之间的权责利关系，规范权责利运行机制，实现"权责利"的对等发展。三是更多关注扶贫共同体中的关键利益相关者及其诉求，因为这群人，如贫困户对组织的发展决策有浓厚的兴趣，对于组织决策和提高组织效率有期盼，但不一定有足够的权力来影响组织的决策，也不一定能满足自身对组织的利益诉求，因此，他们对组织的认可程度直接决定了扶贫方案的执行效果。正如罗尔斯所言，给弱势群体的关照，与其说是强势群体或国家对弱势群体"应得而未得"那部分利益的补偿，还不如说是国家或强势群体"应给"弱势群体的一种公共关怀。① 四是构建共同体的公共场域，倡导各主体之间平等对话，完善扶贫利益共享机制，真正实现"风险共担、责任共有、利益共享"的目标。

---

① ［美］约翰·罗尔斯：《正义论》（修订版），何怀宏，何包钢，廖申白译，中国社会科学出版社 2009 年版，第 128 页。

第八章 从单打独斗到抱团发展：
塘约村家户组织经验

　　农户组织化，是依靠一定原则，通过某种方式将分散的农户组织起来共同发展，进而实现政治上的参与、经济上的联合及文化上的认同，以达成利益互惠、经济互长、地位互提的过程。研究发现，政治上的参与、经济上的联合和文化上的认同，是新时代将农户组织起来的有效手段，其行动逻辑是实现了政治上的权利赋予与协商、经济上的利益共享与联结、文化上的村庄规范与包容。回归分析发现，农户的组织化水平主要受微观层面的个体理性程度与再教育程度，中观层面的满意度、信任度与幸福感，以及宏观层面的公平认知与政策知晓度的影响。除此之外，合作社的规模大小，也是重要的影响因素。由此需要讨论的是：塘约村农户组织化道路的启示有哪些，农户组织化过程有何风险，农户组织化路径该如何优化。

　　农民组织化可以有效解决农村土地碎片化的问题，也可以使农民在市场化中寻求一席之地，因此，在有些学者看来，农民组织化的关键，是利用中国农村土地优势，借助"三权"分置制度让农地回归生产资料这一本质，重建新型集体经济，再造村社集体。[①] 一般来说，以"家庭"为单位的农民称为"农户"，就此而言，"农民组织化"是"农户组织化"的前提和基础。但从"组织化"的内涵来

———————————

① 贺雪峰：《农民组织化与再造村社集体》，《开放时代》2019 年第 3 期。

讲，农户组织化与农民组织化并无实质性区别，主要指以不同方式把农民或农户组织起来，促进农村产业发展、维护乡村社会秩序、提高农户经济收入、提升农民身份地位的过程。[①] 这一过程具有动态性、市场性、组织性等特征，主要表现在政治、经济、文化等方面的组织化。然而，从乡村振兴的角度来看，农民参与合作社最普遍的方式是土地入股，而中国传统农村的土地是以"户"为单位，因此，目前中国农村以"合作社"为载体的组织化，用"农户组织化"的表述更为恰当。恰如 2021 年 4 月 29 日审议通过的《中华人民共和国乡村振兴促进法》第四十五条所规定："乡镇人民政府应当指导和支持农村基层群众性自治组织规范化、制度化建设，增强村民自我管理、自我教育、自我服务、自我监督能力。"要做到这些，将农户组织起来就是有效的途径。故本书所指的农户组织化，是通过某种方式将分散的农户组织起来共同发展，进而实现经济上的联合、政治上的参与及文化上的认同，以达成利益互惠、经济互长、地位互提的过程。本章拟通过文献研究、实证调查、案例分析与回归分析等方法，以塘约村为个案，对农户组织化变迁、维度、逻辑、影响因素和进路进行系统探讨。

一　提出问题：农村家户组织变迁及反思

随着精准扶贫的收官与乡村振兴的推进，中国农村发生着巨大的变化，其典型表现是村民更富、环境更美、生活更好。但我国部分农村仍然存在集体经济凋零、乡风不文明、主体意识薄弱、组织化程度偏低等现象。尤其是农户组织化程度偏低的问题，成为制约我国农村农业现代化的关键因素。[②] 因为，分散的农户依靠自身实力发展农畜牧业困难较大，一旦涉及购买生产资料、出售农副产品、维护自身权益，就会显得比较吃力。然而，若是通过政府帮助或自

[①] 吴琦：《农民组织化：内涵与衡量》，《云南行政学院学报》2012 年第 3 期。

[②] 李敬，郭荣军：《对提高农民组织化程度的思考》，《辽宁行政学院学报》2008 年第 1 期。

发形式将农户组织起来，把分散的农户从传统农业模式过渡到现代农业模式，这会大大改善农户的命运，有利于农户参与市场竞争，对于实施乡村振兴、构建和谐农村社会具有重要意义。① 这一点，国（境）内外已有成功的经验。例如，以政府为主导方式建立起来的日本农协，在政府财力的支持下，拥有遍及全国的农协机构和广阔的业务活动，与农户建立了广泛的经济联系，在农业生产、加工、出售等方面影响巨大，几乎控制了农村生产生活的全部②；以市场导向为主的德国农民合作社，在发展之初就形成了完整的法律体系、金融体系、土地流转制度、审计制度等③；台湾的农会，是非营利性社会组织，具有经济、金融、保险及推广功能，对农业发展的引导、农民权益的维护以及农业生产技术改进等都有巨大的贡献。④

实际上，在过去的一个多世纪，我国农户的组织化问题一直经历着漫长而曲折的发展过程，但主要以经济联合的组织化为主。清末民初，随着西方合作经济思想的宣传和倡导，中国第一个合作社——"消费公社"在胡钧的指导下诞生。⑤ 自此以来，中国的合作经济组织开始发展，众多合作经济组织，如晏阳初、梁漱溟等人举办的农民合作经济组织等不断涌现。但是，由于军阀割据、列强入侵，大多数合作经济组织因缺乏资金、技术及政府支持而失败，也没有从根本上解决广大农民的贫困问题。那时，国民党政府也在开始倡导和兴办农民合作经济组织，多以信用合作社为主，但大多都被国民政府、部分商人及国外势力所掌控。故而，合作社的组织形式受到很大的约束，难以实现民主化与组织化。

进入 21 世纪以来，中国农村正发生着翻天覆地的变化，在乡村振兴大背景下，农户通过自己的双手，用勤劳和智慧助力我国农村发展，乡村振兴目标得以实现。然而，不可否认的是，广大农户在

---

① 杨传喜，张俊飚：《农民组织形式的比较及启示》，《经济纵横》2009 年第 10 期。
② 冯昭奎，林昶：《日本农协的发展及功过简析》，《日本学刊》2009 年第 2 期。
③ 车红莉：《德国农民合作社管理经营模式及启示》，《农业展望》2019 年第 3 期。
④ 黄安余：《台湾农会发展及其困境分析》，《台湾农业探索》2017 年第 6 期。
⑤ 程同顺：《中国农民组织化研究初探》，天津人民出版社 2003 年版，第 18 页。

享受改革开放成果的同时，也遭受着市场的"洗礼"。因此，如何把农户组织起来，亦是新时代我国农村工作的重点与难点。恰逢党的十九大报告提出了要实施乡村振兴战略，坚持农业农村优先发展，2021 年中央一号文件更是指出，如期完成新时代脱贫攻坚目标任务后，"三农"工作就将进入全面推进乡村振兴的新阶段，这是"三农"工作重心的历史性转移。乡村振兴的前提是将农户尤其是小农户组织起来。正所谓"小农户长期存在是中国农村的现实，实现小农户与现代农业的有机衔接是实现乡村振兴的关键所在。"① 而组织起来最有利的制度条件就是发展集体经济，农村集体经济的有效载体是农民经济合作组织，即"合作社"。② 由此，无论是从历史背景还是现实需要出发，探讨新时代农户尤其是小农户的组织化过程，都离不开对以合作社为载体的集体经济的探讨。

事实上，现有研究已经发现这一探讨的意义，且主要聚焦于专业合作社对农户组织化的价值。作为一种组织模式，合作社促进了社会化分工的进一步形成，产生了兼业化，因此人民可以更专注地去从事具有创新性的生产，改变贫穷的事业。③ 正因如此，合作社在将农户组织起来的过程中，具有无可比拟的优势。例如，可以降低农户的交易成本，增强在市场中的应对力量④；可以有效提升农户组织化程度，提高农户参与市场的议价能力，增强农户的市场地位。⑤ 不过，专业合作社往往容易发展成"大农吃小农"的合作社，单纯靠规范合作社治理结构还无法解决这一问题。⑥ 这说明，成功的合作社要具备完善的法律制度保障、政府的财力和技术保障、成熟的发

① 王颜齐，史修艺：《组织化内生成本视角下小农户与现代农业衔接问题研究》，《中州学刊》2019 年第 9 期。
② 贺雪峰：《农民组织化与再造村社集体》，《开放时代》2019 年第 3 期。
③ Nowak M. A., "Five Rules for the Evolution of Cooperation", *Science*, Vol. 314, No. 11, 2006.
④ 王晓华：《城镇化背景下农户经营组织化的制度逻辑》，《江淮论坛》2013 年第 4 期。
⑤ 崔宝玉，王纯慧：《论中国当代农民合作社制度》，《上海经济研究》2017 年第 2 期。
⑥ 仝志辉，温铁军：《资本和部门下乡与小农户经济的组织化道路：兼对专业合作社道路提出质疑》，《开放时代》2019 年第 2 期。

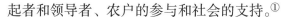

起者和领导者、农户的参与和社会的支持。①

　　总体来看，国外关于农户组织化的研究，更多倾向于市场与合作社、市场与农户的关系分析；而国内的研究，则聚焦于政府和基层党组织在合作社带领农户组织化中的价值引领，这为本书提供了重要的思路和支撑。然而，现有研究在以下两个问题上还需要优化：一是研究对象鲜有中西部落后地区的村庄；二是研究内容并未对农户组织化的维度及逻辑进行系统分析，这为本书提供了极大的契机。本书拟以西部欠发达地区脱贫攻坚和乡村振兴的典型村庄——塘约村为例，尝试从政治、经济、文化三个维度探讨农户的组织化过程，并从微观、中观和宏观三个层面分析农户组织化的影响因素，提出相应的思考，进行相关的探讨。

二　分析框架：农村家户组织理论及维度

　　关于农民组织化的理论较多，有马克思主义的农民组织化理论、毛泽东的农民组织化理论，以及习近平关于农民组织化的相关论述等。其中马克思的农民组织化理论，重视合作生产，坚持自愿平等，强调因地制宜。他指出，在无产阶级社会中，要根据不同国家和地区的客观条件，不管是国家所有制还是集体所有制，都不允许私人占有，合作社只有以土地为基础开展生产才是真正意义上的合作社。② 随后，列宁在马克思组织化理论的影响下，认为合作制是建成社会主义的桥梁，不同制度的国家，合作社的性质也不同，列宁的建议是建立流通合作社，国家要大力支持合作社的发展，在政策上给予优惠。③ 毛泽东农民组织化理论是毛泽东思想的重要组成部分，其思想主要包括合作社应该与工农运动相结合，并为工农运动和革

---

　　① Garnevska, Elena, G. Liu and N. M. Shadbolt, "Factors for Successful Development of Farmer cooperatives in Northwest China", *International Food & Agribusiness Management Review*, Vol. 14, No. 4, 2011.

　　② 《马克思恩格斯全集》（第16卷），人民出版社1964年版，第47页。

　　③ 《列宁选集》（第4卷），人民出版社1972年版，第32页。

命战争提供服务；建立生产、消费和信用的合作社，即集体经济组织；主张各种类型、各种层次的合作经济形式全面发展。毛泽东特别重视发展农业互助合作组织，他提道：建设在以个体经济为基础的劳动互助组织，即农民的农业生产合作社，是非常重要的。① 到了新时代，习近平总书记对农民组织化问题进行了多次论述。他的论述主要是从农村市场化出发，将"农村市场化"与"农民组织化"有机结合，也即通过组织化的形式将农户组织起来，以形成市场竞争力，提高农村市场化、组织化。因此，在习近平看来，"只有将农民充分组织起来，才能使农民尽快安全、顺利地进入国内外市场，并能够有效降低市场成本，提高农产品的市场竞争力和市场占有率"②。如果说马克思和毛泽东的组织化理论更多强调农民政治上的组织化问题，那么，习近平的农民组织化论述，则更多是从经济的角度，探讨农户组织化中的市场行为和市场法则。

此外，亨廷顿在《变化社会中的政治秩序》一书中也提到，组织是通往政治权利之路，是政治稳定的基础，通过组织的方式可以实现农民政治权利，也可以实现农民的政治自由，维护他们的切身利益，这是农民迫切需要的。③ 不仅如此，亨廷顿还提到，小农户的个体力量无法立足于市场，在市场竞争中处于不利地位。因此，他提出在经济上要实现联合发展，将分散的小农通过组织的方式有序进入市场，以抵御市场风险，打破市场垄断的效果，最终提升农户的经济收益，带来剩余价值的目的，也即实现经济上的联合。④

故而，从马克思、毛泽东、习近平的论述和亨廷顿的观点中，我们得知，农户的组织化至少有两个维度，即政治上的参与和经济上的联合。不仅如此，还有学者认为，农民的组织化是一个动态转

---

① 《毛泽东选集》（第1卷），人民出版社1991年版，第68页。

② 习近平：《中国农村市场化建设研究》，人民出版社2001年版，第205页。

③ ［美］塞缪尔·亨廷顿：《变化社会中的政治秩序》，王冠华，刘为等译，上海人民出版社2008年版，第174页。

④ ［美］塞缪尔·亨廷顿：《变化社会中的政治秩序》，王冠华，刘为等译，上海人民出版社2008年版，第75页。

变的过程，不仅表现在政治、经济方面，还表现在文化上。[①] 故，本章拟借鉴这些观点，从公共参与、经济联合与文化认同三个维度，来探讨农户是如何组织起来的。

（一）公共参与

政治上的组织化，是指农户自发地以组织作为载体，反映自身最直接、最根本的利益，表达合理诉求，参与政治生活，从而争取与其他阶层同等权利的过程。[②] 公共参与是农户政治上组织化的典型表现，是指农户参与村庄公共事务的过程。我们知道，农户单打独斗的力量是有限的，无法改变农村贫瘠的面貌，只有将农户组织起来参与公共事务才是有效的路径，有学者将这种公共参与称为"组织化公共参与"[③]。也即通过组织化公共参与，能够使农户在生产生活中的主体地位得以凸显。为此，本书拟从公共参与的角度，来衡量农户政治上的组织化程度，测量指标一般包括是否参加过村民代表大会、是否对村委会提过相关建议和意见、是否参与过村庄公共活动等。

（二）经济联合

经济上的组织化，是指从事农业生产及在市场化中处于一定弱势地位的农民根据相关原则，在经济领域自愿地将生产规模小、经济实力弱、缺乏市场竞争的传统农业生产转变为有组织、有规模的现代农业生产的过程。[④] 经济联合是农户经济上组织化的典型表现，主要针对因个体力量无法进入市场，或无法防范市场风险，或无法摆脱小农思想的农户，将其组织起来抱团发展经济的过程。农户组

---

① 陈航英：《小农户与现代农业发展有机衔接：基于组织化的小农户与具有社会基础的现代农业》，《南京农业大学学报》（社会科学版）2019 年第 2 期。

② 张慧卿，刘醒：《农民组织化的现实困境、成因及其改善路径：兼评亨廷顿农民组织化思想》，《农业经济》2016 年第 3 期。

③ 汪杰贵：《农民自组织公共参与行为失范与改进路径》，《兰州学刊》2018 年第 7 期。

④ 吴琦：《农民组织化：内涵与衡量》，《云南行政学院学报》2012 年第 3 期。

织化中的经济联合指标一般包括是否参与集体经济发展，是否加入合作社，是否实现了合股联营等。

（三）文化认同

文化认同是指人们对某种文化或规则的接受和认可程度。文化是村落治理体系中最基础的资源，是乡村社会秩序的黏合剂，是推动地方治理的关键性因素。[1] 村庄文化是农村社会秩序和社会结构的重要载体，也是农村社会治理的重要手段和途径，因而以加强文化认同的形式去巩固乡村社会结构、维护乡村社会秩序显得尤为重要。故，对村庄文化的认同，影响着人们的思维、情绪、价值与行为，有利于产生集体意识和文化共同体。农户组织化中的文化认同指标，一般包括是否认同村庄文化，是否认同村庄理念，是否认同村庄身份，如何看待村规民约等。

三 案例分析：农村家户组织过程及逻辑

（一）公共参与：家户组织化中的赋权与协商

组织化是农户在政治上实现制度化公共参与的有力支柱。尽管新时代的农村发展已经进入乡村振兴阶段，但大部分的小农仍在现代化的快车道旁缓慢前行，一些小农在市场机制中徘徊不前，甚至因遭遇剥削而退化。[2] 这就说明，广袤的农户还没有被组织起来，解决这一难题的关键就是赋权与协商，即赋予广大农户政治权利，让其真正参与到乡村建设中来。塘约村发展过程中，恰好实现了对农户的赋权与协商，建构了平等协商的村民自治。[3] 这样的政治赋权与

---

① 邹荣：《当代中国乡村治理转型中的村落文化基因及其嬗变》，《云南行政学院学报》2017年第1期。

② 乐章，许汉石：《小农组织化与农户组织参与程度研究》，《中国人口·资源与环境》2011年第1期。

③ 谢治菊：《扶贫利益共同体的建构及行动逻辑：基于塘约村的经验》，《贵州社会科学》2018年第9期。

协商，可从农户的参与程度、参与积极性、参与内容来体现。

从参与程度来看，农户的参与水平较高，92.7% 的受访者表示参与过公共事务；61.8% 的受访者选择参加过村民代表大会，57.3% 的受访者表示给村委会提过意见，难怪数据显示自 2014 年以来受访者参与村民代表大会、村庄公共事务的平均次数分别是 11.74 次、13.57 次，最高次数分别为 40 次、200 次。就参与积极性而言，塘约村村民公共参与的积极性强，有 61.5% 的受访者明确表示他们是积极主动参与，有 71% 的受访者指出他们参与是为了行使自己的权利。从参与内容来看，超过 70% 的受访者以提出建设性的发展意见为基础，以政治参与、社区参与为主。从参与内容来看，以提出建设性的发展意见为基础，以政治参与、社区参与为主。在政治参与方面，有 60.3%、63.3% 和 60.4% 的受访者表示，他们参与排名第一、第二、第三的活动分别是村民代表大会选举、学习党和国家的政策、向村委会建言献策；在社区参与方面，排名第一的是参与社区环境卫生活动，占 45.1%；排名第二的是社区公益活动，占 25.8%；排名第三的是社区邻里活动，占 34.1%。可见，作为村庄主体，塘约村的农户在表达政治权利、维护村庄形象、净化村容村貌等方面，已经贡献了不小的力量。

根据已有的研究，农户参与的人数占总人数比重越大，组织化程度就越高。同时，参与规模、活跃度和凝聚力，也是衡量农户组织化的标准。① 鉴于此，从上述数据可知，在广度、深度和厚度上，塘约村农户的公共参与，都具有较高的水平，这也是村庄从政治上将农户组织起来的载体和表征。正因如此，已有研究显示，经过几年的发展，塘约村的凝聚力比相邻的另外两个村庄要高得多，更是通过均衡的利益联结机制照顾了多元主体的发展权利，克服了"管制俘获"问题。② 在公共参与的过程中，如有可能，农户会想方设法

① 黄冬娅，张华：《民营企业家如何组织起来？基于广东工商联系统商会组织的分析》，《社会学研究》2018 年第 4 期。

② 陶元浩：《农村社区凝聚力指标体系实证研究：以贵州省塘约村等三个行政村调查为例》，《中国特色社会主义研究》2018 年第 2 期。

对参与的管制机关施加影响；村委会在进行利益平衡时，也会尽力满足被管制的利益要求，这种情形被称作"管制俘获"①。"管制俘获"让村委会在制定村庄规范的过程中更加偏向被他们所管制的利益，有时甚至为了保护被管制利益而进行管制，这种管制会损害其他分散的利益，因此在公共参与中要注意。

事实上，从治理的角度来看，多中心治理是应对公共事务管理效率低下的根本之道。有学者认为，多中心治理可以让政府专注于做高品质的决策，使政府更专注于宏观上解决危机，提高危机处理的效率②，至于一些基层的服务性功能，则交给社会组织去完成。因此，面对后扶贫时代乡村振兴的人力资本、社会服务、团结合作困境，农户将个体嵌入村庄公共事务发展中，具有重要的价值和意义。因为从法律的角度来看，组织化的核心是保障个体的权利，否则，这些权利将在分散的利益与高成本的冲撞中被吞噬。所以有序的公共参与，是农户组织化的典型表现，也是体现中国现代化、民主化、法治化的重要手段。塘约村农户以公共参与的形式实现组织化中的权力赋予与协商，恰好体现了这一点。

（二）经济联合：家户组织化中的共享与联结

费孝通先生认为，中国传统社会是一个"熟人社会"，受特定人文环境的影响，"生于斯、长于斯、死于斯"形成了人与人之间相互熟悉且又相对稳定的社会结构。③ 在这样的生活环境下，传统农户更倾向于耕地自耕以守护土地这个"命根子"，或许这是导致过去几十年里中国农村合作经济发展缓慢的因素之一。因此，通过发展集体经济将农民重新组织起来，通过村社一体的合作社给农民组织化提供平台，已成为经济联合的主要道路。④ 一如塘约村这几年的进步一

---

① 王锡锌：《利益组织化、公众参与和个体权利保障》，《东方法学》2008 年第 4 期。
② 韩丹：《多中心理论视角下的公共危机治理模式研究》，《商业时代》2011 年第 28 期。
③ 费孝通：《乡土中国与生育制度》，北京大学出版社 1998 年版，第 18 页。
④ 张慧鹏：《集体经济与精准扶贫：兼论塘约道路的启示》，《马克思主义研究》2017 年第 6 期。

样，"金土地"合作社带来的抱团发展和集体腾飞，是他们成功的主要密码。由此带来的利益共享与连接，主要从组织形式、组织程度、组织成效上来印证。

从组织形式上来看，正如众多专家学者所言，塘约村农户组织化的载体是合作社及其下属企业。从形成特点来看，专业合作社包括农民主导、企业主导、村委会主导、政府主导四种类型，塘约村灾后成立的"金土地"合作社，主要是村委会主导成立的，是集体经济的主要支撑。正因如此，这种专业合作社才能够真正将农户的利益捆绑起来，实现抱团发展。① 该合作社下属运输公司、建筑公司、妇女创业协会、市场营销中心、农技培训中心、劳务输出中心、水务管理工程公司和农业生产团队，统一由村委会进行规范化、系统化管理，是"村社一体"的合作社，这一合作社是将农户利益进行共享与连接的载体。事实上，调查时有 96.6% 的受访者表示，通过合作社来发展集体经济，很有必要。那为何发展合作社，访谈时塘约村党支部书记左文学②表示：

> 当时我们村在沿海一带、安顺或是平坝从事建筑行业大约有 500 人，从事运输行业的大约有 100 人，基于此我们成立了运输公司和建筑公司，目的不是为了赚钱，而是把这些具备劳动力的人员留在自己的家乡。

在参与程度上，农户参与经济合作组织的程度很高。数据显示，42.4% 的受访者参与了集体经济的运营，49.7% 的受访者对村庄集体经济的运营情况很了解，96.6% 主要参与集体经济运营的管理、监督与分红。不仅如此，有 89.2%③的受访者表示加入了合作社，在这

---

① 陈航英：《小农户与现代农业发展有机衔接：基于组织化的小农户与具有社会基础的现代农业》，《南京农业大学学报》（社会科学版）2019 年第 2 期。

② 男，49 岁，塘约村党支部书记，访谈于 2019 年 6 月 20 日。

③ 村里面提供的数据显示，所有的农户都加入了合作社。为何这里是 89.3%，因为在受访者中，有些是驻村干部，有些是住在塘约村的非塘约村民，所以是加入合作社的数据，不是 100%。

些人中，有 50.9% 的人是主动要求加入，42.3% 是村委会动员加入，6.7% 受到他人的影响而加入。至于加入合作社的动机，主要是实现抱团发展，占 65.5%；加入的时间，60.8% 表示是四年以上；加入的方式，是以土地入股，占 75.1%。而在土地入股的受访者中，平均土地入股 3.8 亩，最多一户入股 50 亩，全部土地入股的占 61.7%，部分土地入股的占 38.3%。这说明，塘约村民以合作社为载体的经济联合，已得到大部分农户的认可。

在经济组织方面的成效是显著的。与 20 世纪五六十年代的合作社不同，塘约村通过"七权同确"，实行村社一体合股联营，一定意义上激发了农户的内生动力，将人力资本、土地资源等充分转化为经济价值，释放了农户的内生动力，故而经济上的组织成效，十分明显，可从以下几个方面来佐证：一是村民的主观经济绩效。调查显示，89.3% 的受访者认为发展集体经济对其家庭有帮助，因而 93.2% 的人认为，塘约村的集体经济发展是有成效的；另有 75.6% 的受访者表示，加入合作社能够满足家庭的实际需要，71.8% 的人表示合作社的分红是合理的，87.7% 的受访者表示，加入合作社后家庭的收入提高了，故有 92.4% 的人评价，塘约村合作社的发展，是有成效的。这些数据说明，从主观评价来看，组织起来的塘约村，经济成效是明显的。二是客观数据。自加入合作社以来，受访者 2015—2018 年平均分红 1188 元、1597 元、2070 元、2435 元，合计平均分红 6760 元，合计最高分红 34926 元。分红的变化，带来了塘约村村民人均收入的大幅度提升。据统计，截至 2019 年底，农民人均可支配收入从 2013 年的 3940 元上升到 20136 元，集体经济从不足 4 万元增加到 638 万元，消除贫困人口 138 户 600 多人，实现了整村脱贫。

既然经济组织成效显著，那么塘约村是以什么方式进行利益共享与联结呢？一是按股份分红。塘约村合作社在成立之初就明确了利益分配制度，明确规定合作社分红按 3∶3∶4 的比例进行，其中，合作社 30%，村委会 30%，农户 40%，在村委会的 30% 中，少量要发给贫困户分干股。[①] 二是获得劳动报酬。除分红外，农户还可以通过在合作社及其下属企业务工获得工资报酬，据统计，到目前为止，全村已有 2000 多人在集体经济企业中工作，每天 100—150 元不等的报酬，完全实现了 1 户 1 人就业，或者 1 户多人就业的目标。三是共享村庄福利。通过几年的发展，塘约村还制定了一系列福利政策，如全年无违反"红九条"的，村委会将全额给农户购买农村合作医疗；考上大学的学生，村里面将给予几千元的奖励；因病因灾陷入困境的家庭，村里会从集体经济中给予一定的物质救助。通过这三条途径，塘约村经济组织化中的利益共享与联结问题有效得到了解决。就此而言，不管从哪方面来看，塘约村的经济联合，都实现了抱团发展、提高了村庄收入、增强了村庄认同，说明经济组织化的程度较高。

农户经济组织化的逻辑是什么呢？农村集体经济是把农民重新组织起来的物质基础，村社一体的合作社是农民组织起来的有效载体。因此，农户经济上的组织化，往往是通过合作社抱团发展提高其市场竞争力和风险防范能力，解决农户在市场中处于弱势地位的状况。农户之所以要通过专业合作社将各自的利益联结起来，是因为过去农户直接与企业签订契约的农业生产形式虽然能够降低交易费用，但处于弱势地位的小农户往往难以有效应对企业的违约风险与市场不确定性。通过组建专业合作社，可以克服"农户+公司"的履约困境，一定程度上可以解决农户决策的组织失灵与农产品交易的市场失灵问题，降低交易成本，限制投机行为，从而让农户与企业形成稳定的契约关系。[②] 因此，经济上的联合是农户组织化的重要体现。

（三）文化认同：家户组织化中的规范与包容

文化是人类相对于政治、经济活动而言的其他活动及其产品。

---

① 2016 年每户分红 2250 元；2017 年每户分红 3300 元；2018 年整村脱贫，再无贫困户。
② 王晓华：《城镇化背景下农户经营组织化的制度逻辑》，《江淮论坛》2013 年第 4 期。

文化认同是人类受某一群体文化的影响而产生的行为模式。虽然文化变迁的速度不及政治、经济的速度，但其影响的深度和广度更为明显和突出。文化与制度紧密相关，制度是科学化、标准化和规范化的框架规定，文化则为制度或日常生活中形成的正式的或非正式的规范总和。作为社会治理的两条途径，制度与文化需要共存互动。鉴于此，2014年洪灾后的塘约村，特别注重重构村庄制度与文化，并且以新村规民约的方式固定下来，由此带来的村庄规范与包容，主要从理念认同、规范认同、身份认同来分析。

在理念认同方面，受访者对塘约村的发展理念、组织理念、村庄文化都有很高的认同度，其中95.5%的受访者认同塘约村2014年水灾之后树立的"穷则思变"理念，97.2%的受访者认同村庄文化，97.%的人认同"村社一体"的合作社组织方式。在规范认同方面，96.6%的受访者对新村规民约——"红九条与黑名单"是认可的，认为净化了村庄风气、规范了村民行为，正如塘约村村民Q某某①所言："我认可'黑名单'，'黑名单'上的人是要受到惩罚的，村里面就不给他们买医保。'红九条'与'黑名单'对村民的行为有帮助的"；90%的受访者表示认同"村民组—村委会—村民代表大会"的"三级调解制度"，因为这一制度切实做到"矛盾纠纷不出组、寨、村"，曾实现"一天内迁坟26座无一纠纷"的纪录。在身份认同方面，86.5%的受访者认为作为塘约人有自豪感，96.1%的受访者表示与过去相比塘约村的声誉提高了，98.9%的受访者表示在子女婚嫁方面，同等条件下会选塘约村或视情况而定。这说明村民对塘约村有很高的认同感。其实不仅是塘约村民，外村村民也认为塘约村发展很好。正如访谈时青庄村村民左文学②所说："我们村环境没有塘约村好，在山里头，到处都在讲塘约村好。"

研究表明，基于兴趣与需求的组织文化可以增加个体对组织的亲近感，可以吸纳更多的组织成员来参与；基于互助协作的文化可

---

① 男，72岁，塘约村村民，汉族，高中文化，访谈于2019年2月22日。
② 女，55岁，汉族，青庄村村民，访谈于2019年2月23日。

以夯实组织成员的心理依靠，提高成员的参与度；基于一致价值观的组织文化可以增强成员与组织的互动，形成情感意义上的认同。①塘约村的文化建构正式满足了以上三点要求，所以成效显著，近年来社会风气大大好转，不仅鲜有不赡养老人、邻里打架等矛盾纠纷，村民的休闲娱乐也比较高大上。例如，有55.7%的受访者表示，会经常去塘约书屋看书，受访者去的平均次数是9.87次，最多的人，去了60次；再如，村民的兴趣爱好，大都集中在体育健身，居首位。一些村庄存在的赌博现象、大办酒席、不赡养老人、好吃懒做、棺木丧葬等陋习，都被以"红九条与黑名单"为代表的新村规民约一一化解。由此表明，塘约村的文化建设，使农户组织化中的规范与包容问题，呈现出较好的面向。

文化规范着组织成员的行为，稳定着组织的结构体系，能够让组织适应外部环境的变化。随着社会转型的深入、经济水平的发展，村落文化在乡村社会的重要价值逐渐显现，文化变迁也会带动乡村社会的变化。一如美国社会学家奥格本所言，虽然文化变迁的速度不及政治、经济的速度但其影响的深度和广度更为明显和突出。由此，通过文化认同将农户组织起来的逻辑是：文化首先为组织成员提供共享的意义系统、观念体系与行为规则，具有认同、导向、凝聚、控制等功能，这一功能在组织成员相互学习、彼此影响、共同适应的过程中不断加深与强化②；接下来，村委会通过多种举措将村庄文化内化为农户的价值观与荣誉感，进而增强其对村庄的满意度与忠诚度，进而引发更高级别的组织化方式。

综上，塘约村通过多种举措让农户组织起来，全村真正做到了"心往一处想、劲儿往一处使"。就这样，塘约村开始一步步地崛起，家乡越来越优厚的发展条件，吸引着越来越多的村民回到了塘约，2015年塘约村外出务工350多人，2016年减少到50多人，现在的塘

---

① ［美］乔纳森·R.汤普金斯：《公共管理学说史：组织理论与公共管理》，夏镇平译，上海译文出版社2010年版，第52页。

② 苏雪梅：《组织文化与员工认同》，中国社会科学出版社2012年版，第65页。

约村已基本没有外出务工的村民。为何要回村来发展，塘约村村民XH①告诉我们："那几年生活也比较恼火一点，后来听到村里面发展好我们就回来啦！回来现在在合作社干，离家也比较近，什么大事小事、娃娃读书这些互相能照顾得到，比外面强多了。"可以说，如今的塘约村，农村资源变活了，农民观念变新了，腰包变鼓了，村庄环境变美了，社会风气变好了，基层党组织凝聚力变大了，塘约人的底气也变足了，是农户组织化研究不可多得的典型案例。

四　理性探讨：农村家户组织影响因素

改革开放以来，学界对农户组织化的实践探索层出不穷，开始呈现出多种组织化形式，其中以合作社为主的组织化形式最为突出，组织化水平也逐渐提高。同时，农户组织化水平受多种因素的影响，包括：第一，微观层面的因素。有人从个体理性的角度出发，认为农户的理性程度取决于农户的文化程度，以及性别、文化程度、政治面貌、收入等的影响。不仅如此，农户的再教育程度，也会影响其个体理性水平。鉴于此，本章拟从个体背景变量和农户再教育程度来探寻影响农户组织化的微观因素。第二，中观层面的因素。有学者分析了满意度与农户组织化的关系，结果表明，成功的农户组织化应该更多地关注利益分配的合理性，并且应该关注农户的满意度与幸福感。② 不仅如此，农户对村庄的信任程度，也会影响其组织化的程度。故本书拟从满意度、幸福感、信任度三个角度，来探讨影响农户组织化程度的中观因素。第三，宏观层面的因素。合作社所寻求的"公平"，绝非"均等"，而是一种以分配制度为核心、涉及民主权利和经济利得的制度安排，体现的是社会公平，同时也是农户权益是否得到保障的重要

---

① 女，42 岁，汉族，塘约村村民，访谈于 2020 年 1 月 20 日。
② 徐旭初：《简论农民组织化与乡村振兴》，《中国农民合作社》2019 年第 5 期。

因素。合作社理应是公平与效率的统一，但某种程度上也存在着效率不高与公平感缺失的现象。[①] 事实证明，合作社公平问题受农户对社会公平认知的影响，而公平认知又与农户对政策的知晓程度有关，因此本书拟从农户的公平认知与政策知晓度情况来衡量影响农户组织化的宏观因素。

为进行有效分析，需要先对变量进行处理，具体步骤是：先运用 SPSS 中的双变量相关，分析变量间的相关关系；然后，通过综合指标对农户组织化程度进行线性回归分析。为了数据上能够更直观地呈现，需要先对因变量进行处理，即选取公共参与、经济联合和文化认同三个维度上的相关变量，通过加权的方式获得综合因变量——农户组织化程度变量。接下来，用同种方式对自变量进行处理，获得新的自变量——宏观层面的社会公平认知、国家政策知晓度，中观层面的满意度、信任度和幸福感，微观层面的个体理性程度、农户再教育程度。最后，用所获取的新自变量和综合因变量逐次进行线性回归，结果如表 8—1 所示。

表 8—1　　　　　　　　　农户组织化程度影响因素之回归分析

因变量	自变量		F	R^2	B	t	P
农户组织化	微观	个体理性程度	5.854**	0.065	0.102	2.418**	0.018
		农户再教育程度	68.651**	0.275	1.036	8.286**	0.000
	中观	农户满意度	52.209**	0.223	0.085	7.104**	0.000
		农户信任度	92.904**	0.341	0.461	9.639**	0.000
		农户幸福感	15.757**	0.077	1.700	3.969**	0.000
	宏观	社会公平认知	46.214**	0.208	1.285	6.798**	0.000
		国家政策知晓度	35.707**	0.164	0.816	5.976**	0.000

资料来源：根据调查问卷整理所得。

注：＊＊＊表示 P<0.01，＊＊表示 P<0.05，＊表示 P<0.1。

[①] 洪梅香：《公平抑或效率：合作社的异化及辨析——兼论土地股份合作社的发展》，《东岳论丛》2019 年第 5 期。

（一）微观影响因素

1. 个体理性程度

所谓个体理性，即"经济人"理性，是个体将个人偏好、差异或既定目标延伸到社会各个角落的过程。如何衡量个体理性程度呢？这与农户的性别、收入变化、文化程度、政治面貌及是否户主等有着关系。例如，有学者提出，农户的理智程度取决于农户的文化程度[①]；也有人认为，若是农民合作社不能提高产量、增加农民收入，组织成员会拒绝加入或选择退出。[②] 这说明，收入变化也是农户理性程度的重要指标。除此之外，有研究显示，政治面貌、婚姻状况等也将作用于个体理性程度，影响农户组织化水平。[③] 此次回归数据显示，F 值为 5.854，t 值为 2.418 时，R^2 为 0.065，显著性水平为 0.018，小于 0.05，说明个体理性程度可以解释农户组织化 6.5% 的变化，即个体理性程度会影响农户的组织化程度，这种影响表现为：文化程度越高的人、收入越高的家庭、已婚者、中共党员的受访者，其个体理性程度越高，相应地，他们的农户组织化水平越高。

2. 再教育程度

农户再教育指对农村人口中已经构成生产力因素的成年人进行的教育活动，形式以培训为主，载体大都为新时代农民讲习所（班）。例如，在塘约村，81.5% 的受访者是自己主动要求参加培训，49.7% 的受访者表示曾经参加过村委会组织的各种培训，但有48.9% 的人表示参加的是新时代农民讲习所组织的培训。至于培训的内容，排在第一名、第二名和第三名的分别是农技培训、政策宣讲和思想宣传。以培训为主的农户再教育可以有效提高其认知水平，也是提高其组织化程度的有效探索。我们的数据也显示，该回归模

---

① 周飞舟：《从汲取型政权到"悬浮型"政权：税费改革对国家与农民关系之影响》，《社会学研究》2006 年第 3 期。

② 徐理结：《我国农村合作经济组织的实践与发展研究》，《经济问题探索》2006 年第 1 期。

③ 孙晓春：《个体理性与公共生活的关系》，《学术研究》2008 年第 4 期。

型中 F 值为 68.651，t 值为 8.286 时，R^2 为 0.275，显著性水平（双尾）为 0.000。这意味着，农户再教育水平可以解释农户组织化 27.5% 的变化，说明再教育程度对农户组织化的影响比较明显，具体表现是：再教育水平越高，对农户的培训越多，农户组织化程度就越高。

（二）中观影响因素

1. 满意度

满意度是农户对村庄事务和行为的评价，这种评价往往是事后发生，是一种主观判断，旨在说明预期与现实是否一致。在以往研究中，学者普遍把诸如住房情况、基础设施、村庄环境、邻里关系、矛盾处理、家庭收入、村规民约、集体经济、社区文化、福利待遇、医疗教育、生活状况等作为农户对村庄满意度的调查指标。[1] 本书也借鉴此指标，以李克特 5 分量表为工具进行测量，结果显示满意度均值为 4.10，说明村民对村庄的整体满意度较高。在高满意度状况下，回归分析的结果显示，F 值为 52.209，t 值为 7.104 时，R^2 为 0.223，显著性水平（双尾）为 0.000，小于显著性水平 0.05，说明满意度可以解释农户组织化 22.3% 的变化，解释力较好。也表明满意度与农户组织化是正相关关系，即农户满意度越高，其组织化程度越强。

2. 信任度

研究显示，内部信任对合作社社员满意度具有显著性影响，且社员对合作社管理者的信任是农户组织化程度的重要影响因素。[2] 因此，本书采用四个指标测量塘约村农户的信任度，也即"整体而言，您对基层党组织的信任程度，您对村委会的信任程度，您对村支部书记的信任程度，您对村委会主任的信任程度"，分别赋值 1—3 分

---

① 贺文慧，程实：《基于农户满意度的惠农政策研究》，《西北农林科技大学学报》（社会科学版）2013 年第 2 期。

② 廖媛红：《农民专业合作社内部社会资本对成员满意度的影响：以管理正规化程度为调节变量》，《经济社会体制比较》2012 年第 5 期。

（从不信任到信任）。数据显示，农户对村庄及其干部的信任度较高，均值为 2.61。回归分析的结果表明，该模型的 F 值为 92.904，t 值为 9.639，R^2 为 0.341，显著性水平（双尾）为 0.000，小于显著性水平 0.05，说明信任度可以解释农户组织化 34.1%的变化，解释力很好。也表明信任度与农户组织化是正相关关系，即农户对村庄组织及干部的信任度越高，其组织化程度越强。

3. 幸福感

关于幸福感与组织化程度之间的关系，已有研究表明，参与社会组织对农户的幸福感有正向的促进，因为个体参与社会组织能实现自身价值并获得相应的劳动报酬，能够扩大关系网，增加自身经历，获取更多的平台。[①] 即个人参与社会组织的数量越多，幸福感越高。二者的关系反过来成立吗？回归结果显示，此模型的 F 值为 15.757，t 值为 3.969，R^2 为 0.077，显著性水平（双尾）为 0.000，小于显著性水平 0.05，说明满意度可以解释农户组织化 7.7%的变化，也表明幸福感与农户组织化是正相关关系，即农户的幸福感越强，其组织化程度越强。

（三）宏观影响因素

1. 公平认知

公平认知是个体对社会公平的主观评价，也是一项非常重要的社会价值观。公平认知在很大程度上影响着人们对社会的价值判断，研究表明，高收入能够提高民众的社会认知水平。[②] 塘约村的数据也显示，在收入水平较高的情况下，民众对社会的公平认知水平较高，占 89.4%。那么，这种高公平认知会对农户的组织化产生影响吗？数据显示，该模型的 F 值为 46.214，t 值为 6.798 时，R^2 为 0.208，显著性水平（双尾）为 0.000，小于显著性水平 0.05，说明公平认知可以解释农户组织化 20.8%的变化，解释力较好。也表明公平认

---

① 罗楚亮：《收入增长与主观幸福感增长》，《产业经济评论》2017 年第 2 期。

② 黄艳敏，张文娟，赵娟霞：《实际获得、公平认知与居民获得感》，《现代经济探讨》2017 年第 11 期。

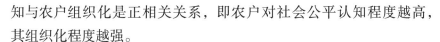

知与农户组织化是正相关关系，即农户对社会公平认知程度越高，其组织化程度越强。

2. 政策知晓度

当问及"您是否知道党的十九大中提出的乡村振兴战略"时，有 86.1%的受访者表示知道；当问及"您是否了解国家的精准扶贫政策"时，有 83.9%的受访者表示了解，这说明塘约村大部分农户对国家政策是知晓的，这种知晓对农户组织化有何影响呢？数据显示，该模型的 F 值为 35.707，t 值为 5.976，R^2 为 0.164，显著性水平（双尾）为 0.000，小于显著性水平 0.05，说明政策知晓度可以解释农户组织化 16.4%的变化，解释力较好。也表明政策知晓度与农户组织化是正相关关系，即农户对国家政策的知晓度越高，其组织化程度越强。

综上，农户的组织化程度，主要受三个维度的影响：就微观层面而言，农户的个体理性程度越明显、再教育水平越高，其组织化程度越高；从中观层面来看，农户的满意度越高、信任度越高、幸福感越强，其组织化程度越高；从宏观角度来看，农户的公平认知越好、对国家政策的知晓度越强，其组织化程度越高。除此之外，有学者在探讨民营企业家是如何组织起来的过程中，通过询问商会的会员总数和会长职位，来佐证商会的规模大小对民营企业家组织程度的影响，数据显示是正相关。[①] 这意味着，组织尤其是合作社的规模也会对农户的组织化程度产生影响。这在塘约村也比较明显，塘约村农户组织起来的载体是"村社一体"的"金土地"合作社，该合作社采取"党总支+合作社+公司+农户"发展模式，按照村民自愿原则，将全村 921 户 4860 亩耕地全部折价入股到合作社，说明该合作社的规模大、人员多、辐射广，这也是塘约村农户组织化程度较高的另一个重要因素。

---

① 黄冬娅，张华：《民营企业家如何组织起来？基于广东工商联系统商会组织的分析》，《社会学研究》2018 年第 4 期。

五 结论及讨论：农村家户组织何以可行

本章通过文献研究、实证调查、案例分析与回归分析等方法，以塘约村为个案，对农户组织化问题进行了系统探讨。研究发现，政治上的参与、经济上的联合和文化上的认同，是新时代将农户组织起来的有效手段，其行动逻辑是实现了政治上的权利赋予与协商、经济上的利益共享与联结、文化上的村庄规范与包容。回归分析发现，农户的组织化水平主要受微观层面的个体理性程度与再教育程度、中观层面的满意度、信任度与幸福感，以及宏观层面的公平认知与政策知晓度的影响。除此之外，组织化载体——合作社的规模大小，也是重要的影响因素。由此需要讨论的是：塘约村农户的组织化道路，有何启示？农户的组织化过程，除三个维度之外，还需要关注哪些问题？农户三个维度的组织化道路，该何去何从？

（一）塘约村家户组织化的启示借鉴

一是加强组织化的党建引导。俗话说"火车跑得快，全靠车头带"，通过建立党员、村干积分管理考核工作机制，塘约村把村干部、普通党员工作成效的评判权都交到了群众手上，这有效激发了党员干部的干事创业激情。各党支部积极落实村里的决策，组织群众开展活动，维护社会稳定，有效把党的力量延伸至村组农户，打通了联系服务群众"最后一米"，凝聚力量推动农户组织化，带领农民走向正确的方向。[1]

二是搭建组织化的平台载体。要实现组织化，抱团发展是必然的道路。为带领全村群众抱团发展，2014年村"两委"班子成员私人贷款100多万作为启动资金，组建了以"村社一体"为特征的金土地合作社，该合作社采取"党总支+合作社+公司+农户"发展模

---

[1] 谢治菊：《扶贫利益共同体的建构及行动逻辑：基于塘约村的经验》，《贵州社会科学》2018年第9期。

式，将全村 921 户 4860 亩耕地全部折价入股，下设 7 个公司（中心），有效地解决了农户组织化的载体问题。

三是实现组织化的利益共享。为何塘约村村民都愿意把土地股份量化到合作社？关键是前述所分析的"433"的利益分配机制起了作用。这种共享机制有效地克服了组织化中的精英俘获问题，保障了组织化中所有农户的利益。

四是创建组织化的治理体系。在各项事业取得发展，物质生活得到改善的同时，塘约村党支部、村委会针对"农村精神文明建设"新课题，进行了积极的思考。例如，面对乡村治理中的难题，全体村民共同制定了"红九条与黑名单"，树立了村规民约的权威性；通过网格化管理、强化服务和监督，打通了服务群众的"最后一米"；通过驾照式考评方式，强化党员和干部考核；通过条约式治理，重塑村规民约，建立村级矛盾纠纷三级调节机制，完善村级事务治理结构。

（二）家户组织化的风险探讨

一是从政治上来看，组织化可持续领导力难以保持。帕累托早期曾提出精英理论，他认为"在资源分配不均的社会，一直存在着统治者与被统治者之间的分离和对立，统治阶级在一定程度上就属于精英"[①]。当然，统治阶级与乡村精英不能混为一谈，但毫无疑问，两者均属领导力。乡村精英是村庄的治理能人。[②] 但纵观现有农村，能人缺乏是普遍存在的问题。"能人村治是一种民主基础上的权威政治，是一种经济能人主导的多元精英治理结构，是一种精英主导与群众参与有机结合的'精英—群众'自治"[③]。从塘约村支两委领班子成员的结构来看，总共 11 个人，年龄均在 50 岁以上，缺少年轻

---

① ［意］维尔弗雷多·帕累托：《精英的兴衰》，宫维明译，北京出版社 2010 年版，第134 页。

② 郭苏建，王鹏翔：《中国乡村治理精英与乡村振兴》，《南开学报》（哲学社会科学版）2019 年第 4 期。

③ 卢福营：《经济能人治村：中国乡村政治的新模式》，《学术月刊》2011 年第 10 期。

干部，缺乏懂技术、会经营、善管理的乡村精英，这对于领导力的新陈代谢、薪火相传有较大的影响，在保持村庄活力、保证工作稳定性和连续性方面存在较大问题。① 因此，必须高度重视农户组织化的可持续领导力带来的风险。

二是从经济和文化上来看，组织化中的"搭便车"行为时有发生。美国著名经济学家奥尔森在著作《集体行动的逻辑》一书中围绕"经济人"假设，提出集体行动的结果就是对"公共物品"的共享，但难免会产生"搭便车"的行为。② "搭便车"行为是每个组织或团体在集体行动过程中常见的困境，此困境在"大集团"中更加明显。在塘约村，合作社实行的是"入社自愿、退社自由"的原则，这虽然尊重了农户的意愿和选择，但这种无门槛的进入和退出制度必将让村委会承担更多的责任与风险，农户反而可以根据合作社的经营情况和个人的收益决定是否进退，这样的制度设计无疑为农户"搭便车"提供了机会。更何况，就集体行动的逻辑而言，适度的强制性是保证集体行动的必要条件，可以避免理性的农户在合作社发展较好时加入、在发展困难时退出，因此，实施封闭的成员资格制度可以用来防止"搭便车"行为的发生。③ 又如，分配方式也容易导致"搭便车"行为。塘约村现有的分配是按劳分配和按生产要素分配的结合，但按股权要素分配占的比例最大，占纯利润的40%，这容易影响劳动力投入的积极性，鼓励按要素分配的投机行为。但事实上，在合作社发展上台阶之后，人力资本投入比要素投入更为重要，否则，容易出现更多的投机行为。再如，合作社的公共积累容易诱发"代间矛盾"。合作社的公共积累是国际惯例，塘约村这部分的积累占合作社纯利润的30%，即使新加入的社员毫无贡献，也可以免费享用这30%。这种享用是对老社员的一种侵占，也是一种

① 《选好配好管好领导班子》，http://renshi.people.com.cn/n1/2019/0118/c139617—30576713.html，2019年1月18日。

② 姜晓东：《农民合作经济组织的"奥尔森困境"》，《山西农业大学学报》（社会科学版）2010年第6期。

③ 宫哲元：《集体行动逻辑视角下合作社原则的变迁》，《中国农村观察》2008年第5期。

"搭便车"行为。当老社员意识到自己的投资收益会被新社员稀释时，对合作社的投入积极性就会降低。

三是从经济上来看，组织化中的产业风险比较突出。乡村振兴战略明确提出"产业兴旺"，支持并鼓励乡村产业化、市场化，这对提升农户收入，提高村庄产值具有重要意义。但通过组织化发展产业，仍面临一些风险，包括市场变化、自然灾害和突发公共卫生事件。塘约村的产业发展，这些风险都遇到过。例如，农户基于经验的种植行为，无法控制千变万化的市场风险；2019 年连续两次的冰雹灾害与阴雨天气，让合作社损失了几百万元；2020 年的新冠肺炎疫情传播，让合作社的种植与销售受到了严重的打击。这说明，农户组织化中的产业风险，要引起高度的重视。

（三）家户组织化的路径优化

众所周知，以合作社为载体的集体化道路是农户组织化的有效载体，是农业农村发展的重要形式。现存制度体系让过去"捆绑式"的集体化转化为现在"自由式"的农户组织化，后者的分配方式更加合理，参与形式更加灵活，在某种程度上可以避免陷入集体行动的困境。这意味着，在农户土地经营规模小且土地碎片化的情况下，"一家一户办不了，不好办，办起来不合算"的事情就需要依靠农户组织起来，因此农户的组织化道路，是乡村振兴的必然选择。[1] 难怪有人认为，无论是从农村发展的角度还是政治体制改革的角度，都应该把农户组织起来，这是农村发展的基础和前提条件。[2] 不过，当前我国农户组织化程度较高的地区，普遍存在政府"输血式"的帮扶，村庄的内生动力还未有效激发。因此，从政治参与、经济联合、文化认同维度出发，农户未来的组织化道路，应着力解决以下几个问题。

一是有效培育乡村精英，保证可持续领导力供给。这就要求在

---

① 贺雪峰：《农民组织化与再造村社集体》，《开放时代》2019 年第 3 期。
② 魏洪秀：《农民组织化的政治学思考》，《烟台大学学报》（哲学社会科学版）2012 年第 10 期。

政府层面，建立健全乡村干部竞选机制；创新精英吸纳制度，为有知识、有技术、有才干的村民提供发挥才干的机会；提高乡村干部的生活待遇，完善村庄公共服务，为精英返乡提供良好的环境。

二是增强农户的主体意识，发挥农户的主体作用。应充分发挥村民自治的作用，让更多农户参与村庄事务中来，真正实现民主选举、民主决策、民主管理和民主监督；充分尊重农户在村庄治理中的主体地位，切实保障农户的合法权益。

三是建立合理分配机制，避免"搭便车"行为的发生。集体土地经营形成的农民利益联结仅为农民组织化提供了必要的基础，提供农户参与村庄集体组织的保障条件与激励机制，才是根本。① 因此，应建立有效的财务公开、监督机制，实行选择性激励，对不参与公共事务活动或对组织没有贡献的农户，进行有理有据有节的惩罚；完善利益联结机制，推动村庄经济均衡发展，加强内外监督，做好联结主体的认定审核及管理工作。

四是建立风险防范机制，提升应对风险能力。应加强农业产业基础设施建设，将自然灾害的损失降到最小；建立风险预警机制，为农户提供实时预报和技术支撑，做到信息共享、风险共担；建立资金预留机制，为农户提供稳定的收入来源，提高风险防范能力。

五是提升村庄文化认同，为农户组织化提供制度保障。制度是由"规制性要素、规范性要素与文化—认知性要素"三大基础要素构成，这三大要素构成了一个连续体，以相互独立或相互强化的方式，构成一个强有力的社会框架，共同发挥作用。② 这三种要素在中国现代农村制度体系中逐渐成形，但村规民约的约束性还存在不同程度的问题，因此应增强村规民约的权威性、规范性和

---

① 张树旺，陈诗慧，杨秋婷：《论乡村振兴背景下农民组织化的机制》，《南京农业大学学报》（社会科学版）2020年第5期。

② ［美］W. 理查德·斯科特：《制度与组织：思想观念与物质利益》，姚伟，王黎芳译，中国人民大学出版社2010年版。

实用性。毕竟，规则是制度化的基础，影响着农户组织化的行为与实现程度。① 因此，应夯实村规民约的权威性，夯实农户的组织化保障；应增强村庄制度的规范性，有效制约利益主体的行为；应提升村庄的认同意识，发挥农户的主人翁地位；以内生性规则激发农户组织化的生机与活力，以公平性规则引导农户组织化有序运行。

事实上，以塘约村为个案的农户组织化道路，对于西部乃至全国农业农村改革发展都具有很好的启示和借鉴意义。可以说，在农户组织化的道路上，以塘约村为代表的村庄，创造了一个又一个奇迹。正如王宏甲先生在其著作《塘约道路》一书中深情地写道："这是中国农民的第二次道路选择，在这里我们看到了百姓的命运、国家的前途、党的作用和人民的力量。"② 毕竟，村社一体的合作社更容易让农民以不直接参与经营活动的方式达成集体行动，这样会大大降低市场风险。③ 也正因如此，以塘约村为代表的农户组织化道路，复制推广的条件、障碍与策略是什么，还需进一步探讨。

---

① 方帅，党亚飞：《乡村振兴战略下农民组织化的有效实现：基于规则供给的视角》，《西安财经大学学报》2020 年第 4 期。

② 王宏甲：《塘约道路》，人民出版社 2016 年版，第 109 页。

③ 王海娟：《资本下乡与乡村振兴的路径：农民组织化视角》，《贵州社会科学》2020 年第 6 期。

第九章　从脱贫攻坚到乡村振兴：
塘约村"三变"改革经验

　　家庭联产承包责任制是党的十一届三中全会以来我国农村改革的标志和转折点，促进了农村社会和农村生产力翻天覆地的变化。但随着社会的转型、经济的发展和改革的深入，"统分结合"不够的家庭联产承包责任制遭遇了前所未有的瓶颈，由此引发的农村资源闲置、人员外流、经济凋零、资源分散的问题日益严重，甚至让部分农民陷入了赤贫的境地。为进一步明晰农村集体产权、盘活农村资源、增加农民收入、激发集体经济发展活力、培育现代农业，发挥统分结合的双层经营优势，适应新时代农业产业化、规模化和市场化发展的需要，破除新时代农民有资源没资产、有权利没利益、有空间无效益的困局，减轻长期"吃煤饭"带来的产能过剩和经济下滑的压力，2014 年，贵州省六盘水市率先提出了以"资源变资产、资金变股金、农民变股东"为核心要义的"三变"改革，历经探索、试点和突破，2016 年，"三变"改革在贵州省全面推行，六盘水市成为"三变"改革创新的发源地和试验田。随后，安徽、重庆等地在借鉴六盘水"三变"改革经验的基础上，采取"村社一体、合股联营"等方式，盘活了农民的土地收益权和房屋财产权，切实增加了农民收入。① 2018 年 8 月 19 日，中共中央、国务院关于

---

　　① 陈全：《"三变"改革助推精准扶贫的理论逻辑和制度创新》，《改革》2017 年第 11 期。

《关于打赢脱贫攻坚战三年行动的指导意见》发布，六盘水农村"三变"改革经验被写入其中。这是继 2017 年、2018 年"三变"改革连续两年写入中央一号文件后，第三次写入中央文件。经过 3 年多的变革与试点，"三变"改革成效显著，仅六盘水市贫困户从"三变"中获取的股权收益就高达 1.12 亿元，股权收益脱贫 6.59 万人，脱贫率为 23.1%。[①] 显然，在乡村振兴的大背景下，"三变"改革无疑为助推精准扶贫发挥了重要的作用，让中国农村的资源产权逐渐变得清晰。而只要产权清晰，哪怕国家不充分干预，市场也会克服盲目性和外部性问题。正如张五常所言，政府只要抓好产权制度，实实在在建立市场自由选择的制度体系和法律规范，市场的问题就迎刃而解。[②] 就此而言，以聚焦"贫困群众、产业优势、经营主体、风险防控"为支点，以"盘活资产、促进增收、整合资金、搭建平台"为目的的"三变"改革，其助推脱贫攻坚的逻辑机理、运行模式、问题反思及实践路径，对凝练新时代中国乡村振兴经验具有重要的帮助。

"三变"改革是当前我国农村改革的重要实践之一，它不仅是乡村振兴的基石，也是对巩固党的基层政权及促进农村快速发展和发挥多维价值效度引领作用，对从脱贫攻坚到乡村振兴也具有非常重要的作用，实现巩固脱贫成果和农村的乡村振兴。"三变"改革地方性探索和实践能激活农村的闲散资产、自然资源、人才资本要素，发挥政府主导作用、尊重农民意愿、做好监督及风险防控机制和管理层的激励机制等。为此，本章以贵州安顺的塘约"三变"改革模式为例，阐明农村应充分发挥"三变"改革的优势及撬动作用，通过专业评估体系，发挥村委党建引领作用，村内能人带动等模式为农村"三变"改革打下坚实基础，也为实现我国西部农村地区农业增效、农民增收、新农村建设增值和解决东西部平衡发展找到发展路径。本章对农村"三变"改革助推精准扶贫的机理、模式、问题

---

① 赵琴：《"三变"改革：精准扶贫的重要制度创新》，《贵州日报》2017 年 5 月 21 日第 3 版。

② 张五常：《经济解释》（卷四），中信出版社 2014 年版，第 143—158 页。

与路径进行了系统的综合探讨。

一 解决贫困问题："三变"改革缘起及价值探讨

"三变"改革即"资源变资产、资金变股金、农民变股东"，"资源变资产"指村集体将确权的集体资源如土地、房屋等折价入股到企业、合作社或其他经济组织，以变成代表股份权利的资产；"资金变股金"指村集体在不违背规则的情况下将各类投入和收益投资到企业、合作社及其他经济组织，以变成代表股份的资本金；"农民变股东"指农民将自己的土地、房屋、劳动与技术等，入股到企业、合作社及其他经济组织，定期收益、定期分红，农民变成股权投资人。[①]"三变"改革盘活了农村资源、激活了农民权益、拓宽了农业增收的长效机制，为乡村振兴、精准扶贫提供了有益的借鉴。"三变"改革也是对"双层经营"体制的一次成功尝试，是邓小平同志农村改革"第二次飞跃"的一个实践方向。[②] 发源于贫困地区的"三变"改革，其着力点在于贫困人口，事实证明脱贫成效是显著的，但"三变"改革的创新意义远不止于此，对于深化农村改革、改变农村生产关系、促进农村发展也有重要的意义。[③]

党的十九大报告提出"实施乡村振兴战略"，把解决好"三农"问题作为全党工作重中之重，为我国农村改革发展提供了指南。通过增进民生福祉，提高人民生活水平在继续巩固和完善农村现有基本经营制度的前提下，实施农村产权制度改革，增加村集体资产，增强村内凝聚力与向心力，开展以"资源变资产、资金变股金，农民变股东"的"三变"改革是新时期农村实现全面小康与推进乡村振兴战略的重要抓手，中共中央、国务院出台《关于构建更加完善

---

① 魏人山：《"三变改革"的内涵研究》，《改革》2017 年第 11 期。
② 六盘水市委：《万变不离其宗，核心就是打造"股份农民"：在六盘水调研"三变"改革时的谈话要点》2016 年。
③ 谢治菊：《"三变"改革助推精准扶贫的机理、模式及调试》，《甘肃社会科学》2018 年第 4 期。

的要素市场化配置体制机制的意见》，要求对土地要素、劳动力要素、资本要素等进行规范配置。因此，紧紧围绕贵州安顺塘约发展道路和模式，深入思考"三变"改革理论和实践探索，对深化农村集体产权制度改革，巩固农村基本经营制度，扎实推进农业可持续发展，以此助推精准扶贫长效机制的建立有着深层次的价值内涵和实践意义。[①]"三变"改革不仅是乡村振兴的基石，也是对巩固党的基层政权及促进农村快速发展发挥多维价值效度引领作用。"三变"改革地方性探索和实践能激活农村的闲散资产、自然资源、人才资本要素，发挥政府主导作用、尊重农民意愿、做好监督及风险防控机制和管理层的激励机制等。"三变"改革创造性变革扶贫资金和扶贫项目运行机制，通过增加贫困户的资产性收入培育农村精准扶贫长效机制，实现"输血式"向"造血式"扶贫模式的转变，从根本上解决贫困地区脱贫问题。在推进脱贫攻坚实践中，"三变"改革催生了"三变"+特色产业+贫困户、"三变"+村集体经济+贫困户、"三变"+乡村旅游+贫困户、"三变"+企业+贫困户、"三变"+合作社+贫困户等多种扶贫模式，这些模式运行的成效比较明显。

（一）"三变"改革实践价值

我国广大农村地区经济社会建设滞后现象日益凸显，部分深度贫困地区陷入"扶贫—脱贫—返贫"发展陷阱。"三变"改革作为带有地方性探索，率先在六盘水作为全国农村试点改革，后推向贵州省其他地区，而塘约作为安顺市推出"三变"改革试点，解决了乡村振兴背景下我国广大农村地区的"三农"问题，对农村现有以土地为核心的集体产权制度进行适度变革，解决了农村社会问题。"三变"改革的实践，调整农业产业结构，深化农村经济社会及土地承包关系的二次变革及在统分结合的经营体制下壮大了集体经济的发展模式，调整农村经营体制，使集体经济、个人权益和企业经营

---

① 朱道才，刘锦：《农村"三变"改革助推精准扶贫的机制和模式创新——基于安徽阜阳农村的调查》，《云南农业大学学报》2020 年第 1 期。

紧密联系起来，解决了农业发展问题。通过组成利益共同体，盘活农村现有资源资产，以促进农业生产增效、农民生活增收、农村生态增值，最大限度解放和发展农村生产力，其最终目的就是解决了农民共同致富问题。同时，"三变"改革作为地方性实践，对我国政策性启示是既探索和丰富了国家政策、盘活农村闲散资产和整合社会闲散资金，又激发了农村发展的内生动力，转变了农民观念与职业身份。"三变"改革与当前实施的"乡村振兴"形成耦合效应，得到了国家的高度认可并推广。它对壮大我国广大农村集体经济，对巩固基层政权具有非常重要的作用，使基层组织办事有人跟，说话有人听，带动农民脱贫致富跟党走。总之，"三变"改革模式的成功实践使广大农村地区找到了一条通向农业现代化、农民职业化、农村美丽化的路径，使我国农村地区实现了农民脱贫致富和乡村振兴，也加快了农业供给侧结构性改革工作实施，推进"三农"工作发展，巩固农村脱贫成果，建立解决相对贫困的长效机制，防止返贫困现象发生。

（二）"三变"改革的实践成效

"三变"改革激活了"乡村振兴"的相关要素如产业发展，提升乡村治理水平，具体表现为以下成效。

1. "三变"改革政策配套完善

"三变"改革在实施产权制度的前提下，做好清产核资相关工作。首先，通过清产核资、进行确权登记和资产评估等工作，构建农村"三资"归属清晰、流转顺畅的现代农村产权体系。如塘约村施行"七权同确"、合股联营推进"三变"改革，厘清了村内资产与个人资产。其次，通过深化农村综合性改革，激活村中各类生产要素，兼顾和维护农村集体、承包农户、经营主体的权益，赋予了农民经营管理权、股份收益权、租赁权等多种权力，整合农民资金、财政项目资金、金融资金、民间资金的方式进行开展入股，实现了入股模式及分成。塘约建立土地流转中心、股份合作中心、金融服务中心、营销信息中心、综合培训中心和权益保障中心"六个中心"，解决了易权过程中的流转、股份、营销、运营等方面的问题。再次，在贫困户利益联结机制方面采取了切实措施，兼顾了贫困户利益。"三变"改革拓宽了农民的投资、创业、就业和增收途径，赠送贫困群众股份，大大提高了农民资产性收入，实现了专业人办专业事的目标。"三变"改革在壮大集体经济的同时，也解决了村庄无钱办事和无人办事的尴尬局面，破解农村发展瓶颈。最后，开展金融保障。通过信用社贷款融资，实施金融保障工作，确保开展"三变"改革的资金问题，为社会资本进入提供了可行途径，实现了农村资产的保值增值，极大解放了土地承包权和经营权的活动空间，也激发了乡村全面振兴的活力。如塘约金融信贷按照3+X模式进行金融信贷推进工作，借款人违约时，合作社先从村级金融担保基金中提取资金抵扣给金融机构，再由村委会对借款人事先抵押的产权进行处置凸显了塘约金融信贷的特点。

2. "三变"改革承接主体结构完善

"三变"改革实现从"资源—财产—产权—资产"的转变之路，增加了农民收入，壮大农村集体所有制经济。塘约村主要依靠"村社一体"模式来壮大集体经济和实现"三变"改革目标。金土地合作社按照"村办、民管、民受益"的原则，以服务社员为根本，依照《中华人民共和国农民专业合作社法》为依据开展管理与运营，谋求全体社员的共同利益为宗旨，实行自主经营、民主管理、盈利返还。"三变"改革是对家庭联产承包责任制的一种改革，也是土地流向家庭农场和承包种植大户的一次成功尝试，促进农村土地统分结合及"三权"分置改革的重要实践。在农村，土地等不动产受其性质和制度所限，土地仅为农户承包的资源，不能转变为资产，也无法使农户受益，要使农村根本上摆脱贫穷，必须通过"三变"改革打通农村资源变资产的途径，实现资源向资产的转化，让农民有资产，从而从根本上增加农民的收入，促进农业更强、农村更美、农民更富。塘约村在组织机构设置中，由农民专业合作社下设置市场营销中心、农技培训中心、妇女创业会、运输队、劳务输出中心、建筑队等承接"三变"改革载体。在坚持入股自愿退股自由，办理股份手续高效便捷，坚持土地底线不能非农化前提下开展工作。合作社在发起之初，就设立了法定代表人、执行监事、监事等架构。

可以看出，塘约村"三变"改革之初，就以规范化、经营化、制度化来开展工作，塘约村"金土地"合作社负责人唐某某认为，合作社通过抱团形式，结束了村民单打独斗局面，使村民转变观念，也夯实了村支两委群众基础上，实现了"一清七统"，进一步明晰农民产权，吸引投资，增强了农村农民的获得感，增强其内生动力，逐渐改变农民思想观念，推动了农业现代化发展。通过土地储备体系、利益共享体系、金融支撑体系、风险防控体系完善该村支持体系工作。

3. "三变"改革凸显利益联结机制

"三变"改革中，农民将个人手中的资源入股到经营主体之中进行投资，传统农民一跃而成为企业组织的股东，从而改变了原有的农民、国家、集体、社会的生产关系，带来了乡村政治、经济、社会和文化全方位的变革，必然引发乡村社会结构变迁，实现"三变"改革利益联结机制，"三变"改革对进一步理顺村支"两委"、农户、资本，甚至与乡镇政府等农村社会治理主体间的关系，优化农村社会治理结构提出了变革方向和路径。[①] 塘约通过"三变"改革+特色农产品+贫困户的利益联结。通过"政府引导、市场运作、企业带动、群众参与"的方式，做优、做大、做强产业项目，推动农业产业结构调整和农民增收[②]，通过项目使老百姓增收致富。通过"三变"改革利益联结机制，明确集体土地公共所有的性质，人人拥有股份的事实，通过入股平台公司，对该村所有贫困户通过"三变"改革+贫困户利益联结机制保底脱贫。从 2016 年起连续三年对贫困户实行每户 15 股，每股 500 元的帮扶基金，使贫困户能够走上脱贫的发展之路。以"扶贫车间+贫困户"的利益共享发展机制，2019

① 张俊英：《"三变"改革推动农村社会治理结构优化问题研究：基于对贵州六盘水的考察》，《法制与社会》2019 年第 5 期。

② 朱道才，刘锦：《农村"三变"改革助推精准扶贫的机制和模式创新——基于安徽阜阳农村的调查》，《云南农业大学学报》2020 年第 1 期。

年合作社分红的股金以股份方式筹钱拟建三家扶贫车间，来解决贫困户的就业问题和未外出农民工返乡就业问题。该村通过"三变"改革带动了农村基层党建，通过党建联结机制覆盖整村发展，党员在村内就是一面旗帜，党总支对党员采取"驾照式"扣分模式管理，通过村内合作社实施"村社一体"进行管理，以农民和工商资本合作为抓手，发展多种形式的适度规模经营，增加了农民组织化程度，增强了基层组织提供公共产品的能力，提升乡村经济社会治理能力，夯实了基层政权。"村社一体"后，在塘约村形成了更有组织化的党组织和群众密切联系的组织结构。① 推动了村内产业发展，大力发展当地的特色农产品，通过金融扶持撬动模式，村内能人带动发展、党建引领和实现了村内的华丽转变。

4. "三变"改革实现新的突破

由农户的分散经营变成大规模合作社或农村企业经营，突破了几千年来我国农村生产经营的基本组织形态，规模经济得以形成。也是对"统分结合"的双层经营模式的二次变革。② 对农户和集体的资源、资产进行明确界定，用法律法规形式确认下来，界定了资产的边界归属，使得乡村振兴对土地流动的要求成为现实，也就是农村权利主体真正得以确认。如塘约在"三变"改革中，为做好土地股权的纠纷工作，实施"三级调解制度"也是一种制度创新，通过村内老协会组织对相关矛盾尤其是股份情况进行矛盾调解，实行村民小组议事会、全村村民代表大会、司法终极调解"三级调解"制度，确保入股及矛盾调解工作顺利开展。农民资产产权得以确定后，做好对"三变"中农业生产要素交易的规范化运行。推进农业供给侧改革，要求建立起农村生产要素市场及其规范的运行机制，从制度供给角度给予农村创造性的法律保障，农村资源要素得以流动起来。土地确权过程中，建立合理、完善的土地评估机制，实现了土地使用权的真实价值，保证实质公正和程序上的完整。从《公

---

① 王宏甲：《塘约道路》，人民出版社 2017 年版，第 84 页。
② 芮敏，任小川，胡媛媛：《创新模式提升农村"三变"改革成效》，《农民致富之友》2019 年第 2 期。

《司法》的角度建立起农民股东的退股机制，农民退股后继续拥有土地使用权，其最大生存资源得到保障，乡村振兴才能回归初心。

（三）"三变"改革模式

"三变"改革只有释放政策红利、制度红利，充分彰显制度优势，破解发展难题才是其生命力彰显之道。"资源变资产"是"三变"改革最核心的内容，只有"资源变成了资产"，农民的资金才有可能变"股金"，农民才有机会变"股东"。为何资源变资产后，农民的收入才会增加呢？按照马克思的观点，资本积累必将带来资本家的财富积累和无产者的贫困积累两极分化，而无产者要摆脱贫困，唯有剥夺"剥夺者"的财富。这一逻辑同样适合"三变"改革。按照经济学的观点，分配是按生产要素的贡献分配，分配的比例则取决于不同要素的稀缺程度。与劳动力相比，土地数量因不能增加而显得更为稀缺，因此，土地的收益比劳动力更大。"三变"改革将农民的资源变资产，希望通过资产的积累来提高农民的收入，完全符合"比劳动力更稀缺的资产会带来更高的财产性收入"的观点。[1] 也就是说，只有将农民的资源变成更加稀缺的"资产"，农民在经济活动中所占的分配比例才会更大。也即农民脱贫致富的关键在于增加其资产性收入，增加资产性收入的关键在于推动农民的资产增值，而推动资产增值的关键在于建立"政府+经济组织+农户"的利益制衡机制。[2] "三变"改革紧紧围绕"资源变资产"这一核心议题，以基层供销社、农民专业合作社、股金服务社（以下简称"三社"）融合为平台，探索"民心党建+'三社'融合促'三变'+春晖社"的农村综合改革模式，不断发展壮大村级集体经济，增强村级组织自身"造血"功能，催生了"三变"+特色产业+贫困户等多种扶贫模式。

---

① 王东京，王佳：《"三变"改革的现实背景、核心要义和推广价值》，《改革》2017年第7期。

② 桑榆：《六盘水"三变"改革的经济学逻辑》，《改革》2017年第7期。

1. "三变"+特色产业+贫困户模式

该模式把"三变"改革与山地特色农业产业发展紧密结合起来，发挥了政府在产业发展和资金投入上的主导作用，将分散的资金整合起来发展特色产业，根据产业确定股权比例，实现了农民收入的可持续发展。例如，YP 县推行"10113"产业扶贫全覆盖工程，通过产业统筹，每户贫困户以扶贫资金入股的形式实现 10 头生猪 1 亩油茶或 1 亩集体产业 1000 棒食用菌全覆盖，每年保底分红 3040 元，仅此项产业扶贫一年就能脱贫 3000 余人。再如，YP 县新店乡新店村的种植生态园，农民以土地入股，每年按固定股比给农户分红，实施三个五年计划，第一个 5 年每亩土地每年按股比固定分红 800 元，第二个 5 年每亩土地每年分红 1000 元，第三个 5 年每亩分红 1200 元。此生态园可带动入股村民每年户均增收 5000 余元，村集体利用集体土地参与入股，每年预计可分红 20 余万元，可带动 28 户 60 人增收脱贫。通过采取"三变"+特色产业+贫困户的模式，形成了企业、村集体、农民三者之间的利益联结机制，让老百姓从旁观者变成了参与者，充分调动了老百姓的积极性。

2. "三变"+乡村旅游+贫困户模式

为加快推进山地特色旅游产业发展，YP 县坚持把"三变"改革与乡村旅游紧密结合起来，撬动社会资本参与旅游资源开发，促进旅游产业蓬勃发展，目前，YP 县 6 个乡村旅游点，在带动群众发展致富方面起到了很大的促进作用。如桐木村的紫语庄园，总规划面积 700 余亩，种植面积 400 余亩，总投资达 1400 万元，是集"观光、娱乐、食宿、民族文化"为一体的综合性乡村旅游区。庄园重点突出北欧风情，以薰衣草、郁金香等 20 多种名贵花草为主要观赏花卉。庄园收益后利益的 70%作为庄园的流转资金继续保持发展需要，30%作为股东的分红，庄园共计吸纳 112 户农户采用资金或土地入股，其中贫困户入股 25 户。此模式可大幅度提高旅游地的人气，增加景区的劳动力和发展潜力，促进贫困人口在旅游中就业和创业，增加贫困人口的收入，达到经济、社会、生态效益与政府、村集体、贫困户共赢的目标。

3. "三变" +村集体经济+贫困户模式

该模式坚持把"三变"改革与发展农村集体经济结合起来,进一步盘活了沉睡的村级集体资源和资产,激活了村级集体经济发展活力。YP 县围绕"油茶、黄桃、食用菌、生猪"四大主导特色优势产业,明确方法路径,成立产业专班,推动"三变"改革,建立利益联结机制,实现第一、二、三产业融合发展,可有效带动 3047 户9440 人脱贫。经过两年多的发展,目前村集体经济从"空壳村"到65 个村村均集体经济收入达 10 万元以上,实现了村集体经济全覆盖。通过将村集体或农民持有的股金投入各类经济活动中,可以撬动农民、村委会和集体经济组织将各类资本整合起来,增强资金收益率,提高贫困户参与的积极性。

4. "三变" +企业+贫困户模式

把"三变"改革与企业结合起来,引导农民群众采取以土地、资金、劳动力入股的方式,实现在家门口就业。例如 YP 县创新开展"产金互促 541"精准扶贫模式,将建档立卡贫困户 5 万元"精扶贷"贷款交由村集体入股龙头企业,按年度实现贫困户 4000 元村集体 1000 元保底分红的扶贫模式。截至 2017 年底,全县"精扶贷"分红 2560 万元,覆盖 6400 户贫困户,增加村集体经济收入 640 万元。目前,YP 县有 54 家龙头企业有 385 家农民专业合作社,8576人实现了农民变股东。例如,谢桥村劳务公司采取以村民入股方式成立村级劳务股份制有限公司,以户为单位,每户限 1 股,入股又分固定股和流动股两种:固定股每股 8 万元,共筹集 11 股,股东参与公司管理并承担公司盈亏及相关责任;流动股每股 500 元—1 万元,股东按股金利润分配分红,不参与公司管理,不承担公司盈亏等相关责任,红利每年一结付,入股自愿,退股自由。通过入股分红,并带动有劳动能力的贫困户在劳务公司就业,实现贫困户精准脱贫。

5. "三变" +合作社+贫困户模式

该模式农民参与的门槛低,可通过土地和劳动力入股,通过分红和获取劳动报酬来获得收益。该模式是一种典型的参与式扶贫,能充分发挥农民的积极性和主动性，解决剩余劳动力就业问题。常见的专业合作社有养猪专业合作社、莲藕专业合作社、茶叶专业合作社等。在 YP 县，这一模式的具体做法是：一是发展专业合作社。2017 年以来，YP 县新发展农民专业合作社 90 个，专业合作社累计达到 385 家，涉及种植、养殖、加工、供销服务等行业领域。二是服务专业合作社。县供销社先后为大兴、前光、玉露、彰寨等农民专业合作社解决化肥等生产资料 18.1 万元，帮助专业合作社解决实际困难；组织中药材种植合作社座谈，商讨中药材发展之路；建立了"合作社之家"微信群，为合作社发布信息、寻找市场、搭建平台。三是搭建产销对接平台。目前，以农特安公司为平台，组织推进农产品产销对接进超市、进校园、进企业、进机关、进医院"五进活动"。以 14 个深度贫困村为重点，引导专业合作社按照市场需求发展蔬菜等短平快的农产品种植，突出"一村一品"，为农产品公共服务机构食堂本地生鲜食材，解决建档立卡贫困户农产品销售问题，提高精准脱贫时效性和针对性，让更多的群众特别是贫困户受益。

事实上，我国"三变"改革还有其他发展模式，通过"三变"改革与特色产业和贫困户的联结模式，通过"三变"改革带动贫困户发展的脱贫模式。其中主要包含有"三变"+家庭农场+贫困户模式，该模式主要通过家庭农场发展带动贫困户从事农业规模化、集约化、商品化生产经营，农户参与门槛相对较低，以农业收入作为主要收入来源实现稳定脱贫。①"三变"改革大多以成立村级合作社为实践载体，按照"'三变'+N"，带动全域发展、产业融合发展、实现助推经济增长和农民增收、实现美丽乡村建设、共享改革成果、实现文化融合发展和快速发展之路。塘约在"三权促三变"基础上形成的"村社一体+三变改革"模式，实践中还有"三变改革+合作社+农户"模式、"公司+合作社+农户"等系列模式。实施"三变"

---

① 朱道才，刘锦：《农村"三变"改革助推精准扶贫的机制和模式创新——基于安徽阜阳农村的调查》，《云南农业大学学报》2020 年第 1 期。

改革，通过"合作社+村集体+村民"方式进行土地流转，使村民积极参与其中，开展"村级公司+村集体+合作社+种植大户+农户+三变"等模式发展村集体和带动贫困户致富，而塘约村采取"党总支+合作社+公司+农户"的发展模式，通过"三变"改革模式，凸显"党建引领"，不断盘活现有资源，改变了农民原有的生产模式和调整种植产业结构，村集体采取统一规划利用土地，通过合作社又优先解决当地百姓的就业问题，实施"三变"改革模式推动该村从全面建成小康社会到乡村振兴的跨越发展。

贵州省安顺市的塘约"三变"改革模式中，应充分发挥"三变"改革的优势及其撬动作用，专业评估体系，发挥村委党建引领作用，村内能人带动等模式为全面实施乡村振兴战略打下坚实基础，也为实现我国西部农村地区农业增效、农民增收、新农村建设增值和解决东西部平衡发展找到发展路径。但在实际推进中，"三变"改革在体制机制上还不够完善，在法律规范、产权界定、内生动力和主体质量方面还有待进一步强化。

二 破解发展瓶颈：塘约村"三变"改革经验分析

自 2014 年贵州省六盘水市实施"三变"改革以来，关于"三变"改革研究的文献较多，学者分别从不同的方面对改革进行了探讨与总结。屠丽在《实施乡村振兴战略，深化贵州农村改革分析》一文中指出，在"三变"改革中，应创建城乡发展联结机制，确保与农业供给侧之间形成良好的改革发展关系，也需要创建与精准扶贫主体的关系，完善股权化的相关核心关系与机制，完善农村集体经济发展的运行机制，通过乡村振兴与村民富裕原则实现和谐共生繁荣发展。[①] 谢治菊在《"三变"改革助推精准扶贫的机理、模式及调试》一文中指出，通过"三变"+多种扶贫模式，规范和强化"三变"改革的各种机制进行完善基础上，凝聚乡贤，创新利益联结

---

① 屠丽：《实施乡村振兴战略，深化贵州农村改革分析》，《时代经贸》2018 年第 18 期。

机制，充分调动各方的积极性实现脱贫目标。[1] 李盼杰和李靖在《我国农村"三变"改革面临的困境与对策》一文中指出，在资源变资产方面，要深化集体产权制度改革、深化改革拓展权能、完善量化评估机制，在资金变股金方面，要扩大政府股权化试点、逐渐放宽农民贷款的用途、探索股权量化方面发力。在农民变股东方面，要培养新型职业农民、普及"三变"改革知识、明确村集体经济改革的股东身份等举措。[2] 以上文献分别从"三变"改革的不同角度对改革、精准扶贫及乡村振兴的路径方面作了相应论述。但是，学界对"三变"更多的是调研与总结，对农村"三变"改革的理论、实践与反思研究较少，在我国提出乡村振兴战略中，"三变"改革的关键就是要在大力发展农村产业、壮大村集体经济、创新基层治理、鼓励村内乡贤和党建引领发展方面起到较大发展和示范引领。

通过走访调查得知，塘约以"三变"改革为引领，通过党支部引领，村级合作社"金土地"为载体，按照"村社一体、合股联营"的发展思路，采取"党总支+合作社+公司+农户"的发展模式，通过"金土地"合作社为载体开展"三变"改革，鼓励村民以土地资源、资金要素等与合作社联营与入股的方式推动发展。

塘约在"三变"改革中，开展清产核资，摸清村内资产。通过成立合作社，对土地入股、资金入股进行量化。

一是抓好确权为根本。科斯定理认为，谈判过程的交易费用中信息成本、监督成本、对策成本可以忽略不计，否则产权规则是没有意义和必要的。塘约在对产权进行明确界定后，就能够减少这些费用，从而有助于协议达成和促进合作，而合作对各方都有利，产权的确定会使资源配置更有效。该村实行"三权"促"三变"改革中确定产权以后，能使私人对资源配置的行为不一致的损害达到最小，保护了"三权"改革的核心问题，也使阻碍私人资源配置资源

---

① 谢治菊：《"三变"改革助推精准扶贫的机理、模式及调试》，《甘肃社会科学》2018年第4期。

② 李盼杰，李靖：《我国农村"三变"改革面临的困境与对策》，《辽宁行政学院学报》2019年第2期。

达成合作的障碍达到最小，是明晰各方利益的基础及前期工作。塘约村"三变"改革对其所属的耕地、林地、自留地、宅基地、承包地、经营用地等各种资源的权属进行确权，创新其收益的范围。同时，将上级财政投入资金或者其他赠予资金在不改变用途的情况下量化到村集体经济中作为村民股金。

二是做好赋权这个关键要素。一方面优化了生产体系，由原来的家庭分散经营模式扩展为家庭农场、农民专业合作社、农业企业等。塘约由原来分散经营的家庭经营户统一到更大规模的合作社和企业中，进行生产经营，取得规模经济效益，降低生产前购买要素投入的成本；另一方面优化了产业体系，从简单种养殖业到生产加工业再到旅游服务业，一条龙和一体化发展。塘约原来大量闲散土地由于农民外出务工等原因，逐渐沦为"四荒"地，"三变"后将其充分利用起来创造价值，从最初提出的水果上山、苗木下地、科技进田，到现在的第一、第二、第三产业融合发展、优化产业体系。

三是抓好"易权"这个核心。注重从村内三级调解及法律层面对农民权利利益的保护，纠正了各种利益主体对农民合法权益的侵占。优化了经营体系，由传统的种植养殖到现代化的生产、加工与流通。塘约通过"金土地"合作社种植了莲藕及特色蔬菜等，2020年计划新建三个厂解决当地就业问题，优化了经营体系。"三变"改革解决了农户的资金、技术、销售等问题，在"农"字文章中，让专业的人做专业的事，真正解决了农民的后顾之忧。大力盘活农村资源、资金、资产，打造股份农民，充分发挥政府主导作用，壮大村级经营实体引领农民增收。

四是做好"三变"改革的后勤保障。"村社一体、党建引领"实现利益联结，通过"合股联营"，让村内商业精英成为管理者参与管理，充分调动其积极性，聘请当地的种植大户带动发展，解决劳动能力不足的当地老年人进入合作社务工，激发村民内生动力，使村民坚定对"三变"改革的信任与支持和做好后勤保障。总之，塘约"三变"改革做好了"确权、赋权、易权及后勤保障"工作，实现"资源变资产、资金变股金、农民变股东"转变，大力凸显人才支撑作用，夯实农村基层党组织作用，做好改革风险防控，改进农村乡风文明和乡村文化建设，抓好农村基础设施建设，打造美丽乡村升级版建设和生态文明建设，强化产业推进，最终通过"三变"改革促乡村产业兴旺、乡风文明、生活富裕的发展要义。

三　理清主要问题：塘约村"三变"改革困境探讨

尽管"三变"改革在农业产业发展、农民增收致富、农村美丽乡村方面取得了较大成绩，但在实践运作中，也存在农民自身素质不高、思想意识不统一、对"三变"改革的不支持，公司运作不规范也制约其发展，企业对利润的过度追求等问题。所以，在"三变"改革促乡村振兴中，构建管理体系，如土地储备体系、利益共享体系及金融支持体系及风险防控等是推进"三变"改革深入发展的路径和方法。

1. 思想认识还不完全到位

第一，部分县乡领导干部的思想意识淡薄，没有很好地抓住政策，对"三变"改革重视不够，认为"三变"改革只是"走过场、一阵风"，是"样板工程"和"面子工程"，有后劲发展不足的悲观情绪；第二，村支"两委"成员有对"三变"改革工作重视度不够，主要体现在基层党组织尽管重视基层党组织建设，推行群众管党员、党支部管全村，但村民自治薄弱，村内大小事务还是村支书及党组织负责人的意见为主，对群众意见解决不及时，未充分征求村民和党员对"三变"改革的意见，尽管通过积分制规范和约束党员，但在"三变"改革中充分发挥党员主动性和积极性及先锋模范作用不算明显；第三，村民支持度不算高，主要表现在村民对政策缺乏足够的理解，该村的部分非当地人未能参与到该村改革发展中来，少部分的外出务工人员对"三变"改革抱无所谓的态度，参与中的部分村民担心土地流转政策实施后返回到大集体时期，担心土地退出入股后由于过度非农化生产导致土质受到破坏等不愿意配合；第四，对盈利模式持怀疑态度。如村民对"金土地"合作社未能持续盈利的情况会带来对"三变"改革的信心不足。就塘约村而言，在发展起步的初期仍然存在思想认识不够的问题，虽然经过近几年发展实践的扭转，思想认识上已经有了很大的提升，尤其是对于村民而言，仍然还需要进一步加强和巩固。

2. 自然灾害风险防控机制还不健全

在"三变"改革中，自然灾害风险防控机制主要体现在对旱灾、洪涝等人类无法控制的天灾人祸预防机制或灾害发生后的应急救助机制。如在上文所提及的塘约模式中，该村所在地方政府在关于自然风险防控的制度体制、经营主体或平台公司没有自然灾害防控的意识及具体措施需进一步完善，或制定对相关的自然灾害防控机制方面需进一步加强，村民没有关于自然灾害风险防控的相关意识，农作物参保率较低，一旦自然灾害发生后，经营主体或者平台公司损失巨大，入股经营主体的村集体或者农民的利益受损会很严重。如该村2019年所种植农作物遭遇水灾及冰灾影响，导致农作物大面积绝收，致使合作社亏损，防控机制未能进一步健全及解决，这样就会动摇村民对"三变"改革持怀疑态度，严重的甚至会收回已经入股的土地，从而影响经营主体信心或平台公司的经营。金融支持体系是否能够解决农户在亏损中的损失，是否对"三变"改革的支持可持续，毕竟金融机构以盈利和稳定为主。

3. 法律制度不够完善

"三变"是推进农村、农业、农民市场化、股份化、现代化及决战脱贫攻坚的重要改革举措。作为农村综合性重大改革，"三变"改革内容涉及很多复杂的法律法规，如物权法、农村土地承包法、村民自治法等。我国《宪法》明确规定：农村集体所有的土地使用权不得抵押。《中华人民共和国土地管理法》第63条规定："农民集体所有的土地使用权不得出让、转让或者出租于非农业建设。"《村民委员会组织法》第8条规定：村民委员会依照法律规定，管理本村属于村农民集体所有的土地和其他财产，但是村集体土地一般是流转给村合作社，这导致流转过程中土地的后续管理及农民的权利保障问题大打折扣。从现行法律法规相关规定来看，农村资源属于集体所有，不是一种商品，不能直接拿到市场上自由交易，这使"三变"改革的法律依据不足。同时，对于谁是集体土地的管理主体，我国相关法律并未明确规定，只是指出村集体经济组织和村委会均可，虽然这两个主体地域范围、村民范围的计算依据相同，但他们在性质和组织目标上有较大的差别，一旦出现纠纷，管理主体的模糊会导致维权被动。此外，尽管产生"塘约道路"的贵州塘约村在"三变"改革中提出了"七权同确"，但由于土地承包经营权、林权、宅基地使用权等不同权利主体的性质和法律关系不同，此确权仅仅是乡规民约，并无法律依据。在法律制度不完善的情况下大力推进"三变"改革，容易使改革陷入无据可依的尴尬境地。

例如，塘约村在推行"一分七统"的基础上分清了个人资产及集体资产，通过"七权同确"摸清村内情况，但在"三变"改革中涉及土地确权登记、土地承包经营权折价入股、股权交易、农民股东权益保障等复杂法律关系，需要在现行法律框架内解决法律冲突问题，化解各种社会矛盾，规避法律风险，但在"三变"改革中农户如何退出，权益如何保障未能及时跟进立法。鉴于农村资源流转、股权入股、收益分配、农村资源抵押贷款等方面存在法律风险，尽管国家在政策层面上已经给予确定，但缺乏必要的法律依据，尤其是在该区不具有相关方面的立法权来确认村民的权益。同时，当地政府在对该村资源的制度相对滞后，所以需要该省及相关的立法部门及时对相关法律进行修改和调整，保障该村及该市"三变"改革依法进行。村内出台了许多管理规定，尽管规章制度方面在执行上具有权威性和可行性，但是是否在合法性和合理性上有待进一步检验。只有正视这些问题，并及时制定相关的制度对其进行弥补，才能真正发挥"三变"政策在推动农村经济发展和农民生活水平提高的作用。①

---

① 喻厚置：《贵州省农村"三变"改革法律问题研究》，《法制博览》2019 年第 2 期。

4. 新型经营主体难以真正发挥作用

企业、专业合作社、金融机构等成为"三变"改革的新型经营主体，它们带动能力的大小直接决定"三变"改革的成效。但现实的情况是，新型经营主体的数量虽然较多，但质量有待提升，运行不规范，带动力明显不够。以农民专业合作社为例。合作社是劳动群众自愿联合起来进行合作生产、合作经营所建立的一种合作组织形式，是推进农村"三变"改革的重要力量，但合作社仍然存在很多问题。截至 2017 年 7 月底，全国登记注册的合作社已经达到193.3 万家，平均每村 3 家，但这仅仅是数字，隐藏其后的是大量的空壳合作社。中国社会科学院农村发展研究所课题组 2017 年对浙江、河南等十余个县的调查就显示，正常运营的合作社仅占登记注册的 10%—20%。这说明，由于市场变化、经营不善、套取资金等原因，我国的专业合作社大部分是空壳或处于休眠状态，没有发挥实质性作用，没有产业支撑。再加上，部分农民对合作社作用缺乏理性认识，持无所谓的态度、章程自治性不强、部分条款规定不合理；部分合作社资金管理不规范，融资难，基本上是家庭式发展，没有按章程办事，选择产业盲目，这导致"三变"改革的承载主体难以有效发挥作用，反而会出现合作社被少数人控制、合作社资金不能惠及合作社成员等新问题。

根据张康之教授在《公共行政的行动主义》一文及"中心—边缘"理论中指出，"中心—边缘"结构带来了村民参与不到位，管理缺位等问题，应采取去中心化的网络结构管理。塘约村也同样面临"三变"改革参与未能全覆盖问题，如该村鸡场坝组的部分外迁人员未能参与到该村"三变"改革中来，该部分人员尽管户口属于该村，但是在政策上未能享受到塘约村"三变"的相关政策，导致了全村参与未能全覆盖，只对外迁户在公共卫生方面提要求，而存在对"三变"政策通知方面不到位，"三变"参与不全面的问题。

5. 利益联结机制难以有效激发贫困户内生动力

所谓内生动力，就是贫困户在脱贫攻坚过程中自身的积极性与主动性。① 现行的精准扶贫政策忽视了农民群体社会素养不高、关系网络狭窄的先天禀赋，忽视了农户所处位置和所处环境的客观局限性，有拔苗助长、急于求成的嫌疑。本来，政府将基础设施建设搞好，就为农民脱贫致富提供了好的条件和平台，如果真是老弱病残，就应该让救助机制来兜底。事实是，部分地方政府按照自己的主观意愿来指挥农民发展的蓝图，对农民的脱贫行为从出主意、找资金、寻项目到包产出上都大包大揽，反而限制了农民主观能动性。长此以往，贫困户在思想上对政府的依赖越来越深，脱贫的内生动力严重不足。而"三变"改革推进能否取得真正的实效，关键在于群众的内生动力能否真正调动。而贫困群众内生动力受多重因素的影响，关键在于利益分配机制的正当性和合理性。当前在"三变"改革进程中，很多地方没有建立有效的企业与贫困户之间的利益联结机制，导致工作开展进度慢、成效不明显，很难激发推进农户参与"三变"的内生动力。

通过塘约村"三变"改革，可以看出在我国广大农村地区"三变"改革中，政策运营到位就会形成村集体、合作社、农户三方共赢的局面，实现了农村产业化发展，逐步壮大了村集体经济，拓宽了农民增收路径。实现了合作社资产价值化，村民身份股东化，村民利益股份化，合作运行制度化，自然农业法人化，多方关系合作化目标。"三变"改革能解决农村劳动力、劳动资源、劳动对象生产力三要素分散的问题，解决统分结合的双层经营体制中"分得充分、统得不够"的问题，以及贫困人口不能实现共同富裕的短板问题，符合哲学中用战略思维、辩证思维等抓"三农"改革的理念，是诠释新时代农村改革的哲学基础、现实逻辑和价值取向的经典之作。尽管在农业产业发展、农民增收致富、农村美丽乡村方面取得了较大成绩，但是，"三变"改革也存在一些局限和风险，如配套改革滞后，农民利益受损，农民经营主体质量不高；再如，如何妥善处理"三变"改革中的法律问题，化解经营风险，防范农业资源非农化，

----

① 谢治菊：《认知科学与贫困治理》，《探索》2017年第6期。

集体经营性资产折股量化实际操作中存在的难点，这也是"三变"改革中不得不考虑的问题；又如，"三变"改革中股权设置和流转体系不完善，"农民变股东"过程中缺少承接主体，党支部、村委会与集体经济组织的关系有待理顺，农村经营管理体系不健全等问题仍然存在。在实践运作中，也存在农民自身素质不高、思想意识不统一、对"三变"改革的不支持，公司运作不规范也制约其发展，企业对利润的过度追求等问题。所以，在"三变"改革促乡村振兴中，构建管理体系，如土地储备体系、利益共享体系及金融支持体系及风险防控等是推进"三变"改革深入发展的路径和方法。这说明，"三变"改革尽管取得了较好的成效，也得到了党中央和国务院的高度肯定，但毕竟处于起步阶段，"三变"改革在体制机制上还不够完善，在法律规范、产权问题、内生动力和主体质量方面还有待进一步强化。

四　实现乡村振兴：塘约村"三变"改革路径优化

在"三变"改革中，存在农村集体土地确权困难，土地资源政策给确权带来困难，流转土地非粮化，资源变资产评估存在寻租空间及法律界定模糊，资金变股金后的主体不明晰等相关困境塘约通过"三变"改革的实践调查，总结出其改革成功主要有"确权"是改革股权量化基础，"易权"是改革核心，"赋权"是激活发展关键的经验，党支部引领，积极构建和完善村庄治理体系是实现乡村振兴的关键，给我们如下启示。

一是通过确权维护农民利益，通过村民的产权和集体产权的"一清七统"摸清了村内家底，为村内享有资源的村民进行颁证，为该村资产入股打下前期基础。推行了入股政策。通过社员土地作价、社会资金、村集体投入、科学技术、劳动力作价等方式入股。让"资源变资产、资金变股金、农民变股民"，实现了"三权分置"，使该村明晰了各种关系，把资产、资金的主体明晰，让村民从单打独斗中解放出来，通过抱团壮大村集体经济打下基础。

二是党支部引领，走上了"村社一体、合股联营"的发展道路。把农户、合作社、村集体捆绑在一起，形成"目标同识、风险同担、效益共创、利益同享"扶贫利益共同体，凝聚共同发展合力，村集体经济实现由单一化向立体化、多元化转变，塘约村集体经济不断壮大，成功摘掉"空壳村"帽子。在村支书左文学带领下，通过能人实现乡村治理，塘约村实现了华丽蝶变，解决了村民无资源、无资金、无技术窘境，使村组织实现了有钱能办事、办成事和办好事之路。

三是积极构建和完善村庄治理体系。塘约村积极处理好村内矛盾及村庄治理，运用"村事民议、村务民决、村廉民督、村财民管、村干民评"的"五民"工作机制，积极推动以村为单位修订村规民约，成立村民议事会、道德评议会、禁毒禁赌协会、红白理事会为内容的"一约四会"乡村自我管理组织。通过实施"红九条"与"黑名单"，对村内事务及矛盾进行调解，实现小事不出村，大事不出镇，在村庄建设及治理体系中，激发村民自己管理村内事务，培育村内积极向上的风气。

四是通过"三变"改革巩固基层政权，通过党建引领"三变"改革，成立村社一体，把村民重新组织起来走集体化道路，采取抱团发展方式，财政资金入股通过"三变"让利于广大村民及贫困户，村党支部采取"村社一体"让村民在党建中得到实惠和发展，使基层支部说话有人听、办事有人跟，都享受"三变"改革带来的发展红利，有效解决基层党组织软弱涣散、农村土地撂荒零散、"农二代"难以回归农村、贫困户资金难以筹集、市场风险难以抵御、村民权益难以保障等问题。

五是"三变"改革调整了农村产业结构，原有的农户种植规模小、土地散、粗放型经济导致农村土地不能集约化、产业不能规模化，通过资源变资产后，老百姓能够享受到政策带来红利，享受到村集体公司集体智慧的选择和参与到股东分红的行业中来，国家也能够对上规模、巩固脱贫的产业和合作社进行帮扶，促使其做大做强、带领农民脱贫致富奔小康。

通过上述对塘约村的实际发展模式的深入剖析，可以看出，我国农村在推进"三变"改革过程中，首先"资源变资产"明确了产权，通过确权并颁发产权证保障了农户、集体、国家多方的利益。其次通过"农民变股东"使其参与到"三变"改革中来，利用利益联结机制，充分激发了农户发展的内生动力。再次"资金变股金"解决了闲置资源和发展资金问题，使农村在改革发展中能聚资金发展和发展后参与分红，解决激励问题。最后党建引领是关键。在塘约村"三变"改革成功的关键是要有乡贤及党建引领发展，主要是通过抱团取暖的方式使村党总支带领村民致富，这样巩固了村党支部的战斗堡垒作用和稳固了基层政权，通过发展特色产业为抓手，拓展市场，延伸产业链，实行深加工，实现"三变"改革的经济效益和社会效益。

（一）进一步统一思想，提高农户参与"三变"改革的能力

党的十九大指出，新时代的扶贫要注重扶志、扶智与扶贫的结合，重点攻克深度贫困地区，解决区域性整体贫困，做到真脱贫、脱真贫。真正解决好脱贫攻坚与乡村振兴的有效衔接，扶贫过程中，增强农民积极参与的民主性，发展扶贫过程中的全过程民主，保障人民当家作主，调动其扶贫的主体地位。这意味着，新时代的扶贫任务，不仅仅是简单的开发式扶贫，而应以提高农户的能力为主要目标，通过增强贫困人口的发展能力来实现其自我发展，最终脱贫致富。然而，现实是，现在的农户基本上自身发展能力都不足。目前，农户的增收来源主要是转移性收入和政府增加扶贫投入的分成。据全国人大农业与农村委员会的调查，在建档立卡农户的收入构成中，国家补助收入占到60%多，有的地方更高，家庭经营收入和工资性收入占比很低。[1] 因此，要让农户从"三变"改革中受益，应首先抓好群众思想观念的转变，破除陈规陋习。长期以来，贫困群众处于故步自封、思想陈旧的状态，习惯于传统的农业耕作模式，

---

① 刘守英：《决战贫困"第三波"》，《财经》2017年第8期。

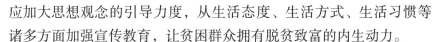

应加大思想观念的引导力度，从生活态度、生活方式、生活习惯等诸多方面加强宣传教育，让贫困群众拥有脱贫致富的内生动力。

首先，是统一思想认识。在"三变"改革工作地方政府应充分履行好职能职责，尽快建立并完善与"三变"改革有关的体制机制，如完善农村确权登记制度、农村集体资产股份合作机制、农村产权流转机制等。如国家和省级政府做好"三变"改革工作的顶层设计工作，完善相关体制机制，出台扶持龙头企业、专业合作社、家庭农场的政策措施，通过地方政府职能部门牵头，村级组织参与等，做好确权工作和对集体资源进行摸底调查，全面的产权界定是为农村理顺农村土地纷争，为推动农村的土地流转，做好"三变"改革决策部署是为实现农村产业化的推进打下坚实的制度基础。加强立法，为"三变"改革提供法律保障。积极稳步推进农村集体土地所有权、集体建设用地使用权、土地承包经营权、林权和房屋所有权的确权登记颁证工作，逐步建立健全农村耕地保护制度，规范农村产权管理，搭建农村产权流转交易平台，引导农村产权依法有序合理流转。

其次，市级政府具体重点推进生产合作、供销合作、信用合作"三位一体"新型合作社建设，允许农村集体经营性建设用地出让、租赁、入股等，实现土地在一定范围自由流转并享受相应的权益。整合各级各部门的财政资金、社会资金，加大金融服务力度，引导农村经营主体，形成多元化投入机制。建立经营主体和贫困农户的利益联结机制，带动农村集体领办、创办入股的小微企业发展。完善股权设置与流转体系，明确股权退出机制和继承机制。

再次，基层政府应做好流转土地使用的监督工作，防止流转土地改变其经营用途，用于非农用途，影响土地的安全，导致复垦困难和破坏土地的可持续发展。应充分利用政策因素激励农民参与到"三变"改革中来，深化集体产权制度改革，坚持公有制土地性质不动摇，做好农村集体土地的确权工作。最后，村级组织抓好农民合作社的发展壮大，大力培育家庭农场、农民专业合作社、农业龙头企业、种养大户、物流运输、建筑施工、劳务输出、中介机构等农村经营主体，鼓励农村经营主体和农民合作社创办种植、养殖、加工等农业产业发展项目，增强集体经济实力，提高农民进入市场的组织化程度，坚决清理"空壳社"着力发展村级经营实体，探索"一村一公司"模式，采取捆绑农村资源资产的方式，做大资金池。最后，在"三变"过程中，应充分激活各种资源和发展要素，促进土地、资金和劳动力要素集中，发展喀斯特山区特色农业和优势产业，实现第一、第二、第三产业联动发展，允许农民以土地、劳动力、资金、技术入股企业，在同等条件优先安排农民就业，最大限度增加农民的工资收入和股份收入，如塘约合股联营发展模式就是壮大村级合作社，解决了村民土地入股及村民就业的基本民生问题。

大力培育家庭农场、农民专业合作社、农业龙头企业、种养大户、物流运输、建筑施工、劳务输出、中介机构等农村经营主体，鼓励农村经营主体和农民合作社创办种植、养殖、加工等农业产业发展项目，增强集体经济实力，提高农民进入市场的组织化程度。整合各级各部门的财政资金、社会资金，加大金融服务力度，引导农村经营主体，形成多元化投入机制。建立经营主体和贫困农户的利益联结机制，带动农村集体领办、创办入股的小微企业发展。完善股权设置与流转体系，明确股权退出机制和继承机制。聘用第三方机构，对集体资产进行全面清理，在此基础上，健全农村产权交易和资产评估体系。对于难以量化的集体经营性资产，以吸引社会资本、加大招商的方式盘活资产，实现资产变股金。强化金融扶贫力度，建立风险基金和农业保险制度，规范股权管理，将"三变"改革的风险降到最低。

而要实现农户收入的可持续增长，就应该想办法提升他们的发展能力，让他们的收入从转移性收入转向经营性收入和工资性收入，农村的环境变化为这种转变提供了契机。一方面，产业化改变了农业的功能与形态，农产品的附加值与运行模式发生变化，只要有意愿和能力，农户就可以从中受益；另一方面，乡村旅游为农户增加收入提供了更多的契机，农户可通过旅游产业链脱贫致富。为此，可通过技能培训增加农户的人力资本，进而增加其工资性收入；通过教育增加其抓住机会的能力，阻断代际贫困，缩小农户与其他群体的差距。同时，应建立科技扶贫队伍和科技网络，开展有针对性的科技培训，提供便捷高效的科技服务，增强农户发展经济的能力；应培育高水平的新型农业经营主体，通过技能培训、教育深造、技术帮扶等方式提升新型主体的发展能力。

总之，各级政府在农村"三变"改革中，应依法依规进行，保护国家集体资产，维护农民利益。故应在深化农村产权改革中，努力纠正不正确的做法，确保集体经济应有的地位和规模，为实现乡村振兴战略，奠定坚实的经济基础。①

（二）重视农民主体地位，凝聚社会力量参与改革

"三变"改革改变了"一家一户"的原子化生产模式，实现了农业生产的规模化、组织化和市场化，农业生产效率大幅度提升，贫困群体脱贫效果明显。但目前的组织生产方式并不能从根源上改变传统农业的本质属性，因此，建议凝聚乡贤力量，引导他们返乡创业带动就业，利用他们的资源优势支持、发展家乡，搭建各种有效平台，激活乡贤力量，实现多方共赢。

为此，在"三变"改革中，应尊重农民主体地位和主人翁精神，激活农民改革致富的内生动力，要充分发挥农村人才作用，做好农村新型农民人才队伍建设引导工作，搭建好返乡农民工和返乡大学生的创业平台，让乡贤有回到农村带领老百姓实现乡村振兴的意愿和途径，多措并举使精英人才愿意留在农村和流向农村。一方面，出台相应政策吸引精英人才回流。通过政策倾斜和政策福利如绿色通道等手段、技术倾斜、资金倾斜、乡情感召等方式，如股权激励和绩效挂钩等吸引更多的精英人才如乡贤、企业家、种植大户等参与农村"三变"改革，通过优惠政策，使一部分对农村有感情的乡贤自愿留下来。如塘约在乡情感召下，乡村精英村支书左文学从外

---

① 陈晓莉，吴海燕：《创新城乡融合机制：乡村振兴的理念与路径》，《福建省委党校学报》2018年第12期。

出务工到回乡任村支书，真真切切带领群众致富。通过实施"三变"改革，统筹另一部分有资源的股民，充分用好用活他们的资金、资源、技术等要素资源，撬动农户手中土地，也能帮助农户入股分红，充分盘活土地资源；另一方面，农户应转变角色。农民变股东后，要加强学习，充分领会"三权分置"的文件政策，做好所有权、承包权、经营权分置工作，引导返乡的农民工变成返乡创业的企业家，用好用活返乡创业企业家，这部分人有资金、有技术、有胆量，使返乡创业农民工成为家乡带领农户致富带头人。塘约村在实施"三变"改革后，带动了部分外出打工人员回乡创业，在"三变"过程中实现农村更美，农业产业更强。当地政府2019年在塘约村"金土地"合作社设置返乡创业基金，信用社给予创业贷款和"三变"改革的贷款，全方位支持引导激励这些农民工回乡创业，为家乡做更大的贡献，解决了农户的资金与就业问题。

最后，实行村民自治，才能充分激发村民的内生动力。村民共享共治是前提，凝聚人心是关键，也是乡村振兴最直接的路径，如在塘约村施行的"红九条、黑名单"等，这都是充分实现村民自治，也是尊重老百姓的主体地位的重要体现。因此，正如习近平总书记在多种场合指出，只有激发贫困户的内生动力，才能解决好贫困户的思想问题、认知问题和知识问题，变贫困户被动的"要我脱贫"为主动的"我要脱贫"。[1] 通过"三变"改革，充分激发"三农"问题的内生动力，树立贫困户健康三观，通过"扶贫与扶智扶志"智志双扶模式，鼓励农民通过勤劳致富手段实现致富目标给予政策，扶持鼓励先进，鞭策激励后进，从根本上转变贫困户的思想意识。树立脱贫光荣导向，促进群众见贤思齐、自我矫正、勤劳致富。[2]

此外，还应积极宣传和传播"饮水思源、反哺故土、回报社会"的理念，利用春节、中秋等乡友返乡的重要时间节点，通过座谈会、院坝会等形式进行宣传，以电话、微信、倡议书等形式加强联系沟

① 谢治菊：《扶贫利益共同体的建构及行动逻辑：基于塘约村的经验》，《贵州社会科学》2018年第9期。
② 贺东航：《脱贫攻坚中帮扶对象存在的问题与对策》，《人民论坛》2020年第1期。

通，感召引导和鼓励一批外出乡友回乡创业，培育一批创业致富带头人。应搭建社会力量助推脱贫攻坚集聚平台，吸纳在外乡友、在外成功人士、企业家闲置资金，在资金支持、技术投入、项目扶持、投资入股、产销链构建、电商发展等方面给予家乡发展支持，助推产业升级发展。应积极引导和鼓励在外乡友参与家乡特殊群体关爱服务工作，健全留守儿童、留守妇女、留守老人和残疾人关爱服务体系。

（三）以产业振兴为引领，巩固农村"三变"成果

在乡村振兴中，要抓好农村产业发展，只有产业兴旺才是脱贫攻坚和乡村振兴的基础，是解决农村问题的前提。激发农村各类生产要素和潜能，积极做好农村第一、第二、第三产业融合发展。

塘约村就正是在农业产业上做文章，在合股联营、流转土地后，进行了产业发展及规划。第一，以一产为抓手，以"产销挂钩"为核心，科学规划布局农产品种植品种和面积，以需定单，以单定产，减少农产品流通中间环节，实现产销精准对接，实现订单农业，使该村特色农产品远销广东等地，充分保障其农户在"三变"改革的利益。第二，基层乡镇政府科学引导种植结构，实现"一村一品"或"一村一特"的种植模式，如塘约实现特色蔬菜种植，充分运用好大数据对销售情况进行分析，梳理出销售好、价格高、合作社能生产的农产品种类，为合作社品种选择、种植面积提供方向。第三，指导推广农产品组合发展、错季多种、正季压缩等种植方式，进一步实现本地市场多元化，外地市场规模化，有效避免生产的盲目性。第四，严格把控质量安全。该村在种植农产品中优化农产品品质、品相，打造绿色有机牌，提升产品竞争力，成立农产品分拣中心，从基地生产的农产品需通过农残检查、分拣过磅、清洗分装、分类存放、按单配菜、物流配送，最后到达餐桌，切实保障了农产品的安全、新鲜和品质。第五，"金土地"合作社牵头流转土地，做好种植，邀请专业人员做专业的事，解决了农民就业问题和土地撂荒问题。

第六，延伸产业链条，该村除了农户种植外，还涉足农产品深加工环节，让更多农户参与到产业链中实现增收致富。同时，该村激发农业除提供农产品功能外，大力打造其教育功能、养老功能和旅游功能，充分实现农业产业的联动和全方位挖掘其附加值。

（四）做好风险防控，发挥乡村振兴的稳定器作用

积极做好农村"三变"改革的风险防控体系，避免农田流转中的自然开垦风险和流转经营风险、经营中的道德风险和"三变"改革中的法律风险，要探索防范机制，管控风险。坚持特色农业现代化道路不偏离、坚持土地所有制性质不改变、耕地红线不突破、农民利益不受损的格局。

首先，地方政府应建立风险防范机制，规范运行流程、解决经营中的风险防控。政府需要引导农户尽可能入股效益较好的企业，避免一般企业的经营风险，不断建立和完善合同规范机制、权益保障机制与风险防控机制，建立与完善参与主体的利益联结机制及股份联结机制、群众进退机制、资金监管机制以及信息公开机制等①，如农户退股后，土地的后续问题应做好保障。

其次，政府应搭建产权交易平台，建立符合农村实际需要的农村产权交易平台，易权是塘约村"三变"改革成功与否的关键因素，通过"易权"该村的土地流转到合作社，通过土地抵押获取到相应贷款，激活了农村资源资产要素，保障该村产权自愿公平公正进行交易。

再次，加强财务监管，在资金变股金中，杜绝部分打着"三变"改革的幌子，钻政策空子，套取国家资金，侵吞国家和集体资金。加大财政补助为主的保险分担机制，财政补助引导农户和经营合作社进行保费分担机制，积极落实农业保险、扩大保险范围，对茶、农作物等特色农产品的保险范围，增强农户的抗风险能力和水平。

---

① 李靖，李盼杰：《农村"三变"改革的风险与防范对策》，《辽宁行政学院学报》2019年第2期。

最后，完善法律法规。塘约作为首批"三权促三变"改革试点单位。应及时组建"三变"改革法律队伍，维护群众在股权流转、股份退出、股份分配中合法权益，真正实现"三变"改革有据可依、有章可循，对在改革中存在的问题进行研判，为处理类似的"三变"改革问题树立好的案例和典型。

（五）创新利益联结机制，强化基层组织推进"三变"改革的堡垒作用

马克思认为，人的一切行为，都是为了获取某种利益。利益是人做出某种行动或行为的原动力。推进"三变"改革能否成功，关键在于是否建立一个合理的利益分配机制。要广泛推广"三变"助推精准扶贫的各种模式，积极引导龙头企业创新利益联结机制，与村集体、返乡下乡创业人员、农民形成"利益共享、风险共担"的经济共同体。鼓励贫困户以土地等资源经营权、自有设施设备、到户的财政扶贫资金、产业扶贫奖补资金等入股龙头企业、专业合作社、扶贫开发公司，采取"保底收益+按股分红"等多种分配方式，让农民合理享受农业产业链增值收益。推进"三变"改革助推精准脱贫最前沿阵地的基本作战单元，基层党组织作为要不断深化创新基层治理，充分发挥基层党组织"一线指挥部"作用，提高精准脱贫效能。不断压实脱贫攻坚责任，激活精准扶贫动力，建立"县级领导帮乡联村、部门联村包组、干部驻村包户"的"三位一体"工作机制，构建直接联系群众网格化管理格局。充分发挥党政机关和单位的党员干部"一对一"或"多对一"的帮扶模式，与贫困村、贫困户建立结对帮扶机制。实行提拔任用干部扶贫工作延伸考察到村到户制度，树立扶贫一线选人用人导向，不断增强各级组织抓好抓实脱贫攻坚工作的责任感和使命感。选优配强村支"两委"干部队伍，探索实行村干部职业化，对村干部实行岗位职业化、报酬工薪化、管理规范化、发展持续化的管理体系，通过政策红利致力于建设一支职业化的村干部队伍，真正让他们成为脱贫攻坚战中的战斗堡垒和排头尖兵。

作为农村体制改革和实现乡村振兴战略目标的重要抓手，在"三变"改革中，完善基础设施是前提，确保产权明晰是关键，实现利益共享是核心，落实风险管控是底线，党委政府支持是保障。塘约村仅作为西部农村在"三变"改革中的一个缩影，但也折射出在乡村振兴背景下当前农村"三变"改革的重要写照，西部农村在推进"三变"改革过程中起到了重要引领作用，也承担着从精准扶贫到乡村振兴重要的历史使命。在乡村振兴战略背景下实施"三变"改革，要以"三农"工作为总抓手，统筹谋划、科学推进、在改革中顺势而为、自我完善，加快推进农业农村现代化，走中国特色社会主义乡村振兴道路，让农业成为有奔头的产业，让农民成为有吸引力的职业，让农村成为安居乐业的家园。

总之，塘约村作为西部地区农村"三变"改革的缩影，我们应采取跳出"三变"看"三变"的眼光，客观辩证看待其改革带来的利弊，深入推进"三变"改革实践，通过抱团取暖的发展模式，壮大塘约村集体经济，对加快塘约村加快发展，实现巩固脱贫成果，实现脱贫攻坚与乡村振兴有效衔接起到了稳定器作用，是农民增收致富的新法宝。通过以"三变"改革为主的农村体制改革，在系统性、战略性、前瞻性方面做好预判，定能为农村的发展、改革事业的推进贡献一分力量，为早日实现农村全面振兴做出"三变"改革应有贡献！

参考文献

著作及译作类

［英］巴特摩尔：《平等还是精英》，尤卫军译，斐池校，沈阳辽宁教育出版社 1998 年版。

［美］查尔斯·J. 福克斯，休·T. 米勒：《后现代公共行政：话语指南》，楚艳红等译，北京中国人民大学出版社 2003 年版。

程倩：《论政府信任关系的历史类型》，光明日报出版社 2009 年版。

程同顺：《中国农民组织化研究初探》，天津人民出版社 2003 年版。

［美］戴维·奥斯本，特德·盖布勒：《改革政府企业精神如何改革着公营部门》，上海译文出版社 1996 年版。

［美］丹尼尔·贝尔：《意识形态的终结》，张国清译，南京江苏人民出版社 2001 年版。

［美］道格拉斯·C. 诺思：《制度、制度变迁与经济绩效》，杭行译，上海格致出版社 2008 年版。

［德］斐迪南·滕尼斯：《共同体与社会》，林荣远译，北京商务印书馆 1999 年版。

费孝通：《乡土中国与生育制度》，北京大学出版社 1998 年版。

费孝通：《中国绅士》，北京中国社会科学出版社 2006 年版。

［美］弗朗西斯·福山：《信任：社会美德与创造经济繁荣》，

彭志华译，海南出版社 2001 年版。

［德］黑格尔：《历史哲学》，王造时译，生活·读书·新知三联书店 1956 年版。

［美］塞缪尔·亨廷顿：《变化社会中的政治秩序》，王冠华，刘为等译，上海人民出版社 2008 年版。

［法］霍尔巴赫：《自然的体系》（上卷），管士滨译，北京商务印书馆 1999 年版。

［美］李普斯基：《基层官僚：公职人员的困境》，苏文贤，江吟梓译，台北学富文化事业有限公司 2010 年版。

《列宁选集》（第 4 卷），人民出版社 1972 年版。

林毅夫：《关于制度变迁的经济学理论：诱致性变迁与强制性变迁》，上海三联书店 1994 年版。

林毅夫：《关于制度变迁的经济学理论：诱致性变迁与强制性变迁》，上海三联书店 1994 年版。

［美］罗伯特·阿克塞尔罗德：《合作的进化》，吴坚忠译，上海人民出版社 2007 年版。

［美］罗伯特·达尔：《论民主》，李柏光、林猛译，北京商务印书馆 1999 年版。

［美］罗纳德·H. 科斯等：《财产权利与制度变迁：产权学派与新制度学派译文集》，刘守英等译，格致出版社、上海三联书店、上海人民出版社 2014 年版。

《马克思恩格斯全集》（第 16 卷），人民出版社 1964 年版。

《马克思恩格斯选集》（第 1 卷），人民出版社 1995 年版。

［美］曼瑟尔·奥尔森：《集体行动的逻辑》，陈郁译，上海人民出版社 2014 年版。

［美］曼瑟尔·奥尔森：《国家的兴衰：经济增长、滞涨和社会僵化》，李增刚译，上海人民出版社 2007 年版。

《毛泽东选集》（第 1 卷），人民出版社 1991 年版。

［美］乔纳森·R. 汤普金斯：《公共管理学说史：组织理论与公共管理》，夏镇平译，上海译文出版社 2010 年版。

［美］塞缪尔·亨廷顿：《第三波：20 世纪后期的民主化浪潮》，刘军宁译，上海三联书店 1998 年版。

苏雪梅：《组织文化与员工认同》，北京中国社会科学出版社 2012 年版。

［法］涂尔干：《社会分工论》，渠东译，上海三联书店 2000 年版。

王宏甲：《塘约道路》，人民出版社 2016 年版。

［美］W. 理查德·斯科特：《制度与组织：思想观念与物质利益》，姚伟、王黎芳译，中国人民大学出版社 2010 年版。

［意］维尔弗雷多·帕累托：《精英的兴衰》，宫维明译，北京出版社 2010 年版。

习近平：《中国农村市场化建设研究》，人民出版社 2001 年版。

谢治菊：《差等正义及其批判研究》，中国社科文献出版社 2018 年版。

［美］约翰·罗尔斯：《正义论》（修订版），何怀宏、何包钢、廖申白译，北京中国社会科学出版社 2009 年版。

战建华，张海霞：《农村经济合作组织发展研究》，山东人民出版社 2014 年版。

张五常：《经济解释》（卷四），中信出版社 2014 年版。

郑东升：《塘约问答》，贵州人民出版社 2017 年版。

报纸报刊

房宁：《我国社会主义民主政治的特有形式与独特优势》，《人民日报》2018 年 11 月 25 日。

贵州省委政研室联合调研组：《"塘约经验"调研报告》，《贵州日报》（第 5 版）2017 年 5 月 18 日。

韩长赋：《大力实施乡村振兴战略》，《人民日报》（第 7 版）2017 年 12 月 11 日。

韩吉：《从塘约之约到塘约之变》，《中国县域经济报》（第 6 版）2018 年 8 月 27 日。

黎智洪：《"三变"改革为乡村振兴提供的新路径》，《重庆日报》 https：//www. cqrb. cn/content/2018 – 03/01/content _ 142933. html。

徐勇：《探索村民小组集体所有制形式》，《农民日报》（第 3 版）2015 年 7 月 25 日。

赵琴：《"三变"改革：精准扶贫的重要制度创新》，《贵州日报》（第 3 版）2017 年 5 月 21 日。

张康之，张乾友：《"共同体的进化"观释义》，《北京日报》（第 23 版）2014 年 11 月 3 日。

周小雷：《"扶贫不扶懒"写入村规民约》，《湖南日报》（第 4 版）2017 年 7 月 21 日。

期刊文献类

北京市农研中心考察组：《新型集体经济组织：塘约道路的成功密码：农村经济体制演变的基本类型与未来趋向》，《中国经贸导刊》2017 年第 1 期。

车红莉：《德国农民合作社管理经营模式及启示》，《农业展望》2019 年第 3 期。

陈航英：《小农户与现代农业发展有机衔接：基于组织化的小农户与具有社会基础的现代农业》，《南京农业大学学报》（社会科学版）2019 年第 2 期。

陈全：《"三变"改革助推精准扶贫的理论逻辑和制度创新》，《改革》2017 年第 11 期。

陈晓莉，吴海燕：《创新城乡融合机制：乡村振兴的理念与路径》，《福建省委党校学报》2018 年第 12 期。

陈旭堂，彭兵：《乡村命运寄于社区内外：美国乡村变迁的启示》，《浙江学刊》2016 年第 3 期。

崔宝玉，王纯慧：《论中国当代农民合作社制度》，《上海经济研究》2017 年第 2 期。

董江爱，张嘉凌：《新型城镇化进程中农民集体行动的困境及出路：对资源型地区企业主导农村城镇化典型案例的调查与思考》，《学习与探索》2019 年第 3 期。

范广垠：《制度三大基础要素理论与中国法治建设：兼论传统文化的学习》，《观察与思考》2016 年第 11 期。

方帅，党亚飞：《乡村振兴战略下农民组织化的有效实现——基于规则供给的视角》，《西安财经大学学报》2020 年第 4 期。

冯敬鸿：《壮大新时代集体经济的理论和实践研究》，《改革与战略》2018 年第 11 期。

冯开文：《一场诱致性制度变迁：改革开放以来中国农村经济制度变迁的反观与思考》，《中国农村经济》1998 年第 7 期。

冯昭奎，林昶：《日本农协的发展及功过简析》，《日本学刊》2009 年第 2 期。

高春芽：《集体行动的逻辑及其困境》，《武汉理工大学学报》（社会科学版）2008 年第 1 期。

宫哲元：《集体行动逻辑视角下合作社原则的变迁》，《中国农村观察》2008 年第 5 期。

顾世春：《激发贫困群众脱贫致富的内生动力研究：从"贫困认知税"的视角》，《沈阳干部学刊》2018 年第 1 期。

郭苏建，王鹏翔：《中国乡村治理精英与乡村振兴》，《南开学报》（哲学社会科学版）2019 年第 4 期。

何平均，刘睿：《新型农村集体经济发展的现实困境与制度破解》，《农业经济》2015 年第 8 期。

贺东航：《脱贫攻坚中帮扶对象存在的问题与对策》，《人民论坛》2020 年第 1 期。

贺文慧，程实：《基于农户满意度的惠农政策研究》，《西北农林科技大学学报》（社会科学版）2013 年第 2 期。

贺雪峰：《关于实施乡村振兴战略的几个问题》，《南京农业大学学报》（社会科学版）2018 年第 3 期。

贺雪峰：《农民行动逻辑与乡村治理的区域差异》，《开放时代》2007 年第 1 期。

贺雪峰：《农民组织化与再造村社集体》，《开放时代》2019 年第 3 期。

洪梅香：《公平抑或效率：合作社的异化及辨析：兼论土地股份合作社的发展》，《东岳论丛》2019 年第 5 期。

黄安余：《台湾农会发展及其困境分析》，《台湾农业探索》2017 年第 6 期。

黄冬娅，张华：《民营企业家如何组织起来？基于广东工商联系统商会组织的分析》，《社会学研究》2018 年第 4 期。

黄亮：《制度变迁理论视角下的地方政府创新动力：一个分析框架》，浙江大学博士论文，2017 年。

黄艳敏，张文娟，赵娟霞：《实际获得、公平认知与居民获得感》，《现代经济探讨》2017 年第 11 期。

简新华，李楠：《中国农业实现"第二个飞跃"的路径新探——贵州省塘约村新型集体经营方式的调查思考》，《社会科学战线》2017 年第 12 期。

姜晓东：《农民合作经济组织的"奥尔森困境"》，《山西农业大学学报》（社会科学版）2010 年第 6 期。

焦娅敏：《马克思利益共同体思想的价值目标及当代意蕴》，《求实》2013 年第 6 期。

乐章，许汉石：《小农组织化与农户组织参与程度研究》，《中国人口·资源与环境》2011 年第 1 期。

李昌金：《塘约村没有告诉我们的那些事》，《中国乡村发现》2017 年第 5 期。

李汉卿：《党建引领集体经济发展与乡村振兴：塘约经验》，《毛泽东邓小平理论研究》2020 年第 7 期。

李洪佳：《合作型信任：政府与第三部门合作关系的基础》，《陕西行政学院学报》2014 年第 2 期。

李慧凤，蔡旭昶：《"共同体"概念的演变、应用与公民社会》，《学术月刊》2010 年第 6 期。

李敬，郭荣军：《对提高农民组织化程度的思考》，《辽宁行政学院学报》2008 年第 1 期。

李盼杰，李靖：《我国农村"三变"改革面临的困境与对策》，《辽宁行政学院学报》2019 年第 2 期。

廖媛红：《农民专业合作社内部社会资本对成员满意度的影响：以管理正规化程度为调节变量》，《经济社会体制比较》2012 年第 5 期。

刘碧，王国敏：《新时代乡村振兴中的农民主体性研究》，《探索》2019 年第 5 期。

刘俊生，何炜：《从参与式扶贫到协同式扶贫：中国扶贫的演进逻辑：兼论协同式精准扶贫的实现机制》，《西南民族大学学报》（人文社科版）2017 年第 12 期。

刘守英：《决战贫困"第三波"》，《财经》2017 年第 8 期。

刘彦武：《乡村文化振兴的顶层设计：政策演变及发展：基于中央"一号文件"的研究》，《科学社会主义》2018 年第 3 期。

刘友田，林美卿：《论农民素质与村民自治》，《前沿》2007 年第 2 期。

卢福营：《经济能人治村：中国乡村政治的新模式》，《学术月刊》2011 年第 10 期。

罗楚亮：《收入增长与主观幸福感增长》，《产业经济评论》2017 年第 2 期。

罗志田：《科举制废除在乡村中的社会后果》，《中国社会科学》2006 年第 1 期。

马彦丽，林坚：《集体行动的逻辑与农民专业合作社的发展》，《经济学家》2006 年第 2 期。

任映红，车文君：《乡村治理中的文化运行逻辑》，《理论探讨》2014 年第 1 期。

沈荣华，何瑞文：《奥尔森的集体行动理论逻辑》，《黑龙江社会科学》2014 年第 2 期。

孙晓春：《个体理性与公共生活的关系》，《学术研究》2008 年第 4 期。

陶元浩：《农村社区凝聚力指标体系实证研究：以贵州省塘约村等三个行政村调查为例》，《中国特色社会主义研究》2018 年第 2 期。

仝志辉，温铁军：《资本和部门下乡与小农户经济的组织化道路：兼对专业合作社道路提出质疑》，《开放时代》2019 年第 2 期。

汪杰贵：《农民自组织公共参与行为失范与改进路径》，《兰州学刊》2018 年第 7 期。

汪世荣：《"枫桥经验"视野下的基层社会治理制度供给研究》，《中国法学》2018 年第 6 期。

王革：《管理学中案例研究方法的科学化探讨》，《中国行政管理》2011 年第 3 期。

王海娟，贺雪峰：《资源下乡与分利秩序的形成》，《学习与探索》2015 年第 2 期。

王海娟：《资本下乡与乡村振兴的路径：农民组织化视角》，《贵州社会科学》2020 年第 6 期。

王琦等：《"三权"促"三变"对农民经济收入的影响分析：以贵州安顺平坝区塘约村为例》，《农林经济与科技》2019 年第 19 期。

王同昌：《新时代农村基层党组织振兴研究》，《中州学刊》2019 年第 4 期。

王锡锌：《利益组织化、公众参与和个体权利保障》，《东方法学》2008 年第 4 期。

王晓华：《城镇化背景下农户经营组织化的制度逻辑》，《江淮论坛》2013 年第 4 期。

王颜齐，史修艺：《组织化内生成本视角下小农户与现代农业衔接问题研究》，《中州学刊》2019 年第 9 期。

王宇等：《精准扶贫的理论导向与实践逻辑：基于精细社会理论的视角》，《贵州社会科学》2016 年第 5 期。

魏洪秀：《农民组织化的政治学思考》，《烟台大学学报》（哲学社会科学版）2012 年第 10 期。

魏人山：《"三变改革"的内涵研究》，《改革》2017 年第 11 期。

吴琦：《农民组织化：内涵与衡量》，《云南行政学院学报》2012 年第 3 期。

吴群：《论农业产业化利益联接形式与构建利益共同体原则》，《现代财经》2003 年第 7 期。

吴重庆：《小农与扶贫问题》，《天府新论》2016 年第 4 期。

夏银平，汪勇：《以农村基层党建引领乡村振兴：内生逻辑与提升路径》，《理论视野》2021 年第 8 期。

项继权：《中国农村社区及共同体的转型与重建》，《华中师范大学学报》（人文社会科学版）2009 年第 3 期。

肖云，陈涛，朱治菊：《农民专业合作社成员"搭便车"现象探究：基于公共治理的视角》，《中国农村观察》2012 年第 5 期。

谢治菊，李小勇：《认知科学与贫困治理》，《探索》2017 年第 6 期。

谢治菊：《"三变"改革助推精准扶贫的机理、模式及调试》，《甘肃社会科学》2018 年第 4 期。

邢成举，李小云：《精英俘获与财政扶贫项目目标偏离的研究》，《中国行政管理》2013 年第 9 期。

徐莉萍等：《我国农村扶贫利益共同体综合绩效评价模式研究》，《农业经济问题》2013 年第 12 期。

徐理结：《我国农村合作经济组织的实践与发展研究》，《经济问题探索》2006 年第 1 期。

徐旭初：《简论农民组织化与乡村振兴》，《中国农民合作社》2019 年第 5 期。

杨灿君：《"能人治社"中的关系治理研究：基于 35 家能人领办型合作社的实证研究》，《南京农业大学学报》（社会科学版）2016 年第 2 期。

杨传喜，张俊飚：《农民组织形式的比较及启示》，《经济纵横》2009 年第 10 期。

杨瑞龙：《论制度供给》，《经济研究》1993 年第 8 期。

姚保松，周昊文：《乡村振兴视域下村规民约的困境及出路探析》，《学习论坛》2019 年第 3 期。

于建嵘：《20 世纪中国农会制度的变迁及启迪》，《福建师范大学学报》（哲学社会科学版）2003 年第 5 期。

俞可平，徐秀丽：《中国农村治理的历史与现状》，《近代中国研究》2004 年。

张春秋：《信任的基本类型及建构模式研究：兼谈张康之教授《行政伦理的观念与视野》，《汕头大学学报》（人文社会科学版）2018 年第 11 期。

张芳山，熊节春：《"后乡村精英"时代乡村治理的潜在风险与对策研究》，《求实》2012 年第 12 期。

张国亚：《农村集体行动的困局：动力机制与现实约束：以 A 村的个案研究为例》，《中共南京市委党校学报》2018 年第 3 期。

张红宇：《乡村振兴与制度创新》，《农村经济》2018 年第 3 期。

张慧鹏：《集体经济与精准扶贫：兼论塘约道路的启示》，《马克思主义研究》2017 年第 6 期。

张慧卿，刘醒：《农民组织化的现实困境、成因及其改善路径：兼评亨廷顿农民组织化思想》，《农业经济》2016 年第 3 期。

张康之：《论信任的衰落与重建》，《湖南社会科学》2008 年第 1 期。

张树旺，陈诗慧，杨秋婷：《论乡村振兴背景下农民组织化的机制》，《南京农业大学学报》（社会科学版）2020 年第 5 期。

张笑寒，汤晓倩：《农民专业合作社联合社成员"搭便车"行为研究：基于演化博弈视角》，《华中农业大学学报》（社会科学版）2019 年第 4 期。

智广俊：《烟台经验：塘约道路的继承和发展》，《经济导刊》2019 年第 12 期。

周飞舟：《从汲取型政权到"悬浮型政权"：税费改革对国家与农民关系之影响》，《社会学研究》2006 年第 3 期。

周家明，刘祖云：《村规民约的内在作用机制研究：基于要素作用机制的分析框架》，《农业经济问题》2014 年第 4 期。

周建明：《从塘约合作化新实践看毛泽东合作化思想和邓小平第二个飞跃思想的指导意义》，《毛泽东邓小平理论研究》2017 年第1 期。

周建新：《近代客家乡村地方精英的结构与素质探析：以毛泽东"赣南农村调查"为中心的讨论》，《中国农业大学学报》（社会科学版）2012 年第 4 期。

朱道才，刘锦：《农村"三变"改革助推精准扶贫的机制和模式创新：基于安徽阜阳农村的调查》，《云南农业大学学报》2020 年第 1 期。

朱燕刚，江世聪：《对村规民约体系重构的思考》，《人民论坛》2016 年第 30 期。

邹荣：《当代中国乡村治理转型中的村落文化基因及其嬗变》，《云南行政学院学报》2017 年第 1 期。

外文文献

Binswanger H. P. , Ruttan V. W. , *Induced Innovation*；*Technology, Institutions, and Development*, Baltimore：Johns Hopkins University Press，1978.

Dutta S. , Kumar L. , "Is Poverty Stochastic or Structural in Nature? Evidence from Rural India", *Social Indicators Research*, Vol. 128, No. 3, 2016.

Fellin P. , *The Community and the Social Worker*, Illinois：F. E. Peacock Publishers，1995.

Fischer C. S. , "Toward a Subcultural Theory of Urbanism", *American Journal of Sociology*, Vol. 80, No. 6, 1975.

Garnevska，Elena，G. Liu and N. M. Shadbolt. , "Factors for Successful Development of Farmer cooperatives in Northwest China", *International Food & Agribusiness Management Review*, Vol. 14, No. 4, 2011.

Giddens B. A. , *The Consequences of Modernity*, Stanford University Press，1990.

Hillery G. A. , "Definitions of community: Areas of Agreement", *Rural Sociology*, Vol. 20, No. 2, 1955.

Hobsbawm E. , "The Age of Extremes" , *Foreign Affairs*, Vol. 74, No. 4, 2003.

LE Davis , DC North. , *A Institutional Change and American Economic Growth: A theory of institutional innovation: description, analogy, specification*, London: Cambridge University Press, 1971.

Lewis, Oscar and Beltrán, Alberto. , "Life in a Mexican Village: Tepoztlán Restudied. " *Life in A Mexican Village Tepoztlan Restudied*, No. 2, 1951.

Markwick M. C. , "Golf Tourism Development, Stakeholders, Differing Discourses and Alternative Agendas: the Case of Malta", *Tourism Management*, Vol. 21, No. 5, 2000.

Mendelow A. Catherine, *Proceedings of the second International Conference on Information Systems*, London: Cambridge University Press, 1991.

Nowak M. A. , "Five Rules for the Evolution of Cooperation" , *Science*, Vol. 314, No. 6, 2006.

Olson M. , "The Logic of Collective Action: Public Goods and the Theory of Groups", *Social Forces*, Vol. 52, No. 1, 1965.

Pichler F. , "Subjective Quality of Life of Young Europeans, Feeling Happy but Who Knows Why?" *Social Indicators Research*, Vol. 75, No. 3, 2006.

Pollinger K. J. , Poplin D. E. , "Communities: A Survey of Theories and Methods of Research ", *Contemporary Sociology*, Vol. 2, No. 6, 1973.

R. H. Coase, "The Nature of the Firm. Economica" *Public Law Health Governance*, Vol. 16, No. 5, 1937.

Schultz T. W. , "Institutions and the Rising Economic Value of Man" , *American Journal of Agricultural Economics*, Vol. 50, No. 5, 1968.

Wagner D. A. , Buek K. W. , Adler A. , et al. , "Mind, Society, and Behavior by World Bank. World Development Report. Washington, DC: World Bank" *Comparative Education Review*, Vol. 60, No. 3, 2016.

Wang S. , Yang Y. , "Grassroots Democracy and Local Governance: Evidence from Rural China", *Journal of Peking University*, Vol. 2, No. 5, 2007.

附录1　访谈提纲

一　个人情况

1. 请介绍个人的基本情况，如年龄、婚否、党员否、民族、工作、收入（前后对比）、房屋、土地等。

2. 请介绍家庭的基本情况，如人口、劳动力、收入（前后对比）、健康状况、居住情况、是否移民等。

二　组织背景

1. 您知道党的十九大中提出的"乡村振兴"战略吗？您对"乡村振兴"战略了解多少？能详细谈谈吗？

2. 您知道"精准扶贫"吗？您对"精准扶贫"了解多少？能详细谈谈吗？

3. 您知道白纸厂寨的那场大水吗？您对白纸厂寨了解多少？白纸厂寨在五年前是什么情况？（包括村容、经济发展）？大水时您在哪儿？是否参与抢险救灾？村里救灾的细节能给我们讲讲吗？上级当时是怎么支持的？您当时有何感触？能详细描述一下吗？

4. 能谈谈灾后村里决定成立"村社一体的合作社"时，您的感想吗？谈谈当时村里是怎么动员大家来参与合作社的？村民当时的态度如何？您当时是怎么想的？您家参加了吗？如果没参与？为什么？

三　组织方式

1. 能谈谈从政治的角度，村里是怎么将你们组织起来的吗？例如，塘约村是如何进行党员教育的？您能具体地说一说吗？比如，支部学习等。您作为塘约村村民是以哪种形式参加政治活动，行使政治权利的。再如，村里的重大决策您能不能一同参与做决定？您是否参加过村民代表大会？村民代表大会一般都是什么内容？您的意见或建议是否得到采纳？您对村民代表大会上的决议是否满意？（若不满意，请说明原因或意见建议）。又如，您有没有向上级政府上访？上访原因是什么？您还知道有哪些村民上访过？上访原因是什么？若没有，原因是什么？针对上访事由上级政府有没有重视？怎么解决的？您是否参与村庄公共事务？参与多少次？具体有哪些？您参加村庄公共事务活动的主要原因是什么？您是不是主动参与了？

2. 从集体经济的角度，村里是怎么组织你们的？您家里有多少亩田、多少亩土地？加入合作社之前都种了什么农作物？收成如何？有没有将这些农产品出售？市场价格怎么样？现在您家的收入主要靠什么？有没有在合作社里做工？工资每天多少钱？您认为发展村集体经济是否有必要？原因是什么？您加入合作社了吗？什么时候加入的合作社？为什么加入村合作社？村支两委是采取什么方式动员大家加入合作社的？村长、村支书是如何说服您的？有没有硬性规定村民必须加入合作社？您对于加入合作社后悔吗？（若后悔，原因是什么？）

3. 谈谈你们家加入合作社的情况？加入合作社的条件、形式是什么？（土地每亩多少钱？需不需要投入资金？）您家的土地是否都入股了？您在加入合作社后有没有获得分红？什么时候开始分红的？每年能够获得多少分红？能不能满足您家的日常开销？是否有结余？您认为在加入合作社后家庭经济环境有没有得到提升？主要表现在哪些方面？（举例说明在哪些方面有所提升）您认为加入合作社有什么优势？收获是什么？您是否参与合作社和集体经济的运营和管理？农户是如何参与合作社的，具体形式是什么？

4. 请谈谈您对村庄的认同？您如何看待自己作为塘约人的身份？是否认同村里的村规民约和"穷则思变"的理念？村里有没有特定的风俗习惯？都举办过哪些活动？您是否参与了？村里的主要娱乐方式是什么？有没有被处罚的村民？处罚的标准是什么？您对于村里新的村规民约"红九条"与"黑名单"有什么看法？您参加过"新时代农民讲习所"的学习吗？参与的频次如何？学习内容主要是什么？授课人都是些什么人？

四 组织获得感

1. 谈谈 2014 年以来，村庄和您家庭的变化？2014 年之后，村里哪些方面变得更好？村民哪些变化您印象最深？您家里又发生了哪些变化？

2. 能谈谈您现在的感受吗？您觉得幸福与快乐吗？和邻居相处融洽吗？觉得社会公平吗？觉得村里的分红合理吗？对村里的发展满意吗？能否具体说说。

3. 您如何评价村委会的领导班子？您是否信任他们？是更信任村主任还是村支书？您对他们的工作是否满意？您认为 2016 年成名后，村干部的工作态度和工作作风是否发生了变化？是怎么变化的？

4. 您如何评价基层党组织对你们的领导？您自己是党员吗？您知道全村有多少党员？您赞同党员的"驾照式"考核方式吗？您认为村里的党员起到了带头作用吗？您对村里的党组织建设有何建议？

5. 您认为塘约道路成功的主要原因是什么？是党的领导、集体经济还是抱团发展？是农户脱贫致富的愿望强烈还是"村社一体合作社"的功劳？抑或是村里的民主管理与村规民约起的作用？能否结合一些详细的案例来谈谈您认为最重要的原因？

6. 您能讲讲塘约村发展面临的困境与可能的建议吗？您认为

塘约村的发展存在哪些问题？最严重的问题是什么？为什么这个问题最严重？您有哪些好的建议，希望政府能做什么？村民委怎么做？我们这样的学者又能做什么？

附录 2　调查问卷

第一部分　基本信息

A1 您的性别：1. 女　　　　　　　　2. 男

A2 您的年龄：_____岁

A3 您的民族：1. 少数民族（_____族）　　　　2. 汉族

A4 您的婚姻状况：1. 未婚　2. 已婚　3. 丧偶　4. 离异

A5 您的文化程度：1. 文盲　2. 小学　3. 初中　4. 高中及以上

A6 您是否为户主：1. 否　　　　　　2. 是

A7 您是否为党员：1. 否　　　　　　2. 是

A8 您的家庭人口数：（以户籍为标准）_____人，其中 18 岁以下_____人、65 岁以上_____人、劳动人口数_____人，总共是_____代人

A9 您家 2013 年的家庭年收入，大约多少_____

A10 您家现在的主要家庭年收入是：打工收入_____元、务农收入_____元、政府补贴收入_____元、其他收入（捐赠、村集体分红等）_____元，合计_____元

A11 您家曾经是否是贫困户（选"否"跳过 A12、A13、A14）：

1. 否　　　　　2. 是

A12 如果是，当时是什么原因致贫的（单选）：

1. 缺劳动力　　2. 没文化　　3. 因病　　　4. 因孩子上学

5. 自己懒惰　　6. 其他

A13 如果是贫困户，您是哪一年脱贫的：

1. 2015 年　　　2. 2016 年　　3. 2017 年　　4. 2018 年

A14 如果是贫困户，您是通过什么方式脱贫：

1. 产业脱贫　　　　2. 就业脱贫　　　3. 政府兜底脱贫

4. 异地扶贫搬迁脱贫　　　　　　5. 其他

A15 您家是否获得过政府救助（选"否"跳过 A16）：

1. 否　　　　　　　　2. 是

第二部分　组织背景

B1 您是否知道党的十九大中提出的"乡村振兴"战略：

1. 不知道　　　　　　2. 知道

B2 您是否了解国家的"精准扶贫"政策：

1. 不了解　　　　　　2. 了解

B3 您是否知道白纸厂寨 2014 年 6 月那场洪水：

1. 不知道　　　　　　2. 知道

B4 大水过后，村委会是以何种形式动员村民抗洪抢险的：

1. 召开会议　　　　　　2. 亲自上门动员

3. 利用权威人物　　　　4. 直接下达命令

B5 当您听到村委会对抗洪抢险的动员时，您第一反应是：

1. 不关我的事　　2. 消极抵抗　　3. 积极响应　　4. 争做标兵

B6 实际上，您是否参加了当时的洪水救灾（选"没参加"跳过 B7）：

1. 没参加　　　　　　2. 参加

B7 参加洪水救灾后，您心态最大的变化是（单选）：

1. 感觉太累　　　　　　2. 认识到团结起来的力量

3. 更加信任村委会领导　　4. 觉得没意思

第三部分　组织方式

一　公共参与

C1 您是否参加过村民代表大会（选"没参加"跳过 C2、C3）：

1. 没参加　　2. 参加

C2 2014 年以来，您参与村民代表大会最多的一年有_____次

C3 2014 年以来，请对您参与的以下活动排序：第一_____；第二_____；第三_____

1. 村民代表大会选举　　2. 学习和宣传国家政策方针与政策

3. 向有关领导反映问题　　4. 向上级机关上访

5. 在网络上发表自己的看法　6. 其他

C4 请对您参与政治活动的原因排序：第一_____；第二_____；第三_____

1. 村委会要求我们参与　　2. 是我们自己的权利和义务

3. 可以得到相应的好处　　4. 别人参与我也参与　5. 其他

C5 您参与村里会议的态度通常是：

1. 投诉或抱怨　2. 提出建议　3. 讨论分析　4. 沉默观看

C6 您是否对村委会提过相关建议及意见：

1. 没有　　　　　　　　2. 有

C7 您对村委会的工作是否满意：

1. 不满意　　　　　　　2. 满意

C8 您是否参加过村庄的公共活动（如环境卫生、公益活动等）：

1. 否　　　　　　　　　2. 是

C9 请对您参与社区活动的频次排序：第一_____；第二_____；第三_____

1. 社区文化娱乐活动　2. 社区管理活动　　3. 社区邻里互动

4. 公益活动　　　　　5. 环境卫生活动　　6. 其他

C10 您参加村庄公共事务活动最多的一年有多少次：_____次

C11 就社区参与而言，下列哪种说法最符合您的实际情况？

1. 我一般会积极主动参与

2. 经过宣传动员，我一般都会参与

3. 经过宣传动员，我也不一定会参与

4. 经过宣传动员，我也不会参与

C12 您认为发展村里发展集体经济有无必要：

1. 没必要　　　　　　　　2. 有必要

C13 您认为村里的集体经济对您是否有帮助：

1. 没帮助　　　　2. 有一定帮助　　　3. 有较大帮助

C14 您对村里集体经济的经营与运行了解吗：

1. 不了解　　　　　　　　2. 了解

C15 您参与过村里集体经济的运行或经营吗：

1. 没参与　　　　　　　　2. 参与

C16 如果您参与过村里集体经济的运行，主要参与的方式是（没参与的跳过此题）：

1. 参与管理　　　　　　　2. 参与监督

3. 参与分红　　　　　　　4. 其他参与

C17 您如何评价村里集体经济发展的成效：

1. 无成效　　　　2. 有一定成效　　　3. 有较大成效

二　经济联合

C18 您家加入村合作社了吗？

1. 没有加入　　　　　　　2. 加入了

C19 您当时参与合作的原因是：

1. 村委会动员参与　　2. 看到别人参与　　3. 我主动要求参与

C20 您觉得村里的合作社能否满足大家的实际需求：

1. 不能　　　　　　　　　2. 能

C21 您家有多少土地入股了合作社：

1. 部分（_____亩）　　　2. 全部（_____亩）

C22 您加入合作社的时间有几年：

1. 一年　　　　2. 两年　　　3. 三年　　　4. 四年

C23 您参与合作社的主要动机是：

1. 挣钱　　　　2. 有份工作　3. 抱团发展　4. 自我实现

C24 您家参与合作社的方式是（可多选）：

1. 土地或资产入股　　　　2. 在合作社就业

3. 参与合作社的管理或经营　4. 参与合作社分红

C25 自参加合作社以来，您家的分红情况如何：

2015 年＿＿＿＿元，2016 年＿＿＿＿元，2017 年＿＿＿＿元，2018 年＿＿＿＿元，合计＿＿＿＿元

C26 加入合作社后，您家庭收入有啥变化：

1. 收入下降　　　　　　　2. 没变化

3. 稍有提高　　　　　　　4. 提高很多

C27 您是否参与合作社的管理或运营：

1. 不参与　　　　　　　　2. 参与

C28 您如何评价村里合作社经营的成效：

1. 无成效　　　　2. 有一定成效　　　3. 有较大成效

三　文化认同

C29 您是否有宗教信仰：

1. 没有　　　　　　　　　2. 有（例如：＿＿＿＿＿＿＿）

C30 作为塘约人，您是否有自豪感：

1. 没有　　　　　　　　　2. 有（例如：＿＿＿＿＿＿＿）

C31 与以前相比，您认为塘约村在外的声誉：

1. 降低　　　　2. 与原来相同　　　3. 提高

C32 同等条件下您或您的（孙）子女嫁娶，首先考虑的是：

1. 塘约人　　　2. 外村人　　　3. 视情况而定

C33 整体而言，您对村庄的文化是否认同：

1. 不认同　　　　　　　　2. 认同

C34 大水之后，村庄门口立了"穷则思变"四个字，您是否

认同：

　　1. 不认同　　　　　　　　2. 认同

C35 整体而言，您如何看待"村社一体的合作社"：

　　1. 不认同　　　　　　　　2. 认同

C36 整体而言，您如何看待村里的"三级调解制度"：

　　1. 不认同　　　　　　　　2. 认同

C37 整体而言，您是否认可村里的"红九条与黑名单"：

　　1. 不认可　　　　　　　　2. 认可

C38 您是否违反过村里的"红九条"：

　　1. 违反过　　　　　　　　2. 没违反

C39 您如何看待村里的"红九条与黑名单"（可多选）：第一
_____；第二_____；第三_____

　　1. 净化了村庄风气　　　　2. 规范了村民行为

　　3. 限制了村民自由　　　　4. 违背了伦理道德

C40 请对您的爱好排序：第一_____；第二_____；第
三_____

　　1. 打麻将或扑克　　　　　2. 体育健身

　　3. 跳广场舞　　　　　　　4. 与人聊天

　　5. 上网看新闻或信息　　　6. 喝酒

　　7. 看电视或听收音机　　　8. 干农活

C41 您是否参加过村委会举办的培训班：

　　1. 没有参加　　　　　　　2. 参加过

C42 您是否参加过村里举办的"新时代农民讲习所"：

　　1. 没有参加　　　　　　　2. 参加过

C43 您参加村里"新时代农民讲习所"的次数：_____次

C44 您参加"新时代农民讲习所"的主要原因是：

　　1. 自己想去　　　　　　　2. 村委会要求

C45 您在"新时代农民讲习所"的学习内容主要是（可多选）：
第一_____；第二_____；第三_____

　　1. 农技培训　　　2. 政策宣讲　　　3. 普法教育

4. 思想宣传　　　5. 就业培训　　　6. 其他

C46 "新时代农民讲习所"的主讲人一般是：

1. 上级政府工作人员　　　2. 专家教授

3. 乡贤能人　　　　　　　4. 村干部　　　5. 其他

C47 您是否去过"塘约书屋"：

1. 没去过

2. 去过（如去过请回答下一题）

C48 您去"塘约书屋"的次数：_____次/年

C49 整体而言，您对村支书的信任程度是：

1. 不信任　　　2. 基本信任　　　3. 比较信任

C50 整体而言，您对村主任的信任程度是：

1. 不信任　　　2. 基本信任　　　3. 比较信任

C51 整体而言，您对村委会的信任程度是：

1. 不信任　　　2. 基本信任　　　3. 比较信任

C52 整体而言，您对基层党组织的信任程度是：

1. 不信任　　　2. 基本信任　　　3. 比较信任

第四部分　组织获得感

D1 与以前相比，近年塘约村发展改善最明显的三个方面是：第
一_____；第二_____；第三_____

1. 基础设施　　2. 生活水平　　3. 福利待遇

4. 村庄环境　　5. 精神面貌　　6. 民主管理

7. 生产发展　　8. 教育医疗卫生

D2 请对塘约道路取得成功的原因进行排序：第一_____；第
二_____；第三_____

1. 党组织的领导　　　　　2. 农户抱团发展

3. 村民脱贫积极性高　　　4. 上级资金支持

5. 村委会执行得力　　　　6. 发展集体经济

7. 实行村社一体的合作社　　8. 颁布新村规民约

D3 请对村庄以下问题的满意度进行评价，请在答案下打"√"。

指标	很不满意	不太满意	一般满意	比较满意	非常满意	指标	很不满意	不太满意	一般满意	比较满意	非常满意
住房情况						村规民约					
基础设施						集体经济					
村庄环境						社区文化					
邻里关系						福利待遇					
矛盾处理						医疗教育					
家庭收入						生活状况					

D4 整体而言，您认为您现在的生活是否幸福：

1. 不幸福   2. 幸福

D5 整体而言，您认为社会是否公平：

1. 不公平   2. 公平

D6 具体来说，您认为合作社分红是否公平：

1. 不公平   2. 公平

D7 您能讲讲塘约村发展要注意的问题及一些建议吗：

后记　走进塘约：来自田野调查的行与思

　　2016 年年初，一个微信群里的讨论引发了我的关注。那时候，大家在群里讨论贵州一个叫"塘约"的村庄，讨论的焦点是该村庄到底是靠内生动力发展起来的，还是靠政府扶持发展起来的，由此引发的深层思考是"该村庄的发展模式到底有没有推广价值"？作为长期研究乡村治理、关注贫困治理的"土专家"，这样的讨论立马引起了我的兴趣，我也才知道距北京 2000 公里的贵州偏远山寨，在离我原工作单位不到一个小时车程的地方，还有一个叫"塘约"的村庄，其发展模式已经引起了各路媒体的高度关注，新华社、《人民日报》《光明日报》等中央媒体和网络媒体纷纷进行了报道。

　　2016 年 11 月，王宏甲先生的《塘约道路》一书出版后，媒体报道更是频繁，由此带来的争议也更为激烈，这些争议主要聚焦于塘约道路的性质及其是否可以复制的问题。一种观点认为，《塘约道路》一书所呈现出的景象，忽视了对政府大量资金注入与合作社股权结构改革两个重要的问题，认为塘约村的发展主要依靠的是政府扶持而非内生动力，甚至网络上有传塘约村曾接受过政府上亿元的资金支持。尽管这一说法在我们调研时多次被村干部否认，因为按照村干部的说法，塘约村所得的所有政府支持，都是普惠型支持而非特殊性照顾。只不过，由于塘约村发展较快、潜力较大，所以积累到一定程度的时候，村里申请的各类项目更容易获批。众所周知，项目制是脱贫攻坚时期与乡村振兴阶段分配乡村外来资源的一种基本手段，然而，依附于科层制之下的扶贫项目在实施前的选择性平衡、实施中的反科层制逻辑以及落地后的短期效应，会共同造成项目制在扶贫开发中功能的式微。① 尤其是，项目制"短、平、快"的目标导向会弱化扶贫开发的可持续性，因此，项目制往往容易引发"精英俘获"。就此而言，短短两年就发生翻天覆地变化的塘约村，其以"精英村庄"的身份经常获批项目，获得更多更大的支持，似乎也在情理之中。

　　另一种观点认为，塘约村通过发展壮大新型农村集体经济，不仅从根本上改善了农民的物质生活水平和生计方式，而且为构建新型乡村社会组织体系，提升该体系组织乡村、团结乡村、实现乡村有效治理的水平和能力提供了坚实的社会经济基础。② 一定程度上可以认为，塘约村的发展主要体现了中国农村现需关注和解决的农民发展问题、土地撂荒问题、农村基层党建问题、社会治理问题等一系列问题，就此而言，塘约村能够在短短几年时间从省级二类贫困村发展为小康村，凸显出西部广大农村地区发展变化的缩影，因为它解决了农民拥有土地而未能实现土地生金的梦想。毕竟，在国家推进城镇化过程中使广大农村提到解决撂荒和闲置的举措，发源于贵州的"三变"改革尤其是塘约村开展的"三权"促"三变"行动，不仅巩固了农村资源集体所有权，更维护了农民土地承包权，放活了土地经营权，解决了农村集体的统得不够、分得彻底问题，进一步壮大了农村集体。而壮大基层集体经济，也夯实了基层政权问题，通过网格制改革，塘约村形成"党总支+党支部+党小组"的三级网格管理体系，将打通管理党员的"最后一公里"。同时建立村党员量化考核制度，建立考评积分册，实行"支部管理全村、村民监督党员"的良性机制。通过建立党员、村干积分管理考核工作机制，把村干部、普通党员的工作成效的评判权都交到了群众手上，有效激发了党员干部的干事创业激情。党建引领聚力量，让广大农

　　① 李博：《项目制扶贫的运作逻辑与地方性实践——以精准扶贫视角A县竞争性扶贫项目》，《北京社会科学》2016年第3期。
　　② 马良灿：《新型农村集体经济发展与乡村社会再组织——以贵州省塘约村为例》，《中州学刊》2021年第2期。

村基层党组织说话有人听、办事有人跟的局面，彰显了党在新时期基层农村中引领发展的作用。

可以说，塘约村发展的主要举措，是强化党建引领、凝聚脱贫力量，推进"七权同确"、唤醒沉睡资源，依托村社一体、实现利益共享，开展陋习治理、优化村规民约。通过这些举措，全村真正做到了心往一处想、劲儿往一处使。就这样，塘约村开始从废墟上一步步地崛起，截至 2020 年底，农民人均可支配收入从 2013 年的 3940 元上升到 23162 元，集体经济从不足 4 万元增加到 576 万元，消除贫困人口 138 户 600 多人，基本实现整村脱贫。家乡越来越优厚的发展条件，吸引着越来越多的村民回到了塘约，2015 年塘约村外出务工 350 多人，2016 年减少到 50 多人，现在的塘约村已基本没有外出务工的村民，相反，却有上百名外村人长期居住在塘约村里务工，慢慢向"人口倒挂"村庄迈进。这一点，正如访谈时塘约村村民 XH（访谈于 2019 年 1 月 20 日）所言：

> 那几年生活也比较恼火一点，后来听到村里面发展好，我们就回来啦！回来现在在合作社干，现在还是比较好，离家也比较近，什么大事小事、娃娃读书这些互相能照顾得到，比外面强多了。

还记得塘约调研的景象，异常美丽的田园风光、淳朴厚道的村民、为民解忧的村干部，这一切都深深吸引着我们。于是，团队到塘约村去了一次、两次、三次……第十次是 2021 年 3 月去的。2021 年那一次，我们欣喜地看到了塘约村更多的变化，例如，按照"稻鱼共生、休闲观光、科技示范"的规划，采取"党总支+合作社+公司+农户"的发展模式，深化村民以土地、资金等形式与合作社联营，正在打造塘约生态旅游公园景区，也正作为智慧乡村的典范被其他村庄新一轮追捧。

塘约村的发展变化之路，对于贵州、对于西部乃至全国农业农村改革发展开展乡村振兴都具有很好的启示和借鉴意义。可以说，在脱贫攻坚与乡村振兴的道路上，塘约村创造了一个又一个奇迹，越来越多的单位、团体和个人争相到塘约村观摩与学习，最多的一天达到 20 多批次，这说明，塘约村的脱贫攻坚与乡村经验得到了大家的认可。塘约之变关键在于抓住了农村改革的"牛鼻子"，塘约之变根本在于有一个好的领导班子，塘约之变核心在于找准了发展的路子，塘约之变重点在于用好了村民自治的法子，塘约之变改变的不仅仅是塘约村，更是推开了农村改革一扇窗。正如王宏甲先生在其著作《塘约道路》一书中深情地写道的，这是中国农民的第二次道路选择，他在这里看到了百姓的命运，国家的前途、党的作用、人民的力量。

当然，就如有学者所言，在实践中，乡村的全面振兴，需要具备制度、组织、资源、村落和行动主体等多种资源要素的配置组合与有效支撑，塘约村的乡村复兴之路代表的仅仅是某种类型的乡村建设的另一种可能，不能涵盖全部，也不适合在全国"一刀切"式的推广。尤其是，虽然目前该村的合作化道路成效比较明显，但当这一届领导班子退休、这一轮乡村发展政策退潮之后，村委班子人选问题、深度嵌入市场问题、利益分配均衡问题、村庄产业可持续造血问题，又会让人们表现出新的担忧。由此，面向未来，面对大量资源、资本、政策优先向农村聚集的乡村振兴战略与共同富裕指向，塘约村如何借鉴浙江后陈村的"后陈经验"做好权力监督，如何借鉴浙江余村的"两山理论"守住绿水青山，如何学习广东连樟村的"融合模式"实现全面振兴，如何……是关系到农业、农村、农民发展的重大议题。

此书的出版，要感谢安顺市乡村振兴局、安顺市社科联、安顺市委党校、平坝区区委宣传部、乐平镇人民政府等相关部门、相关领导的支持和帮助，感谢塘约村接受我们访谈、给我们调研提供便利的村干部、帮扶干部与村民们，感谢在书稿形成过程中给予我们指导的专家学者、杂志编辑与出版社编辑们。更要感谢缔造"塘约经验"的塘约人民，正是他们的坚守与付出，才让我们有了可以研究的样本。

　　需要说明的是，书稿的写作，是分工进行的。安顺学院兰定松教授本科就读于贵州民族大学公共管理学院，我曾教过他几门课。由于同在高校工作，又比较聊得来，所以他毕业后我们也一直有联系。2016 年，在得知我们开始研究塘约村的时候，他主动申请加入到课题组，一起调研、一起讨论、一起写作，并在此过程中获评了教授。此次的书稿，他撰写的是第一章、第三章和第九章。王曦是我在贵州民族大学带的硕士生，2017 年入校，2020 年毕业。在校期间，一直跟着我在做塘约村的调查与研究；后来他的硕士论文也是以塘约村为案例，探讨农户是如何组织起来的。此次的书稿，是将他硕士论文的一部分重新整理优化，由此完成了第五章和第六章。我则完成的是第二章、第四章、第七章、第八章。当然，我知道，这本由我们师生共同创作的作品，还有一些不足，有些观点需进一步推敲，有些语言需进一步优化，有些逻辑需进一步理顺，有些数据需进一步更新，我们期待有缘读到此作品的您，给我们提出宝贵的意见与建议。

谢治菊

2021 年 11 月 28 日于羊城